차세대 해결중심치료의 실천

— 갤러리 모델

Mark McKergow 저 | 최중진 역

The Next Generation of Solution Focused Practice:

Stretching the World for New Opportunities and Progress

학지사

The Next Generation of Solution Focused Practice
by Mark McKergow

역자 서문

귀납적으로 개발된 해결중심치료는 지금도 변화와 발전을 거듭하고 있습니다. 즉, 해결중심치료는 현재 진행형입니다. 이 책은 해결중심치료의 캠프에서 일어난 지난 40년간 변화와 최근 새롭게 등장한 이론과 실천을 '차세대 해결중심치료'라는 다소 과감한 명칭으로 다루고 있습니다.

해결중심치료의 원리 중 하나는 변화의 불가피성입니다. 이는 내담자의 변화를 강조하기 위한 것이지만, 해결중심치료의 이론과 실천도 예외는 아닙니다. 즉, 시대와 상황에 맞게 해결중심치료의 이론과 실천도 변해야 합니다. 그동안 해결중심치료의 연구와 실천 공동체 내에서 모델의 수정과 변화가 시도되었고, 관련된 논쟁도 적지 않았습니다. 그럼에도 가치적 당위와 탄탄한 이론적 근거로 이러한 변화를 설명하고 우리를 설득할 수 있는 서적은 많지 않았습니다. 이 책은 해결중심치료의 변화를 실천과 이론의 양 측면에서 매우 잘 보여주고 있습니다. 특히 새로운 이론에 목마른 국내의 해결중심실천가들에게 더없이 훌륭한 자원이 될 수 있을 것입니다.

이 책에서 다루는 '갤러리 모델'에 관심을 갖게 된 것은 몇 년 전의 일 때문이었습니다. 해결중심치료학회에서 주최한 2018년도 추계워크숍의 강사로 초청된 Johnny S. Kim은 미국과 유럽의 해결중심치료자들을 중심으로 활용되는 해결중심치료의 '제2버전'에 관해 언급한 바 있습니다. 이때 국내의 실천가들은 이에 대해 강한 의구심을 표했습니다. 저도 그중 하나였습니다. 그의 말은 우리가 기존에 알고 있는 해결중심치료가 일종의 '구' 버전이 되었다는 것을 의미하는 발언이었기 때문입니다. 그럼에도 최근의 연구와 실천 경향을 살펴볼 때 해결중심치료 캠프 내에 많은 이론적 · 실천적 변화가 일어나고 있음은 부인할 수 없는 사실입니다. 귀납적으로 생성된 이 접근은 앞으로도 계속해서 발전하고 진화할 것이며, 그렇기 때문에 우리는 새로운 이야기에 늘 귀를 기울여야 합니다. 이 책의 저자인 Mark McKergow는 이러한 변화를 주도하고 있는 영국의 대표적인 실천가 중 한 명입니다. 핵물리학 박사이기도 한 그는 영국의 해결중심치료 클리닉인 BRIEF에서 Chris Iveson, Harvey Ratner, 그리고 Evan George 등으로부터 훈련을 받았습니다. 과학자라는 배경은 그가 타 이론과 실천에 익숙한 사람들에게 해결중심치료가 과학적 근거를 가진 접근성이 높은 모델임을 설명하는 것에 관심을 갖게 했고, 그 결과가 바로 이 책이라 할 수 있습니다.

이 책에서 저자는 효율성과 이론적 일관성을 갖춘 해결중심치료의 실천 방식으로서 '해결중심 갤러리 모델'을 제안합니다. 해결중심 갤러리에서 내담자는 자신이 보고 싶어 하는 전시 주제인 상담에 가장 바라는 최선의 희망(best hopes)을 전시하는 전시관의 입장권(목표설정)을 매표소에서 구하고, 이것이 이루어진 미래를 볼 수 있는 미래관(기적질문 등), 이미 성공적인 경험을 했던 예시관(예외 및 예시질문)을 거쳐 기념품 가게에 들러, 이 전시를 기억할 수 있는 소품(스스로 선택한 과제)을 사서 집으로 가게 될 것입니다. 기존의 해결중심치료가 단계적이고 다소 직선적으로 표현된 반면, 갤러리 모델은 각 '전시실'의 주제를 중심으로 실천됩니다.

해결중심 갤러리에서 해결중심실천가의 주요한 임무는 내담자가 자신의 미래에 대해 더욱 상세하게 묘사(description)할 수 있도록 돕는 것입니다. '묘사'는 이 책에서 가장 중요하게 사용된 단어인데, 이는 '기술' 또는 '서술'로도 번역될 수 있습니다. 저는 갤러리, 기적그림 등과 같이 예술적인 은유를 활용한 저자의 의도를 존중하고자 이를 '묘사'로 표현했습니다. 이는 내담자가 화가로서 원하는 미래를 상세하게 묘사하도록 도울 수도 있을 것입니다. 저자는 또한 활성인지(enactive cognition) 이론을 통해 내담자가 상세한 묘사 과정에 개입하는 것만으로도 미래의 행동 가능성이 더욱 커질 수 있음을 이론적으로, 또 실천적으로 자세하게 설명하고 있습니다. 이러한 대화 과정을 통해 내담자의 세계는 더욱 확장될 것이며, 결국 이는 더 큰 가능성으로 연결될 것입니다.

새롭고 흥미로운 전개임에는 틀림없지만, 그럼에도 이러한 새로운 접근은 기존의 증거 기반으로서의 해결중심치료의 토대를 흔드는 큰 도전이기도 합니다. 또 어떤 면에서는 새롭다기보다 이미 '오래된 미래(ancient future)'와 같이 해결중심치료의 철학과 원리를 다른 방식으로 표현한 것으로 보일 수도 있습니다. 이 접근이 해결중심치료의 새로운 '루머'인지, 진화인지 아니면 혁명인지 아직 알 수 없습니다. 그럼에도 우리가 주목할 부분이 많습니다. 이 책을 비판적인 시각으로 읽으며 함께 이야기할 수 있는 기회가 국내 해결중심실천가들 사이에서 더 많이 마련되길 기대합니다. 저자의 주장에 의하면 그러한 기회가 결국 해결중심실천가들의 세계를 확장할 것이고, 해결중심치료에 대한 이해를 더욱 넓힐 것이기 때문입니다.

번역이라는 언어게임은 지난한 과정입니다. 그럼에도 좋은 책을 발견하면 한국의 해결중심실천가들에게 소개하고 싶은 생각에 그 어려움을 잠시 잊습니다. Derrida는 번역은 반드시 필요하지만, 불가능한 것이라고 했습니다. 저자의 의도를 완전히 번역해 내는 것은 '이미' 불가능하기 때문입니다. 이 책이 국내 해결중심실천가들에게 다양한 방식으로 읽히길 기대합니다.

이 책이 나오기까지 도움을 주신 분들이 계십니다. 특히 박재경 선생님께 깊이 감사드리며, 학지사의 김진환 사장님과 편집을 맡아 주신 이희주 선생님께도 감사의 말씀을 전합니다.

2024년 9월

역자 최중진

차례

제3부 차세대 해결중심치료

시작하기

변화는 늘 일어나고 있다…… 변화를 도모하는 가장 단순한 방법은
유용한 변화를 주목하고 이를 더욱 확장하는 것이다.

미래학자 벅크민스터 풀러(Buckminster Fuller)는 '기존의 현실과 싸워 상황을 바꿀 수는 없다. 무엇인가를 바꾸려면 기존 모델을 쓸모없게 만들 새로운 모델을 구축해야만 한다.'고 말했다(Sieden, 2011, p. 358). 이 책은 정신질환과 개인의 변화를 다루는 분야에서 기존의 모델을 대체할 수 있는 새로운 모델이 이미 존재함을 보여 주기 위해 시작되었다. 그 모델은 진단에 의존하지 않고, 실천가와 내담자 사이의 전통적인 치료적 동맹에 의존하지 않는다. 그 모델은 다양한 문화, 계급, 그리고 사회 계층 전반에 걸쳐 효과적이다. 그 모델은 광범위하게 연구되어 왔고, 그 결과는 매우 고무적이다. 그리고 가장 최근의 변화에서는 '활성인지(enactive cognition)'의 개념을 수용하며 통합적 패러다임으로서 기존의 정신건강에 관한 우리의 이해를 새롭게 보완한다. 우리는 그 모델을 '차세대 해결중심치료'라 명할 것이며, 더 광범위하게는 해결중심실천[1](Solution-focused practice)이라고도 한다.

해결중심치료는 흥미롭고 독특한 발전을 해 왔다. 1980년대 후반에 독특한 형태의 실천으로 등장한 이 접근은 여러 이유로 급격하게 부상했다. 상호작용 단기치료와 가족치료의 전통에 뿌리를 둔 이 접근은 사회복지, 교육, 코칭, 조직 개발 및 공공 서비스를 포함한 수많은 분야에서 열광적으로 채택되어 왔다. 해결중심치료는 전 세계적으로 활용되고 있으며, 매년 점점 더 많은 국가에서 관련 협회가 등장하고 있다. 연구결과는 매우 긍정적이다. 대부분의 내담자에게 성공적인 결과가 일관되면서도 신속하게 나타났으며, 장기적인 지속 가능성과 더불어 내담자의 높은 만족도가 보고되고 있다. 미국의 위스콘신주에 위치한 밀워키시에서 시작된 이 독보적인 치료 프로젝트의 작은 시작이 엄청난 국제적 영향력을 행사하며 여러 면에서 큰 성공을 거둔 것이다.

그럼에도 여전히 해결중심치료는 정신건강 분야에서 주류로 받아들여지지는 못하고 있다. 현실에서는 인지행동치료(CBT)가 서비스 제공자들이 기본적으로 선택하는 주 접근이며, 프로이트(Sigmund Freud)와 융(Carl Gustav Jung)의 연구에 뿌리를 둔 정신역동의 전통이 여전히 큰 영향력을 행사하고 있다. 어떤 면에서 이는 놀라운 일은 아니다. 새로운 아이디어는 그 발판을 마련하기 위해 항상 기존 세력과 맞서 싸워야 했다. 실천적 측면에서 큰 성공을 거둔 반면, 해결중심치료는 학문적 측면에서는 큰 주목을 받지 못했다. 이는 아마도 해결중심치료가 실천가가 주도하며 경험적으로 개발되었기 때문일 것이다.

해결중심치료가 개별 실천가에게 큰 주목을 받아 왔음에도 불구하고 굳건한 입지를 다지지 못한 데에는 더 근본적인 이유가 있다. 단도직입적으로 말하자면 해결중심치료는 정신건강 분야에 존재하는 몇 가지 근본적인 가정에 도전하기 때문이다. 이를 받아들이는 것은 지난 수십 년간 구축된 정신건강에 관

1) 역자 주: 이러한 이유로 이 책에서는 치료자, 상담자, 그리고 코치 등을 아우르는 실무자를 실천가로 지칭한다.

련된 축적된 지혜를 훼손하는 일이 될 수 있다. 그동안 해결중심치료자들은 실천 역량을 성공적으로 증명해 왔다. 그럼에도 전문가, 학계, 그리고 각종 정신건강 서비스 위원들에게 우리가 '어떻게'가 아닌 '무엇을' 하는지는 그다지 설득력 있게 전달하지 못했다.

이 책의 목적은 세 가지이다.

- 지난 30년간 해결중심치료 분야의 발전을 통합적으로 살펴보며 차세대 실천가와 연구자를 위한 일관된 출발점의 역할을 제공한다.
- 해결중심치료의 공동 창립자인 드 세이저(Steve de Shazer)와 기타 실천가들이 취한 이론적 입장과 잘 어울리며, 동시에 미래의 가능성이 더욱 풍부한 분야인 활성인지에 관한 새로운 이론을 이에 접목시킨다.
- 이 두 입장을 결합하여 해결중심치료가 어떻게 '내담자의 세계를 확장(stretching the world of the client)'하도록 도울 수 있는지를 설명하는 최근의 이론적 · 실천적 발전에 관해 알리고, 변화된 이론을 통해 해결중심치료가 더 효과적일 수 있는 이유를 살펴보며, 궁극적으로는 우리가 내담자를 바라보는 방식에 관한 새로운 관점을 제공하고자 한다. 이는 결과적으로 정신질환에 관한 광범한 적용이 가능한 새로운 시각을 제공할 것이며, 실천가와 연구자 모두에게 흥미로운 새로운 의제(agenda)를 제공할 것이다.

이 책을 통해서 해결중심치료에 대한 기존의 실천방식을 새로운 관점으로 살펴보고, 그것이 어떻게 작동하는지, 어떻게 효율적인지, 그리고 앞으로 어떻게 더 발전할 수 있는지에 대한 새로운 이해를 제공할 수 있기를 기대한다.

이 책의 목표

이 책에 관한 나의 목표가 매우 큰 것임을 인정한다. 나의 목표는 1978년 미국 위스콘신주 밀워키에 단기가족치료센터(BFTC)를 설립한 드 세이저, 인수 김 버그(Insoo Kim Berg)[2], 그리고 그들의 동료들의 야심 못지않게 대담한 것이다. 김인수는 사망하기 얼마 전 오스트리아 비엔나에서 열린 SOLWorld 2006 회의에서 청중에게 해결중심치료를 발전시키고자 했던 자신들의 원동력은 그 당시 여전히 큰 영향력을 행사하던 장기치료에 대한 대응이었음을 밝힌 바 있다.

21세기에 들어서 장기치료에 대한 이러한 투쟁은 대체로 승리하고 있는 것처럼 보인다. 사람들은 효율성에 더 많은 관심을 가진다. 자원은 제한되어 있고, 전지전능한 능력을 가진 것처럼 보였던 전문가에게 모든 권한을 주는 것이 아니라 이제 환자와 내담자에게 고지된 선택을 제공하며, 그들의 참여에 대한 관심은 더욱 커졌다. 그러나 장기치료에 관한 일부 가정은 여전히 상당한 영향력을 가진다. 예컨대, 치료 기간이 더 길수록 '더 좋은' 치료라는 것이 그중 하나이다. 이러한 전통에서 내담자의 급속한 진전은 일종의 '도피'로 보이며, 불신의 대상이 되곤 한다. 또한 내담자에게 진전을 기대하는 것은 그들에게 '변화를 강요하는 것'이라는 가정도 그중 하나이다.

이 책에서 나는 새로운 관점을 통해 이러한 가정이 어떻게 잘못된 것인지 보여 줄 것이다. 이제 우리는 전문가로서 실천뿐만 아니라 잘 산다는 것(live well)이 무엇을 의미하는지에 대한 우리의 패러다임을 재편해야 할 위치에 와 있다. 어떤 이들은 이 책에서 다루는 새로운 실천 방식이 기존의 해결중심치료와 크게 다르지 않다고 말할 수도 있을 것이다. 그럼에도 몇 가지의 분명한 차이가 존재하

2) 역자 주: 이하 김인수

며, 이는 '세계 확장(stretching the world)'의 프레임을 통해 더 잘 이해될 수 있다.

외부자적 관점의 전통

드 세이저와 김인수는 둘 다 자신의 분야에서 일종의 '외부자'였다. 드 세이저는 실천가로 자리 잡기 전 예술분야 학사 학위와 사회복지학 석사 학위를 취득한 전문 색소폰 연주자였다. 김인수는 한국에서 약학 교육을 받은 후 미국에서 과학 학사와 사회복지학 석사 학위를 취득했다. 그들은 다양한 배경을 가진 동료들과 함께 협력했던 것으로 잘 알려져 있다. 김인수는 '우리는 철학자, 교육자, 사회학자, 의사, 언어학자, 심지어 엔지니어와 물론 정신건강 전문가들과 함께 협력해 왔습니다.'라고 회상한 바 있다(Berg, 2007).

나 역시 비록 이 분야에 오랫동안 관심을 갖고 있었지만 단기치료의 세계에서는 외부자라고 할 수 있다. 나는 핵물리학 박사학위를 취득했고, 첫 직장은 원자력 발전소였다. 나는 반 농담으로 AA(Alcoholics Anonymous)[3]에서 말하는 것처럼, '회복 중인 물리학자'로 나를 소개하곤 한다. 그렇지만 나는 여전히 헌신적인 과학자이기도 하다. 우연의 일치인지 모르지만 나 역시 한동안 프로 수준의 색소폰 연주자로 활동하기도 했다. 경영 컨설턴트, 트레이너, 코치, 그리고 촉진자로서 일해 왔으며, 나는 지난 30년간 해결중심치료자들과 함께 배우고, 연구하고, 강의하고, 개발하고, 실험하고, 그것에 관해 논쟁해 왔다. 내 생각에 아마도 이러한 외부자적 입장은 내부에서 무슨 일이 일어나고 있는지 관찰하며, 또 미래에 어떤 일이 일어날 것인지 더 잘 알 수 있는 유리한 위치에 서게 하는 것 같다.

3) 역자 주: 알코올중독자 자조모임으로, 모임에서 회원을 '회복 중인 알코올중독자'로 소개하는 관행이 있음

해결중심치료는 왜 흥미로운가

'회복' 중인 핵물리학자이자 경영 컨설턴트이며 외부자인 내가 해결중심치료를 배우고, 활용하고, 공유하는 데 왜 그토록 많은 시간을 투자했을까? 무엇이 이 분야에 관심을 갖고 계속해서 탐구할 가치가 있도록 만들었을까? 나는 그 이유를 다음의 다섯 가지로 요약하고 싶다.

- 효과성
- 효율성
- 존중적 윤리
- 에너지
- 우아함

효과성

첫 질문은 당연히 해결중심치료는 '효과가 있는가?'이다. 이에 관한 대답은 단연코 '그렇다'이다. 단, 치료와 인간관계 분야에서 항상 '효과가 있는' 접근은 있을 수 없다는 것을 먼저 분명히 하고 싶다. 독자들은 웜폴드(Bruce Wampold)와 동료들(예: Wampold & Imel, 2015)의 공통요인 연구에 대해 익숙할 것이다. 공통요인(common factors)은 실천가가 사용하는 특정 모델과 기술이 심리치료 전체 성과에 작은 영향만 미친다는 것을 시사한다. 더 중요한 것은 실천가와 내담자의 동맹, 공감, 기대, 그리고 문화적 변형 등을 포함하는 효과적인 치료에 공통적으로 등장하는 요인이다(물론 이 모든 요인은 해결중심치료에 강하게 나타난다). 이러한 관점에서 볼 때 대부분의 치료는 거의 60~70%의 사례에서 효과를 보인다.

최근 몇 년간 모델보다는 실천가 개인의 효율성을 살피는 연구가 많았다. 스콧 밀러(Scott Miller)는 오랫동안 이러한 접근 방식을 옹호해 왔으며(Miller, Hubble, & Chow, 2020) 짧은 내담자 설문지, 집중적인 성찰과 평가를 통해 실천가가 자신의 성과를 추적할 수 있도록 도왔다. 이러한 결과는 내담자보다 모델이 더 중요하고 '장기치료가 더 효과적이다.'는 전통적인 관점에서 멀어지는 환영할 만한 진전을 만들었다. 단기치료 전통의 일부인 해결중심치료는 항상 실천의 결과에 관심을 가져왔다. 드 세이저와 김인수는 커리어의 초기부터 기록을 보관하고 치료 후 내담자가 어떻게 지내는지에 큰 관심을 가졌다. 정신과 의사인 알라스데어 맥도널드(Alasdair Macdonald) 박사는 지난 30년간 이러한 자료를 모았으며, 그 결과 대규모의 증거를 확보할 수 있었다(Macdonald, 2011, 2017). 2017년에는 이 목록이 해결중심치료에 관한 10개의 메타분석 연구를 포함할 정도로 커졌다. 일곱 개의 체계적 문헌연구와 해결중심치료의 유의한 성과를 보여 주는 143개의 무작위 대조 실험을 포함한 325개의 관련 연구가 확보되었다(이 중 92개는 기존 치료법에 비해 해결중심치료가 더 효과가 있는 것으로 나타났다). 100개의 비교 연구 중 71개는 해결중심치료에서 더 높은 효과성을 보였다. 이러한 자료는 성공률이 60%를 초과하는 9,000개 이상의 사례에 대한 효과성 데이터를 제공한다. 이들의 평균 회기는 3~6.5회기 정도였다.

이러한 기록은 매우 인상적인 것이다. 그러나 이 연구의 대부분에서 정신과적 진단이 부족하다는 점을 지적하는 학계(특히 의료 분야)의 일부에서는 이러한 결과를 다소 덜 인상적인 것으로 간주하기도 한다. 해결중심치료의 연구 중 일부는 의사와 과학자들에 의해 '이류'로 간주되기도 했다. 그럼에도 해결중심치료는 전통적인 진단적 접근 방식을 따르지 않음을 상기할 필요가 있다. 예를 들면, 이는 사용된 말(horse)의 수와 크기가 기록되지 않았다는 이유로 무시되었던 항공 여행에 관한 초기 연구에 비유될 수 있다. 역사적으로 말은 일반적인 운송 수단이었지만 비행기의 운항과는 전혀 관련이 없는 것과 마찬가지이다. 어떤 이유든 이러한 결과는 학계에서 해결중심치료에 관한 큰 관심을 불러

일으키지는 못한 것이 사실이다. 나는 이 책을 통해 이러한 관행이 서로에 대한 관심과 협력으로 변화할 수 있도록 새로운 길을 제시하고 싶다.

효율성

효율성은 치료 연구에서 무시되어 온 큰 변수 중 하나이다. 지난 수십 년간 우리는 일반적인 대화치료와 특정한 실천 방식의 효과를 측정하기 위해 집중적인 연구를 수행해 왔다. 그럼에도 치료적 접근이 얼마나 빨리 효과를 나타내는지를 알아보려는 노력은 거의 없었다. 이는 우선순위의 충돌 때문일 수 있다. 반세기 전에는 다루고 있는 문제가 너무 복잡해서 수년간의 치료가 필요하다고 여겨졌지만, 이것이 여전히 실천가와 내담자에게 '명예로운 훈장'일 수는 없다. 물론 대안의 부재로 그러한 장기적인 치료가 실제로 필요한 경우도 있을 것이다. 또한 장기치료를 받는 것이 편한 사람들도 있을 것이다. 실천가와 내담자 사이에 그러한 방식에 대한 합의가 있을 수도 있다. 이는 윤리적 측면에서 다시 다루고자 한다.

반대로, 해결중심치료는 항상 단기치료적 전통의 일부였다. 이는 대중에게 잘 알려지지 않아 얼핏 들으면 '애도치료(grief therapy)[4]'를 의미하는 것으로 이해되기도 한다. 다음 장에서 볼 수 있듯이 이는 1960년대에 시작된 팰로앨토(Palo Alto)의 MRI(Mental Research Institute)의 단기치료 프로젝트로 돌아간다(Weakland, Fisch, Watzlawick, & Bodin, 1974 참조). 이런 종류의 작업은 항상 효율성을 특징으로 삼아 왔다. 즉, 단순히 내담자가 좋아지는 것이 아닌 더 빨리 나아지는 것을 선호한다. 일반적으로 단기치료는 약 10회기 이내의 치료를 의미한다. 이는 약 50회기의 작업을 요하는 '단기' 정신역동 치료와는 다르다. 해

4) 역자 주: brief therapy와 발음이 비슷한 이유

결중심치료는 여타 상호작용적인 단기치료와 마찬가지로 시간에 제한을 두지 않는다. 그럼에도 몇 회기 내에 내담자에게 변화가 있을 것이라고 기대하는 것은 이 접근의 규범이다.

대부분의 치료법이 효과적이라고 여겨지는 시점에서 효율성에 더 큰 관심을 갖지 않는 것은 납득하기 어렵다. 단기치료를 선호하는 데에는 윤리적, 실용적, 그리고 사회적 이유가 크다. 우리에게는 내담자의 시간을 낭비할 권리가 없다. 우리는 내담자에게 우리의 특권을 행사하고 비용을 청구한다. 효과가 있는 한, 내담자(자신의 삶을 다시 시작할 수 있는 사람), 그들의 가족(많이 또는 오랫동안 걱정할 필요가 없는 사람), 그들의 직장(생산적인 직원을 다시 확보하고자 하는 사람) 및 비용을 지불해야 하는 사람(내담자 자신, 보험사, 그리고 정부 등)들에게 단기치료는 선택이 아니라 필수이다.

존중적 윤리

물론 모든 대화치료의 실천가들은 자신의 작업이 윤리적이고 존중적이라고 말할 것이다. 심지어 내담자를 의도적으로 불편하게 만드는 극소수의 관행(예를 들어, Farrelly & Brandsma, 1989)조차도 내담자의 장기적인 이익을 위해 그렇게 한다고 정당화한다.

그러나 이러한 대부분의 관행은 내담자가 무엇을 해야 하는지에 대한 실천가의 견해를 중심으로 형성되고, 내담자가 이를 수행하는 것을 중심으로 이루어진다. 이를 통해 실천가는 내담자의 장애와 문제에 대해 자신만의 특별한 언어를 갖게 되며, 이를 내담자의 상황을 해석하는 데 사용한다. 어떤 경우에는 그들은 내담자가 자신에게 무슨 일이 일어나고 있는지 정말로 '이해'했다는 것을 보여 주기 위해 내담자가 실천가의 방식으로 소통하는 방식을 배워야 한다고 주장하기도 한다.

해결중심치료에서는 윤리적 입장이 더욱 명확하다. 우리는 내담자의 '최선의 희망(best hopes)', 목표, 그리고 원하는 결과를 향해 나아갈 수 있도록 그들과 협력하며, 이때 내담자의 언어는 그 출발점이 된다. 꿈에 대한 정교한 해석, 무의식적 사고의 발현, 근본적인 원인의 규명, 부정적인 감정의 해소 등은 따로 필요치 않다. 해결중심치료의 관점에서 볼 때 이러한 관행은 내담자에 대한 실천가의 이해가 내담자 자신의 이해보다 우선하기 때문이다.

대신 우리는 내담자의 삶의 경험, 자원, 그리고 무엇보다도 내담자의 언어를 우선시한다. 내담자가 선택한 단어는 매우 중요하며, 우리는 이를 더 기술적이고 인상적인 전문가의 언어로 대체하기보다는 대화의 출발점으로 삼는다. 이 책이 전개되면서 더 볼 수 있겠지만, 실천가의 역할은 기발한 해석에 있는 것이 아니라 항상 존재했지만 한동안 방치되었던 근육을 다시 쓸 수 있도록 돕는 물리치료사에 가깝다.

실제로 이것은 내담자가 사용하는 언어를 경청해야 함을 의미하며, 당연히 내담자의 변화에 관심이 있지만 그것에 대한 일차적인 책임은 그들에게 있다는 약간 분리된 입장을 취해야 함을 의미한다. 우리의 역할은 내담자가 스스로의 노력을 통해 성공하는 것을 돕기 위해 그들을 지원하는 것이지 그들을 위해 일하는 것이 아니다. 이는 '코치'의 역할처럼 보이기도 하는데, 이런 이유로 해결중심치료가 코칭 분야에서 큰 성공을 거둔 것은 결코 우연이 아니다.

내담자는 자신의 상황과 삶(타인에 대한 정당한 관심을 포함)을 고려하여 치료목표를 설정한다. 그들의 언어는 치료적 과정을 이끈다. 실천가로서 우리는 그들이 자신의 삶에서 무엇을 바라고 있는지, 무엇이 그들에게 효과가 있는지, 그리고 그들이 매우 어렵고 도전적인 상황에서 이미 어떻게 나아지고 있었는지에 관해 세심한 관심을 보일 것이다. 일반적으로 이는 존중의 관계 속에서 경험되는 것이다. 우리는 내담자와의 관계가 장기적인 것이 될 것으로 기대하지 않는데, 이는 한편으로 내담자 중심성 때문이고 또 한편으로는 효율성에 관한 관심 때문이다. 우리는 내담자를 대신해 그들의 삶을 살아가지 않는다. 일부 정신건강 분야의 '우리는 당신을 위해 항상 여기 있을 것입니다.'라는 말은 슬로건은 '당신은 결코 우리를 당신의 삶에서 배제하지 못할 것입니다.'로 읽히기도 한다.

에너지(활력)

해결중심치료의 초점은 치료적 대화와 삶에 대한 내담자의 희망, 내담자에게 효과가 있는 것(특히 내담자의 희망과 관련하여), 그리고 내담자의 진전을 나타내는 작은 신호에 관한 것이다. 이러한 대화는 매우 개방적이고 격려하는 분위기에서 이루어지며, 그곳에서 내담자는 자신의 생각을 정리하고, 수정하고 개선할 충분한 시간을 갖는다. 이러한 과정은 강제적인 해결이 아닌 해결중심적이어야 한다.

대화의 두 초점, 즉 사람들이 원하는 것과 그들에게 도움이 되는 것에 초점을 맞추는 대화는 에너지를 불러일으키는 효과가 있다. 내담자는 아래가 아닌 위를 바라보고, 긴장을 풀고 함께하기 시작하며, 대화에 참여하기 시작한다. 이는 자연스러운 과정의 일부이다. 해결중심치료에서는 내담자와 작업을 시작하기 전에 특별히 '라포르 형성'이 필요치 않다. 내담자와 어떤 연결이 만들어지든 그것은 해결중심치료의 개방적이고 내담자 중심적인 방식의 작업을 시작하는 과정의 일부이다. 이는 긍정적인 정서가 관심의 범위를 넓히고, 창의성과 새로운 가능성의 개방과 연관이 있다는 긍정심리학의 연구에 의해 뒷받침되고 있다(예: Fredrickson, 2009).

어떤 사람들은 해결중심치료의 치료 과정이 매우 '긍정적'이라고 말한다. 그러나 경험이 풍부한 실천가들은 이에 대해 이의를 제기할 것이다. 그들은 초점이 긍정성에 있는 것이 아니라 내담자를 위한 유용성(치료 작업에서 무엇이 유용할지, 현재 도움이 되는 것은 무엇인지 등)에 있다고 말할 것이다. 나 또한 해결중심치료에 명백한 긍정성이 있음을 부인하지는 않는다. 다만 그것은 그 자체가 목표라기보다는 내담자가 유용하다고 생각하는 것에 집중할 때 생기는 '부산물'이라 할 수 있다. 그럼에도 내담자가 긍정적이라고 말하고 우리가 내담자의 말을 진지하게 받아들이고 있다면 우리가 그것에 대해 내담자와 논쟁을 벌일 이유는 없다.

그간 문제중심 질문과 해결중심 질문의 영향을 비교하는 연구는 그리 많지 않았다. 토니 그랜트(Tony Grant, 2012)는 이를 코칭의 맥락에서 살펴보았다. 연구 결과에 의하면 해결중심 질문은 내담자의 긍정 정서를 크게 증가시키고 부정적인 감정을 감소시키며, 자기효능감을 증가시키는 것으로 나타났다. 그렇지만 이러한 결과가 내담자가 원하는 행동을 할 수 있도록 의도적으로 격려하는 코칭의 맥락에서 나온 것임을 기억할 필요가 있다. 흥미로운 것은 장기적인 문제중심 치료의 맥락에서는 대조적으로 '눈물'과 부정적 감정의 표출이 곧 성공으로 여겨진다는 것이다.

이러한 활력적인 치료 방식의 또 다른 중요한 효과는 실천가들에게 나타나는데, 실천가들은 이 방식을 통해 소진을 덜 경험하는 것으로 나타났다. 예를 들어, 메디나와 베예바크(Medina & Beyebach, 2014)는 강점관점과 해결중심치료에 관한 훈련의 참여가 실천가들의 소진을 감소시키는 반면, 비교군인 결핍기반의 신념을 가진 실천가들 사이에서는 소진이 증가했다는 연구결과를 보고했다. 이 연구는 또한 더욱 협력적으로 되고, '한 발 뒤에서 내담자를 이끄는' 방향으로 실천 방향을 바꾸고, 팀 구성원 간 그리고 다른 분야의 동료들과의 학제를 뛰어넘는 협력이 더 낮은 소진을 예측한다는 결과를 보여 주었다. 이 모두 해결중심치료의 관점에서 권장되는 방식이다.

우아함

드 세이저, 김인수 그리고 그들의 동료들은 처음부터 '적은 투입으로 더 많은 효과를 낸다.'는 생각을 가지고 시작했다. 이는 효율적인 실천의 측면뿐만 아니라 유용한 차이를 만들지 않는 실천의 일부를 폐기한다는 측면에서도 마찬가지였다. 드 세이저는 14세기 철학자 윌리엄(William of Ockham)에 의해 널리 알려진 원리인 '오컴의 면도날'(Ockham's Razor, de Shazer, 1985)에 동의하는 글을 쓴 적이 있다. 이 원칙은 '필요하지 않은 무엇인가를 더 할 필요가 없음.'을 말한다. 즉, 필요 이상을 가정하지 말라는 것으로, 불필요한 가설은 고려사항에서 제거해 나가야 함을 뜻한다.

단기치료 개발의 일환으로 드 세이저, 김인수와 동료들은 항상 실천 방식과 사고 과정을 단순화하기 위한 실험을 추구했다. 이것은 여러 면에서 가장 복잡한 모델이 가장 뛰어나고 진실에 가깝다고 생각하며 복잡한 모델을 추구하는 스콜라 학파의 허위를 폭로하려는 윌리엄 자신의 노력과 유사한 것이었다. 20세기에 심리학, 정신의학 및 기타 의료분야가 확장되면서 이와 유사한 '복잡성으로의 일대 돌진'이 일어났다. 전문 임상의들은 내담자의 증상을 예측하고자 노력했고, DSM의 진단 건수는 폭발적으로 증가했다. 내담자의 고통을 설명하고자 하는 '복잡한 정신' 현상이 더 큰 어지러움을 초래할 정도였다.

드 세이저와 김인수는 팰로앨토의 MRI에서 그들의 멘토와 스승의 주도하에 효율성과 효과성 그리고 실천의 단순성을 중시하며 이러한 '돌진'에 대응하기 시작했다. 그렇게 함으로써 그들은 큰 영향력을 행사하던 프로이트와 융의 관점에서 벗어나 단기치료의 전통이 실제 사람들 사이에서 일어나는 대화에 초점을 맞출 수 있도록 도왔다. 후에 다시 다루겠지만 이러한 실천은 전통적이며 근본주의적인 언어에서 벗어나 상호작용적, 즉 내담자와 다른 사람을 포함한 주변 환경 사이의 상호작용에 초점을 맞춘다. 이것이 실천가와 내담자 사이에서 일어나는 상호작용의 주요한 주제이다. '내담자의 머릿속에서' 무슨 일이 일어나고 있는지는 언급되지 않는다. 물론 이것이 내담자의 머릿속에서 아무 일도 일어나지 않는다는 뜻은 아니다. 다만 그것에 대해 이야기하는 것이 큰 의미가 없다는 말이다. 단기치료의 전통에서는 내담자 문제의 원인은 일반적으로 다루지 않는다. 내담자는 자신의 감정, 두뇌, 정서, 배경 또는 어린 시절 경험에 의해 좌우되는 무력한 사람이 아니기 때문이다.

오히려 내담자는 우선적으로 자신의 삶의 적극적인 행위자, 불행한 수렁에 빠진, 그렇지만 어쩌면 자신과 주변 사람들을 위해 좀 더 만족스러운 삶을 향한 길을 찾고 있는 사람으로 간주된다. 그런 다음 실천가는 일종의 '사람에 관한 문법'(예: Harré, 1997 참조)이라 할 수 있는 '누가 누구와 무엇을 하는가?'에 초점을 둔 작업을 시작한다. 이는 설명을 위해 인과관계의 용어를 사용하는 것과는 다른 것이다. 이는 일상적인 대화 규범에서 다소 벗어난 방식이기도 하다. 이 책은 독자가 이러한 방식으로 연습을 하고, 그것이 왜 중요한지 이해할 수 있도록 도울 것이다.

이 부분에서 다룬 다섯 가지 사항은 중요한 것인데, 적어도 나에게는 더욱 그렇다. 나는 단지 오래된 관행에 근거한 해결중심치료는 지지하지 않는다. 누군가 나에게 이 다섯 가지를 더 잘, 더 빠르게, 그리고 더 철저하게 달성할 수 있는 실천방식을 보여 준다면 나는 기꺼이 그 방식을 따를 것이다. 비록 최근 자코 세이큘라(Jaarko Seikkula)의 '열린 대화(Open Dialogue)'(Seikkula & Olsen, 2003)와 같이 흥미롭고 새로운 가능성을 시사하는 몇 가지 흥미로운 발전이 있었지만, 나는 더 좋은 방식이 나올 때까지는 계속해서 해결중심치료를 탐구할 생각이다.

이 책에 관하여

다음 장에서 우리는 해결중심치료가 언어를 중심으로 실행되는 방식과, 최근 주목받고 있는 활성인지 분야에 관한 새로운 진전을 살펴볼 것이다. 활성 패러다임(enactive paradigm)은 해결중심치료가 어떻게 작동할 수 있는지를 새롭게 볼 수 있는 관점을 제공할 뿐만 아니라 겉으로 보기에는 단순해 보이는 이 실천이 어떻게 정신질환(물론 이 용어는 재검토와 재정의가 필요함)을 해결할 수 있는 성공적인 접근이 될 수 있었는지를 설명한다. 나는 이 책에서 다루는 핵심 내용을 일종의 협공작전으로서 두 가지 방식으로 접근하고자 한다. 하나는 실천적 측면, 그리고 또 하나는 실천에 영향을 미칠 수 있는 이론적 측면이다.

이 협공의 초점은 해결중심치료가 '내담자의 세계를 확장한다'는 것에 있다. 이는 내담자가 하는 행동을 변화시키는 것이 아니라 내담자가 무엇이 가능한지를 바라보는 방식의 변화를 의미한다. 내담자는 해결중심적 대화의 결과로 삶에서 아마도 다른 무엇인가를 수행할 것이다. 이는 전적으로 내담자에게 달려 있다. 이 세계관의 확장은 내담자와 실천가 사이의 협력적인 노력이지만 더 큰 책임은 내담자에게 있다. 해결중심치료를 바라보는 이러한 방식은 드 세이저를 매료시켰던 비트겐슈타인(Ludwig Wittgenstein)의 철학과 매우 유사하다. 이는 또한 최근의 철학자와 인지과학자들의 관심 주제이기도 하다. '확장한다 또는 늘린다(stretching)'는 단어는 '변형'이나 '재구축'과는 다른 의미를 가진다. 치료적 과정의 영향은 본질적으로 처음에는 다소 불확실하며, 후에 더욱 강화될 필요가 있을 수도 있다. 이러한 측면에서 치료는 공학(engineering)이기보다는 정원 가꾸기(gardening)에 더 가깝다.

책의 제1부에서는 해결중심치료의 뿌리로서 1950년대와 1960년대를 살피고, 뚜렷한 특징을 갖추고 등장한 1980년대 후반, 그리고 이후 전 세계와 다른 많은 분야로 확산되는 과정을 살핀다.

제2부에서는 독특한 특징과 우선순위를 지닌 차세대 해결중심치료로 이어지는 21세기에 일어난 발전을 살핀다. 이러한 발전은 종종 과거와의 연속성을 강조하려는 개발자들에 의해 '조용'하게 진행되었으며, 이는 실제로는 명확하지만 실천에서는 잘 보이지 않는 차이로 이어졌다. 나는 우리가 이제 또 다른 새로운 형태의 실천이 등장한 지점에 도달했다고 생각한다. 이 장에서는 활성인지를 통한 정신건강/질병에 관한 새로운 관점의 기초와 치료대화에서 실천가의 역할을 새롭게 볼 수 있는 미시분석(microanalysis)과 같은 최근의 연구에 기반해 살펴볼 것이다. 이 새로운 관점에서는 이론이 내담자에게 초점을 맞추는 데 방해가 되는 것이 아닌 그들에게 더욱 집중할 수 있도록 돕는 것으로 간

주된다.

제3부에서는 세계 확장의 렌즈를 통해 차세대 해결중심치료를 자세히 살펴볼 것이다. 이 부분에서 해결중심치료는 갤러리(미술관)에 비유될 것이다. 각 장은 매표소(ticket office)에서 시작해 미래, 과거, 그리고 현재의 경험을 전시하는 갤러리로 이어진다. 내담자는 기념품 가게(gift shop)를 통해 갤러리의 방문을 끝내며, 이는 회기의 종료를 의미한다. 그곳에서 내담자는 실천가와의 대화에서 취할 것이 무엇인지 생각하기 위해 잠시 멈춘다. 이후 후속 회기가 어떻게 진행되는지에 대해서도 살펴볼 것이다. 갤러리 모델은 내담자와의 상황에서 실제로 무엇을 다루는 것이 중요한지 기억하는 것에 도움이 되는 강력한 프레임을 제공한다. 이는 또한 매우 유연하여 다양한 실천 맥락에 맞도록 수정 및 확장될 수도 있다.

각 장에서 우리는 실제의 치료 대화를 검토하고 내담자가 자신의 세계를 확장하도록 돕는 데 실천가가 어떻게 기여할 수 있는지 살펴볼 것이다. 이러한 대화는 실제 사례에서 가져온 것이어서 완벽하지 않다. 어떠한 실천도 100%의 정확성을 달성할 수는 없는데, 그 이유 중 하나는 어려운 상황에 처해 있으며 스스로 잠정적이지만 새로운 가능성을 구축하고자 하는 실제 내담자를 상대하기 때문이고, 다른 한편으로는 이러한 실천은 실제 대화와 마찬가지로 즉흥적이고 그 자체로 실험적이고 사회구성적이기 때문이다. 그러나 이러한 대화는 풍부한 배움의 장을 제공하며, 실제의 실천에서 일어나는 혼란을 새롭고 명확한 이론적 관점과 결합시켜 보여 줄 수 있다.

책의 마지막 부에서는 이 모든 것을 하나로 모아 해결중심치료를 미학적인 측면에서 바라볼 것이다. 우리는 무엇이 아름답다고 생각하는가? 해결중심치료자들은 치료과정에서 내담자와 자신의 권력과 통제를 나누고, 치료를 신속하게 완료하며, 작은 차이를 중요시하는 실천적 관행에 큰 가치를 두는데, 사실 이는 기존의 많은 치료와는 상충되는 것이다. 나는 특정 영역 외에서 해결중심치료가 상대적으로 영향력이 부족한 것을 연구나 증거의 부족 또는 실천의 문제로 보지 않는다. 사실 이러한 오해는 미학적인 차이에 기인한다. 나는 해결중심치료의 미학을 명확하게 정리함으로써 적어도 다른 사람들을 설득할 수 있는 대화의 기반을 구축할 수 있기를 희망한다.

주요 요점

- 이 책은 해결중심치료가 등장한 지 약 30년이 지난 후 이를 재검토하고자 하는 시도이다.
- 우리는 해결중심치료와, 특히 이미 괄목할 만한 성장을 이룬 활성인지 분야의 연결을 통해 해결중심치료가 내담자의 '세계를 확장'하는 방식을 확인할 것이다.
- 해결중심치료는 다음과 같은 특징 때문에 계속해서 연구하고 실천할 가치가 있는 분야이다.
  - 효과성
  - 효율성
  - 존중적 윤리
  - 에너지
  - 우아함
- 이 책은 실천과 이론적인 측면에서 해결중심치료가 발전해 온 과정, 새롭게 개발된 이론기반으로 차세대 해결중심치료를 자세히 살펴보기, 갤러리 모델을 해결중심치료의 각 단계에 적용하기, 그리고 해결중심치료를 미학적인 관점에서 살펴보기 등의 총 4부로 구성되었다.

참고문헌

Berg, I. K. (2007). For students only: Originally published on the BFTC website, referred to in Brian Cade's obituary of Steve de Shazer and Insoo Kim Berg. Retrieved from www.counselingsoft.jp/workshop3.html.

de Shazer, S. (1985). *Keys to Solution in Brief Therapy*. New York, NY: W. W. Norton.

Farrelly, F., & Brandsma, J. M. (1989). *Provocative Therapy*. Capitola, CA: Meta Publications.

Fredrickson, B. (2009). *Positivity: Groundbreaking Research Reveals How to Embrace the Hidden Strength of Positive Emotions, Overcome Negativity, and Thrive*. New York, NY: Crown Publishers/Random House.

Grant, A. M. (2012). Making positive change: A randomized study comparing solution-focused vs. problem-focused coaching questions. *Journal of Systemic Therapies*, *31*(2), 21-35.

Harré, R. (1997). *The Singular Self: An Introduction to the Psychology of Personhood*. New York: Sage Publications.

Macdonald, A. J. (2011). *Solution-Focused Therapy: Theory, Research & Practice* (2nd ed.). London: Sage Publications.

Macdonald, A. J. (2017). *SFBT Evaluation List*. Retrieved from https://solutionsdoc.co.uk/sfbt-evaluation-list/.

Medina, A., & Beyebach, M. (2014). The impact of solution-focused training on professionals' beliefs, practices and burnout of child protection workers in Tenerife Island. *Child Care in Practice*, *20*(1), 7-36. doi:10.1080/13575279.2013.847058.

Miller, S. D., Hubble, M. A., & Chow, D. (2020). *Better Results: Using Deliberate Practice to Improve Therapeutic Effectiveness*. Washington, DC: American Psychological Association.

Seikkula, J., & Olsen, M. E. (2003). The open dialogue approach to acute psychosis: Its poetics and micropolitics. *Family Process*, *42*(3), 403-418.

Sieden, L. S. (2011). *A Fuller View: Buckminster Fuller's Vision of Hope and Abundance for All*. Nederland, CO: Divine Arts Media.

Wampold, B. E., & Imel, Z. E. (2015). *The Great Psychotherapy Debate: The Evidence for What Makes Psychotherapy Work* (2nd ed.). Abingdon, UK: Routledge/Taylor & Francis Group.

Weakland, J. H., Fisch, R., Watzlawick, P., & Bodin, A. (1974). Brief therapy: Focused problem resolution. *Family Process*, *13*(2), 141-168.

제1부 | 해결중심 단기치료의 발전

제1장 … 해결중심 단기치료의 뿌리: 상호작용적 관점

제2장 … 스티브 드 세이저, 김인수 그리고 해결중심 단기치료

제3장 … 해결중심 단기치료의 진화: 확산과 실천의 정교화

The Next Generation of Solution Focused Practice

제**1**장

해결중심 단기치료의 뿌리:
상호작용적 관점

이 장은 캘리포니아 팰로앨토에 위치한 정신건강연구소(Mental Research Institute: 이하 MRI)에서 행해진 그레고리 베이트슨(Gregory Bateson)의 의사소통 연구와 밀턴 에릭슨(Milton Erickson)의 최면 요법에서 유래한 해결중심치료의 뿌리에 대한 개요를 설명한다. 시간의 흐름 속에서 이러한 일들이 어떻게 변화해 왔는지를 이해하는 것은 해결중심치료자에게 큰 도움이 되는데, 이는 전통을 강화하고, 또 이론과 실천의 어떤 측면이 한 단계에서 다음 단계로 나아가는 계기가 되기도 한다.

상호작용적 단기치료에는 몇 가지의 공통 요소가 존재한다. 이러한 요소를 기억하고 또한 이러한 실천적 전통이 어떻게 구축되었는지를 확인하는 것은 중요하다. 한 분야의 기본 원칙은 비록 눈에 잘 띄지 않을지라도 시간이 지나도 여전히 유효한 경우가 많다. 예를 들어, 예술계에서는 추상표현주의자인 잭슨 폴락(Jackson Pollock)과 팝아트의 대가인 앤디 워홀(Andy Warhol)일지라도 스케치북에 연필로 주변의 인물과 사물을 그리는 법부터 배우기 시작했음을 기억할 필요가 있다. 서로 매우 다른 풍의 작품에서 그 화려함과 흥미로움에 빠져 우리는 이러한 기초가 있었음을 놓치기 쉽다. 마찬가지로, 우리가 현재 하고 있는 일과 미래에 할 수 있는 일의 놀라울 정도로 많은 부분이 바로 이러한 초기의 발전에 이미 예고되어 있었다. 이 이야기를 여기에서 정리하는 이유는 인정받아 마땅한 공로에 감사하는 동시에 현재와 미래의 해결중심치료의 실천적 요소가 이미 수십 년 전에 이미 출현했음을 알리기 위함이다.

그레고리 베이트슨, 밀턴 에릭슨 그리고 베이트슨 프로젝트

상호작용 단기치료 모델의 진화는 1960년대 MRI에서 '공식적으로' 시작되었다. 그러나 무에서 유를 창조할 수 없듯이 MRI의 주요 인물들이 그러한 지점에 도달한 방식은 그 자체로 흥미롭다. 이 이야기에는 진정으로 혁명적인 몇 가지의 발전이 포함되며, 그중 일부는 오늘날에도 여전히 유효하다.

그레고리 베이트슨

영국의 인류학자이자, 사회과학자, 언어학자, 기호학자, 그리고 사이버네틱스주의자였던 베이트슨(1904~1980)은 아직까지도 단기치료 분야를 양분하는 인물이다. 어떤 이들은 그를 해결중심치료의 증조부 격으로 보고, 또 다른 사람들은 그를 큰 통찰을 주었지만 당혹스러울 정도로 혼란스러운 연구자였다고 평가하기도 한다. 이러한 두 입장에는 모두 일리가 있다. 그럼에도 단기치료의 개발에 기여한 주요한 인물들을 한곳에 모일 수 있도록 한 베이트슨의 역할에 대해서는 그 누구도 이의를 제기하지 않을 것이며, 그의 독창적인 통찰력 중 일부는 오늘날 해결중심치료의 실천에 여전히 남아 있다.

베이트슨의 아버지인 윌리엄(William)은 유전과 생물학적 변이에 대한 초기 연구를 수행한 뛰어난 생물학자였으며, 실제로 그 과정에서 '유전학'이라는 용어를 만들어 낸 인물이었다. 그의 아버지처럼 베이트슨도 케임브리지

(Cambridge) 대학교의 세인트 존스 칼리지(St. John's College)에서 생물학을 전공했다. 아버지와 달리 그는 사회적인 시스템의 작동에 더 관심을 갖게 되었고, 이후 인류학으로 전향했다. 뉴기니의 원주민 문화를 연구하기 위한 다양한 탐험을 마친 후 그는 관찰자의 세계관(관찰과 불가분의 관계가 있음)과 인간관계 내의 순환적인 인과 관계의 중요성을 깨달았다.

베이트슨은 남성의 공연을 여성이 관람할 때 남성들을 더 많이 춤추게 하고, 이는 결국 그들이 훨씬 더 높은 수준의 공연을 하도록 자극함을 관찰했다. 그는 이러한 통찰을 통해 A가 B에게 X에 대해 이야기한다는 식의 의사소통에 관한 단순한 메시지 전달 개념에서 순환, 반복 및 자기참조 모드 등으로 의사소통의 개념을 확장하였다. 예를 들면, A가 X를 수행하고, 이는 B가 Y를 수행하도록 격려하며, 결과적으로 A가 X를 더 많이 또는 덜 하게 하거나 뭔가 다른 것을 하도록 한다는 식이었다. 이 단순한 통찰은 나중에 MRI의 인간관계에 관한 '상호작용적 관점'으로 발전하게 된다.

베이트슨은 1936년 동료 인류학자였던 마거릿 미드(Margaret Mead)와 결혼했다. 그들은 함께 인도네시아의 발리를 여행하며 그 문화에서 아동이 어떻게 양육되고 사회에 통합되는지를 연구했다. 특히 미드의 경우 지역 주민들에게 속아 잘못된 결론에 이르게 되었다는 등의 오랜 논쟁을 겪기도 했지만, 우리에게는 이 연구의 결과보다 베이트슨의 접근 방식이 더 중요한 이슈이다. 인류학에서는 그 시점까지 인류학적 작업을 설명하기 위해 사진을 사용했다. 연구의 최종 보고서 작성을 위해 프로젝트 중 기껏해야 수십 장의 사진을 촬영하는 것이 전통이었다. 그러나 베이트슨은 이 프로젝트에서 약 25,000장의 사진을 촬영했다. 이것은 프로젝트를 보여 주기 위한 방편이 아닌 그 과정 자체가 프로젝트였음을 의미한다. 비록 이 특정 작업이 공식적으로 기록된 적은 없지만 사건의 발생을 있는 그대로 문서화하는 방식으로의 전환은 방법론적으로 단기치료의 발전에 큰 영향을 미쳤다.

1930년대 베이트슨의 관심 중 하나는 '분화의 발생(schismogenesis)', 즉 말

그대로 분화가 왜 발생하는가에 있었다. 뉴기니에서 관찰한 행동을 설명하기 위해 이 개념을 창안한 베이트슨은 분화의 형성을 '개인 간의 누적된 상호작용으로 인해 개인 행동 규범이 세분화되는 과정'으로 정의했다'(Bateson, 1936, p. 175). 그는 이러한 과정에서 순환적 의사소통이 확장되는 것을 관찰했다. 처음에는 작은 차이였으나 이는 이내 거대한 분화로 이어졌다. 흥미로운 것은 그 누구도 이러한 과정을 의도하지 않았다는 것이다. 분화는 대화 당사자들 사이 일어난 일련의 논리적 단계를 통해 나타났다.

제2차 세계대전 동안 베이트슨은 미국 전략정보국(US Office of Strategic Services)에서 근무하면서 적군을 교란하기 위한 통신 설계에 의사소통에 관한 자신의 아이디어를 적용했다. 베이트슨은 미드를 비롯한 소수의 사람들과 함께 1942년 5월 조셉 메이시 주니어(Joseph Macy Jr.) 재단이 대뇌 억제를 주제로 주최한 회의에 초대되었다. 미국 사이버네틱스 협회는 지금까지도 이 회의를 '사이버네틱스의 연합(coalescence of cybernetics)'이라 부른다(ASC, 2020). 이 회의에서는 두 가지의 발표가 있었다. 하나는 심리학자인 하워드 리델(Howard Liddell)이 발표한 조건 반사(conditioned reflex)였고, 다른 하나는 최면 치료사인 에릭슨이 소개한 최면술이었다. 여기에서 우리의 주요한 관심사인 베이트슨과 에릭슨의 연결을 볼 수 있다. 이제 우리의 목적을 위해 해결중심치료의 탄생에 영향을 미친 또 다른 핵심 인물인 에릭슨에 관한 이야기로 넘어가고자 한다.

밀턴 에릭슨

밀턴 에릭슨(1901~1980)은 최면을 전문으로 하는 정신과 의사이자 심리학자였다. 미국 위스콘신주의 농가에서 자란 에릭슨은 어린 시절 난독증, 색맹, 그리고 소아마비를 앓았는데, 그는 '창의적 순간(creative moments)'인 자기최면을 통해 어려움을 극복해 낼 수 있었다.'고 말했다(Erickson & Rossi, 1977). 의학과 심리학을 동시에 수학한 에릭슨은 주로 독학을 바탕으로 독특한 치료법을 개발했으며, 거의 대부분의 시간을 치료 작업에 매진했다. 앞으로 더 살펴보겠지만 그는 베이트슨과 그의 작업에 관심을 갖게 된 다른 사람들에 의해 '발견'되었을 정도로 대중에는 알려지지 않았던 인물이었는데, 이러한 접촉을 통해 더 넓은 대중의 영역으로 나갈 수 있었다. 자신만의 방식으로 소아마비를 극복했던 에릭슨에게 50대에 유사한 증상이 재발했다. 그는 다시 자기최면을 통해 이를 극복할 수 있었지만 여생을 휠체어에서 앉아 생활해야 했고, 또 극심한 만성통증을 겪었다. 이러한 모습은 마치 스티븐 호킹 박사가 그랬던 것처럼 그의 삶에 드라마를 더했고, 더 많은 사람을 끌어들였다.

에릭슨의 실천방법을 간단하게 설명하기는 어렵다. 그것이 오랫동안 많은 사람의 흥미를 끌었던 이유이기도 하다. 최면, 간접적 언어와 제안, 은유, 역설적 과제, 내담자 자신의 경험과 능력을 치료의 기반으로 활용하는 등 다양한 조합을 통해 에릭슨은 단순하지만 예상치 못한 방식으로 내담자가 문제를 극복하도록 돕는 방법을 찾았다. 그는 내담자가 할 수 없는 것에 초점을 맞추는 결핍의 관점(a deficit perspective)이 아니라 내담자가 활용할 수 있는 모든 능력, 강점 및 자원 등을 활용하고자 했다. 실제로 신체의 마비를 극복한 자신의 초기 경험은 아주 작은 반복적 행동이 크게 확장될 수 있다는 깨달음의 기초가 되었다.

에릭슨은 어니스트 로시(Ernest Rossi)를 포함한 공동 작업자들과 자신의 실천방식에 대해 많은 연구를 진행했다. 그의 연구를 모은 저작은 16권에 달하며, 여전히 에릭슨 재단(Erickson Foundation)을 통해 관리 · 제공되고 있다. 이러한 일련의 작업은 지난 수십 년간 많은 사람을 매료시켰다. 사람들은 에릭슨이 어떻게 작업했는지, 그리고 그가 수행한 작업이 어떻게 성공적일 수 있었는지 알기 위해 많은 노력을 기울였다. 나중에 해결중심적 방식으로 작업을 했던 초기의 개척자 중 한 명인 빌 오한런(Bill O'Hanlon)은 에릭슨과 더 가까워지고 더 많은 시간을 함께 하기 위해 심지어 그의 정원사로 일하기도 했다(Norman, 1994). 오한런은 후에 에릭슨의 사례를 출간했다(O'Hanlon, 1987). 드 세이저도 에릭슨의 실천 방식에 매료되었던 사람 중 하나였다. 그는 에릭슨의 사례를 개입 유형에 따라 분류하고자 했다. 문제는 아무리 노력해도 그 어떤 범주에도 속하지 않는 사례들이 여전히 많았다는 것이었다!

앞으로 살펴보겠지만 베이트슨과 에릭슨의 관계는 베이트슨이 MRI의 동료들을 1년에 두 번씩 에릭슨을 방문하여 관찰과 질문을 통해 그에게 배울 수 있도록 할 정도로 확장되었다. 그의 영향력은 신경 언어 프로그래밍(NLP)의 공동 개발자인 리처드 밴들러(Richard Bandler)와 존 그린더(John Grinder)와의 만남으로 인해 더욱 커졌다. 이들 역시 베이트슨의 소개로 만나게 되었다. 그들은 에릭슨의 간접적인 의사소통 스타일과 영향력을 자신들의 모델로 삼으려 했다. 그럼에도 에릭슨은 생애 말년에 NLP 세계에서 매우 소외되었다. 이에 대해 에릭슨은 다음과 같이 말했다. "밴들러와 그린더는 나와 함께 4일을 보낸 후 내 기술을 다 이해했다고 생각했습니다. …… 그렇지만 그들이 얻은 것은 그야말로 단순한 이해뿐이었죠!"(Norman, 1994). 어쨌든 에릭슨 학파는 오늘날에도 여전히 건재하다.

그의 죽음을 전후해 에릭슨을 일종의 '천재 페르소나'로 부르는 일이 많아졌고, 드 세이저 자신도 에릭슨을 '천재'로 칭했다(de Shazer, 1994, p. 33). 그의 스타일은 오랫동안 단순하고 전략적인 치료법의 발전에 큰 영향을 미쳤지만 따라 하기가 매우 어렵다는 평가가 많았다. 그렇지만 수많은 반복을 통해 다듬어져 그중 여러 핵심 요소가 여전히 해결중심치료에 남아 있다. 할 수 없는 일이 아닌 할 수 있는 일에 관한 에릭슨의 관심은 강점과 자원에 대한 더 광범위한 관심으로 성장했다. 에릭슨은 한때 목공의 경험이 있었다는 이유로 자신을 '예수'로 보았던 환자가 책장을 만들고 회복할 수 있도록 도움을 준 사례로 유명하다(Gordon & Meyers-Anderson, 1981, p. 43). 그는 병리학에는 관심이 없었다. 대신 사람들이 뭔가를 하며 자신의 치료에 적극적으로 참여하도록 하는 것에 열정적이었다. 사람들이 이미 능력, 알아차림, 그리고 가능성을 가지고 있다고 전제했던 그만의 질문 방식은 오늘날에도 영향을 주고 있다. 내담자가 시간에 대한 개념을 임의로 조절할 수 있도록 돕는 그의 '수정볼 기법'(Cooper & Erickson, 1954)은 드 세이저 (1985)에 의해 논의되고 다듬어졌으며, 우리에게 매우 친숙한 기적질문의 씨앗으로 볼 수 있다.

이제 우리의 이야기는 다시 과거를 향한다. 장면은 제2차 세계대전이 끝난 직후의 뉴욕이다.

베이트슨 프로젝트

제2차 세계대전 이후 베이트슨은 기계와 유기체적 맥락에서 정보, 피드백, 그리고 제어를 연구하는 사이버네틱스 과학의 핵심 연구자가 되어 있었다. 1940년대 후반 사이버네틱스와 일반체계이론(general systems theory)으로 알려진 유사하지만 별도의 두 학파가 발전했다. 두 학파 모두 전쟁 전에 베이트슨이 발견한 일종의 반복적인 자기참조 모드에 관심이 있었다. 이제 이러한 관심은 새로운 전자 제어 시스템, 즉 더 광범위하고 추상적으로 정보를 제공할 수 있는 컴퓨터의 실용적 잠재력으로 옮겨 갔다. 루드비히 폰 버탈란피(Ludwig von Bertalanffy)가 주도한 일반체계이론은 체계의 잠재력과 가능성에 관한 높고 포괄적인 수준의 관점을 취했다. 노버트 위너(Norbert Wiener)와 워런 맥컬러(Warren McCulloch) 등이 이끈 사이버네틱스는 이러한 시스템이 특정 영역의 외부에서 작동하지 못하도록 하는 것에 중점을 두었다. 정신과 의사였던 카를로스 슬루즈키(Carlos Sluzki)는 이 일반체계이론과 사이버네틱스라는 두 전통이 '마치 서로를 모르는 것처럼 발전했고, 두 학문이 놀라울 정도로 유사하게 진화했기 때문에 이 둘을 구별하는 것은 매우 어려울 정도'였다고 말했다(Sluzki, 1985, p. 26).

베이트슨은 맥컬러(Warren McCulloch)가 의장을 맡은 메이시(Macy) 컨퍼런스에 참여하면서 사이버네틱스 캠프에서 주도적인 역할을 맡았다. 이러한 행사는 당시로서는 이례적이었던 다학제적 관점(ASC, 2020a)에서 '인간의 마음이 일반적으로 어떻게 움직이는지 알아보는 것'을 목표로 했다. 그들의 연구 주제는 정보 이론, 반응성(reflexivity), 자기조절, 신경망, 학습 및 인지과학의 시작, 그리고 이 모든 것이 인간의 집단 과정에 어떻게 적용될 수 있는지를 포함했다. 베이트슨의 큰딸인 메리 캐서린(Mary Catherine)은 '사이버네틱스의 아버지'로 불리는 위너가 집으로 자주 방문하던 이 시기를 '고약한 담배 냄새를 풍기며 위너의 반응에는 별 관심이 없던 아버지가 자신의 최근 생각만을 쏟아 냈던 때'로 기억했다(Bateson, 1984). 전자 제어 시스템과 그 시기 막 생겨나기 시작한 컴퓨터에 관한 새로운 패러다임, 그리고 인간 정신의 작동 원리에 대한 추정에 존재했던 유사성에 주목할 필요가 있다. 이러한 유사성은 오늘날에도 많은 분야에서 찾아볼 수 있지만 나는 이에 동의하지 않으며, 책의 뒷부분에서 이를 논할 것이다.

어느 날 베이트슨이 맥컬러가 보낸 난해한 수학 공식을 이해하고자 애쓰고 있을 때 전화가 울렸다. 전화 속의 청년은 긴장한 목소리로 자신을 그의 연구에 관심이 있는 문화인류학도이며, 이름은 존 위클랜드(John Weakland)라고 소개했다. 위클랜드가 이전에 엔지니어였다는 말을 들은 베이트슨은 그의 말을 가로막으며 '바로 오세요.'라고 말했고, 그가 맥컬러의 공식을 이해할 수 있도록 도움을 요청했다(Ray, 1999). 이는 위클랜드가 베이트슨 프로젝트, MRI, 그리고 단기치료센터(Brief Therapy Center)에서 중심적인 역할을 하며 사회과학, 21세기의 집단, 가족, 그리고 조직에 심오한 영향을 미치게 되는 관계의 시작이었다. 위클랜드는 40년 후 사망할 때까지 드 세이저의 멘토이자, 슈퍼바이저였으며, 친구였다.

베이트슨은 혼란스럽고 역설적인 의사소통이 어떻게 '정신질환(mental illness)'으로 불리는 행동 패턴을 유발할 수 있는지를 탐색하는 연구 프로젝트를 제안했다. 1952년 그는 록펠러 재단(Rockefeller Foundation)으로부터 연구비를 지원받고 그리니치 빌리지에 있는 한 식당(Peter's Back Yard)에서 열린 축하 만찬 자리에서 위클랜드에게 이 프로젝트의 주요한 자리를 제안했다

(Weakland, in Ray & de Shazer, 1999, p. 4).

위클랜드는 베이트슨과 함께 미국 서부로 이주했으며, 캘리포니아주의 멘로 파크(Menlo Park)에 있는 재향 군인 병원에 연구소를 개설했다. 이 시기 베이트슨은 제이 헤일리(Jay Haley)와 윌리엄 프라이(William Fry)도 영입해 인간의 의사소통에서 추상화의 역설(paradoxes of abstraction)에 관한 연구를 함께 수행했다. 그것은 다양한 작업을 포함하는 것이었다. 그들은 병원에서 베이트슨 자신의 문화인류학적 문서화 방법을 확장해 조현병 환자와의 인터뷰를 녹화하는 새로운 연구방식을 도입하고 그들의 대화 패턴을 살폈다. 그들은 모두 영화 비평에 관심이 있었고 중국, 독일, 그리고 미국 영화에 대한 서로의 메모를 비교하기도 했다. 그들은 심지어 동물원에 함께 가 동물이 소통하는 방식을 관찰하기도 했다. 베이트슨은 항상 상위 수준의 추상성에 기초해 사물을 관찰하는 것에 관심이 있었고, 그런 그가 인간의 의사소통 범위를 넘어선 관심을 보인 것은 그로서는 당연한 일이었다.

이 시기 에릭슨도 베이트슨을 방문해 자신의 소박하고 현실적인 스타일로 그의 연구에 기여하고자 했다. 베이트슨은 또한 이전에 해리 스택 설리번(Harry Stack Sullivan)과 함께 연구했던 정신과 의사인 돈 잭슨(Don Jackson)도 영입했다. 이러한 발전의 역사에서 설리번의 역할은 잘 알려져 있지 않은데 여기서는 이를 좀 더 다루고자 한다. 1920년대에 정신 분석을 훈련받은 설리번은 프로이트가 선호한 내적 추동보다는 대인 관계의 역할에 더 관심을 가지게 되었고, 이러한 역동이 그가 만난 환자들의 경험에서 중요한 역할을 한다는 아이디어를 소개했다. 설리번은 '정신질환'을 '생활의 문제(problems in living)'로 표현하기 시작했는데, 이는 의사의 역할이 환자가 더 나은 삶을 살 수 있도록 돕는 것에 있음을 강조하는 것이었다. 이는 사람들의 일상에 대한 관심이라는 측면에서 해결중심치료에서 여전히 볼 수 있는 전통 중 하나이다.

베이트슨의 의사소통에 관한 프로젝트는 널리 알려진 '이중 구속(double bind)' 논문인 「Toward A Theory of Schizophrenia」에서 정점에 이른 것으로 볼 수 있다(Bateson, Jackson, Haley, & Weakland, 1956). 오늘날 읽는다면 이 논문의 내용은 그 목적을 달성하지 못한 것으로 보일 수도 있다. 저자들은 당시에는 제대로 정의되지 않은 채 광범위하게 진단되었던 조현병이 환자의 호전이나 재발, 또는 병에서 탈출하는 것 자체가 논리적으로 불가능한 위치에 놓이게 하는 일련의 역설적 의사소통으로 인해 발생함을 보여 주고자 했다. 결과적으로 발생한 분열적 행동은 '비정상적인(insane)' 상황에 대한 정상적(sane)인 반응으로 볼 수 있다. 많은 사람이 '구속자(binder)'와 피해자를 구별하고자 하는 탐구로 오해하고 있는 이 분석의 세부적인 내용은 시대적 관심에서 멀어졌지만, 더 중요한 결과는 정신질환과 치료를 상호작용 패턴과 체계적 측면에서 볼 수 있도록 한 우리의 다음 이야기를 촉발한 것이다.

베이트슨 자신도 점차 다른 주제로 연구의 관심을 옮겼다. 그의 연구 주제는 마음, 정보, 환경, 그리고 의식 간 존재하는 밀접한 사이버네틱스의 연결에 관한 것이었다. 그는 1980년에 사망했다. 위클랜드는 프로젝트 팀이 대부분의 경우 베이트슨의 의도를 이해하는 데 어려움을 겪었지만, 그가 연구 재원을 확보하고 에릭슨과의 연결을 돕고, 또 자신들의 아이디어를 실행하도록 격려했다는 측면에서 그의 역할이 매우 중요했음을 회상했다(Cade, 2007). 베이트슨의 작은딸인 노라(Nora Bateson)는 영화 〈An Ecology Of Mind〉(Bateson, 2010)를 통해 그들에게 무엇이 영감을 주었는지를 다루었는데, 이 작품에 그녀는 1970년대에 개최되었던 많은 컨퍼런스에서 아버지가 연설하는 장면을 포함하여 아버지의 삶과 작품에 대한 흥미로운 이야기를 담았다. 베이트슨의 글은 완고했지만, 그의 연설은 유쾌하고 매력적이었으며, 재치 있고, 박식하고, 사고를 자극하면서도 다소 장난스러웠다. 그런 그가 그렇게 많은 사람에게 큰 영향력을 발휘한 것은 어떤 면에선 당연해 보인다.

MRI, 가족치료 그리고 단기치료센터

MRI는 1958년 말 캘리포니아주 팰로앨토에 설립되었다. 잭슨(Don Jackson)은 자금을 확보하고 이사회와 연구진을 구성하며 첫 번째 이사장을 맡는 등 매우 중요한 역할을 수행했다. 정신과 의사였던 쥘 리스킨(Jules Riskin, MD)이 부국장을 맡았고, 버지니아 사티어(Virginia Satir)는 교육 책임자, 위클랜드와 헤일리는 책임 연구원이었다. 이들은 한동안 베이트슨 프로젝트와 공간을 공유했다. 베이트슨 자신은 비록 참여는 했지만 공식적인 회원은 아니었고, 그의 (세 번째) 아내였던 로이스(Lois)는 MRI 책임 연구원 중 한 명이었다(Ray, n.d.). 이후 폴 와츠라비크(Paul Watzlawick), 리처드 피시(Richard Fisch), 재닛 바블라스(Janet Bavelas), 린 호프만(Lynn Hoffman), 그리고 린 시걸(Lynn Segal) 등이 차례로 합류했다. 이들은 가족치료에 대한 아이디어를 개발하고 해당 주제에 대한 최초의 미연방 지원 교육을 제공한 그룹이었으며, 이들의 매뉴얼은 가족치료의 고전 중 하나인 합동가족치료(Conjoint Family Therapy, Satir, 1964)로 발전했다.

여기서 '합동(conjoint)'이라는 용어는 환자의 치료 장면에 가족이 포함되는 것을 말하는데, 실천가가 전체 가족 또는 '체계(system)'와 함께 작업하는 것을 의미한다. 상호작용적 관점에서 환자의 문제는 주변 사람들, 일반적으로는 가족과의 상호작용을 통해 구성되며, 그러한 맥락에서 이해되었다. 가족이 함께 함으로써 그들의 이야기를 들을 수도 있지만, 더 중요하게는 그들의 상호작용을 관찰할 수 있었다. 치료팀이 가장 관심을 둔 것은 지금 바로 여기 치료실에서 관찰되는 상호작용이었다. 이들은 가족 구성원 간의 역동과 반응이 문제를 유지하는 역할을 할 것으로 가정했다. 치료팀은 이러한 행동 패턴을 찾아내고 이를 중단시키고자 했으며, 이는 새로운 행동 패턴이 개발되도록 하기 위함이었다. 이러한 패턴을 보다 명확하게 관찰하기 위해 치료팀의 대부분은 일방경

(a one-way mirror) 뒤에서 치료 회기를 관찰하였는데, 이를 통해 그들은 가족을 볼 수 있었지만 가족은 그들을 볼 수 없었다.

물론 치료팀 중 적어도 한 명은 가족과 함께 치료실에서 가족과 접촉하며, 질문하고, 반영하며, 치료적 개입을 고안하는 등의 작업을 수행했다. 일반적인 방식은 팀이 치료실의 실천가에게 전화로 특정한 질문이나 개입을 요청하는 것이었다. 회기가 끝날 무렵 실천가는 일방경 뒤의 관찰팀과 상의하기 위해 치료실을 나간 후 가족이 볼 수 없는 관찰실에서 다른 관찰자들과 회기에 대한 논의를 하는데, 그 내용은 가족이 다음 회기에 오기 전까지 해야 할 과제와 함께 본 회기를 어떻게 요약하고 전달할지에 관한 것이었다. 이러한 토론은 흔히 가족이 상담실을 떠난 후에도 계속되었다.

1960년대와 1970년대의 가족치료는 철저하게 개입주의적(interventionist)이었다. 실천가들은 스스로를 가족의 상호작용 패턴을 깨고, 새로운 행동을 통해 그들을 의도적으로 혼란스럽게 만들고, 때로는 거울 뒤에서 진행된 실천가들 간의 대화에 대해 내담자에게 진실하게 전하지 않기도 했다. 그러나 여기에 오늘날 해결중심치료자들에게 이미 친숙한 몇 가지 요소가 등장한다. 즉, 과거의 원인이나 병리에 대해 추정하는 것이 아니라 지금-여기에서 일어나고 있는 일에 초점을 두는 것, 휴식 시간을 갖는 것, 그리고 회기 요약 메시지 등이다. 이러한 형태의 가족치료는 오늘날에도 계속되고 있지만, 내담자에게 더 진실하고 협력적인 모습으로 발전해 왔다.

단기치료센터

단기치료센터(The Brief Therapy Center)는 1966년에 딕 피시(Dick Fisch)가 위클랜드, 와츠라비크와 함께 MRI 내에 설립한 연구기관이다. 이 그룹은 실천에 영향을 미칠 중요한 아이디어와 모델, 그리고 기술을 개발하는 것에 집중했다. 그러나 무엇이 그들이 이러한 개발을 할 수 있도록 촉발했는지는 분명하게 알려진 바 없다. MRI에 관한 기록 전문가인 웬델 레이(Wendel Ray(n.d.))는 이들이 개인뿐만 아니라 가족치료를 탐구하는 데 큰 관심이 있었다고 했다. 합동가족치료의 주요한 가정 중 하나는 모든 가족 구성원이 참석해야 한다는 것이지만 이것이 실제로 항상 가능했던 것은 아니었다. 가족/체계의 일부 구성원과 작업하는 것, 그리고 이를 통해 더 넓은 규모의 변화에 영향을 미치는 것은 어떻게 가능했을까?

잭슨이 1968년 향년 48세의 나이로 사망하지 않았다면 분명 그는 더 큰 역할을 했을 것이다. 위클랜드는 당시를 다음과 같이 회고했다.

> 잭슨이 이룩한 가장 근본적인 공헌은 행동이 내부에서 나오는 무엇인가에 달려 있어 외부와는 아무런 관련이 없다는 생각에 갇히지 않고, 대신 현재 사람들이 살아가는 세상에서 서로에게 무엇을 하고 있는지를 보고자 했던 것이다.
>
> (Weakland, n.d.)

단기치료센터를 이끈 또 다른 동력은 효과적이면서도 효율적인 실천을 개발하고자 했던 노력이었다. 이 그룹은 에릭슨의 작업에서 큰 영향을 받은 헤일리의 저작인 『Strategies of Psychotherapy』(Haley, 1963)가 나올 수 있도록 도왔다. 이들은 헤일리의 아이디어를 확장하고, 특히 '더 깊은' 또는 '근본적인' 추정적 원인을 찾기보다는 내담자가 제기하는 불만에 초점을 맞추고자 했다. 헤일리는 1960년대 중반 MRI를 떠났고, 1970년대 전략적 가족치료(Strategic Family Therapy)의 선도적인 개발자가 되었다.

이 무렵 와츠라비크는 상호작용 혁명의 핵심 저서 중 하나인 『Pragmatics of Human Communication』(Watzlawick, Bavelas & Jackson, 1967)에 대한 작업을 시작했다. 이 책은 추상적인 언어학에 초점을 두기보다는 실제의 의사소통을 살펴볼 수 있는 새로운 기준과 방법론을 마련했다. 대학원생으로서 이 책의 집필에 참여한 재닛 바블라스는 2022년 사망 전까지도 내담자와의 작업에서 실제로 말하고 행해진 모든 내용(잠깐 멈춤, 음, 어 등의 언어적 표현 그리고 모든 방해 등을 포함)을 면밀히 살피는 방식으로 치료에 관한 언어적 접근을 연구했다. 미시분석(microanalysis)으로 잘 알려진 그녀의 연구는 우리가 나중에 살피게 되겠지만 몇 가지 매우 흥미로운 성과를 제시했다. 이 시점에서 연구와 학습을 위해 실제 대화를 사용하는 전통에 주목하는 것이 유용할 것으로 보인다. 베이트슨 프로젝트 결과의 확장일 뿐만 아니라 MRI, BFTC, 그리고 해결중심치료에서도 우리는 모두 그러한 전통을 활용하고 있기 때문이다.

단기치료센터 팀은 가족치료의 형식을 취하며 치료 회기를 10회로 제한하고 개인 및 커플과 함께 작업하는 실험을 시작했다. 일방경 뒤의 팀, 끊임없는 기록과 문서화, '전통(관습)적인 접근인지 여부와 관계없이 합법적이고 윤리적이라고 생각할 수 있는 거의 모든 것을 시도'(Weakland & Cade, 2007, p. 39 재인용)하려는 개방성이 이 실험의 대표적 특징이었다. 1970년대 초반부터 중반까지 팀은 정의할 수 있고, 사용 가능하며, 가르칠 수 있는 접근법, 즉 MRI 단기치료 모델 또는 문제해결 단기치료(problem-solving brief therapy)로 알려진 최초의 진정한 상호작용적 단기치료를 발전시켰다. 이는「Brief Therapy: Focused Problem Resolution」(Weakland, Fisch, Watzlawick & Bodin, 1974)으로 잘 알려진 논문에 설명되어 있다. 이 접근은『Change: Principles of Problem Formulation and Problem Resolution-first and second order change』의 참조틀을 활용한 것이었다(Watzlawick, Weakland & Fisch, 1974). 연구의 더 넓은 관점은『The Interactional View』(Watzlawick & Weakland, 1977)에서 나왔고『The Tactics of Change』(Fisch, Weakland & Segal, 1982)에서 정점에 이르렀다.

MRI 단기치료 모델

이전 MRI의 주요 간행물의 제목에서 볼 수 있듯이 MRI 단기치료 모델은 주로 문제의 해결과 관련이 있다. 이 접근 방식에서 문제는 어려움과 구별되는 개념이다. 어려움은 '상식적인 조치로 해결될 수 있는 바람직하지 않은 상황'으로 정의된다(Watzlawick, Weakland, & Fisch, 1974, p. 38). 예를 들어, 방이 너무 더우면 누군가 창문을 연다. 이는 문제 해결에 특별한 기술을 요하지 않으며, 시스템 내에서 1차 변화로 해결될 수 있고, 일상 생활에서 자주 경험하는 것이다.

따라서 사람들이 어려움을 겪고 있다고 해서 반드시 치료가 필요한 것은 아니다. MRI 팀의 경우 어려움이 잘못 처리되고 유지되어 지속 또는 교착 상태가 발생할 때 문제가 된다고 보았다. 문제 상황은 가족이 문제를 해결하기 위해 취하려는 조치에 의해 자신도 모르게 자리를 잡는다! '같은 것을 더 많이 하는 것'이 '여전히 같은 것을 더 많이 만들어 내는' 악순환을 반복시킨다. 문제는 잘못 시도된 해결책을 계속해서 잘못 적용한 결과이기 때문에 실천가의 역할은 내담자가 그런 행동을 멈추고 다른 것을 시도하도록 하게 하는 것이다. 일단 효과가 있는 방법을 찾은 후에는 그것을 더 많이 하면 된다. 이는 MRI 단기치료 모델의 세 가지 주요한 원칙이 되었다(de Shazer & Berg, 1991에서 인용).

1. 고장 나지 않았다면 고치지 말라(If it ain't broke, don't fix it).
2. 효과가 없는 것을 멈추고, 뭔가 다른 것을 하라(Stop doing what doesn't work and do something different).
3. 효과가 있는 것을 알면, 그것을 더 하라(Once you know what works, do more of it).

이러한 원칙 중 첫 번째는 내담자가 제기하는 불만에 집중하라는 것이다. 실천가가 그것을 다른 것으로 바꾸거나 문제의 뒤에 숨어 있는 것을 보려고 하지 말아야 함을 상기시키는 것이다. 무엇이 고장 났는지 아닌지를 판단하는 것은 실천가가 아니다.

두 번째 원칙은 MRI 단기치료의 핵심이다. 즉, 문제의 패턴은 내담자 또는 주변 사람들이 현재 하고 있는 일에 의해 유지된다는 가정이다. 이것은 지속적으로 발생하는 문제가 과거에 일어난 일의 만성적 징후이고, 따라서 어떻게든 해결되어야만 한다고 주장하는 초기 심리치료에 대한 중대한 돌파구였다. 현재 일어나고 있는 일을 변화시키는 것만으로도 상황을 진전시키기에 충분하다.

그러나 이것은 어려운 작업이었다. 내담자가 상식이라고 생각하고 자신이 옳다고 생각하는 일을 중단해야 하기 때문이다. 따라서 회기가 끝날 때 내담자에게 전달하는 메시지(end-of-session message)는 일종의 '설득 작업(세일즈)'이 되었는데, 여기에서 실천가는 내담자가 최소한 실천가와 팀이 권하는 다른 것을 시도해 볼 수 있도록 설득을 해야 했다. 이러한 작업은 행동적(저것보다는 이것을 수행하기), 역설적(문제를 일으키는 것으로 보이는 것을 더 많이 해 보기), 느리게 가기(내담자가 너무 열심히 노력하거나 또는 전혀 노력하지 않는 것처럼 보일 때), 또는 다른 사람과의 관계를 활용(주요한 제3자가 무엇을 할 것인지, 또는 하지 않을 것인지에 초점을 맞춤)하는 것 등을 포함했다.

세 번째 원칙은 무엇이 효과가 있는지를 알게 되면, 그것을 더 하라는 것이다. 이는 일단 문제를 유지하는 패턴이 중단되고 더 유용한 행동이 나타나는 것으로 판단된 이후에 일어날 수 있는 일이었다. 이러한 패턴은 차례로 논의되고, 검증되며, 내담자는 도움이 되는 것으로 보이는 일을 확장할 수 있도록 실천가의 지시를 받는다. MRI는 이러한 모델로 진행된 97사례의 효과성을 측정했으며, 그중 40%에서 성공적인 결과를 얻었고, 또 다른 32%에서는 상당한 개선이 이루어졌음을 보고했다(Weakland, Fisch, Watzlawick, & Bodin, 1974). 이러한 성과는 당시 다양한 형태로 제공되었던 장기치료의 결과와 대체로 유사한 것이었다.

이 모든 것은 가족치료와 유사한 환경에서 수행되었다. 즉, 실천가는 내담자와 함께 상담실에서 치료를 실시하고, 일방경(후에는 폐쇄회로 TV로 바뀌기도 함) 뒤에서 이를 지켜보는 팀이 있고, 회기 종료 후 휴식 시간에 실천가와 팀 간의 협의 후 내담자에게 메시지와 과제를 전달하는 방식이다. MRI 팀은 자신들의 치료 회기를 녹화하여 기록을 남기는 것에 열중했는데, 이는 과거 베이트슨의 접근과 연결되는 지점이다. 내가 1994년에 '집중 수련 과정'을 위해 MRI를 방문했을 때 이미 수십 년이 지난 녹화 테이프가 책장에 가득했던 것을 볼 수 있었다. 그때 와츠라비크, 피시 등과 함께 앉아 피자를 먹으며 그들의 접근을 배울 수 있었던 것은 여전히 인상적인 경험 중 하나이다.

MRI 단기치료센터는 2007년 피시의 은퇴로 카린 슐랭거(Karin Schlanger)가 이사직을 맡게 되며 창립 멤버들의 사망 이후에도 지속되었다. 2019년 오랜 기간 수많은 훌륭한 작업이 수행된 팰로앨토의 역사적 건물(555 Middlefield Road, Palo Alto)을 폐쇄하기로 결정함에 따라 단기치료센터의 임상실천은 일시적으로 중단되었지만, 이들은 남미(South America)에 있는 치료센터를 통해 계속해서 그들의 작업을 확장할 계획을 가지고 있다.

여전히 우리와 함께하는 주요한 아이디어

오늘날 여전히 전 세계의 추종자들에 의해 실시되고 있는 MRI 단기치료를 살펴보면 해결중심치료자들의 눈에는 이상하게 보이는 몇 가지 측면이 발견된다. 문제에 관한 초점, 문제를 유지하는 '행동'에 관한 관심, 문제의 패턴을 중단시키고자 고안된 과제 등은 우리에게 이질적으로 보인다. 그러나 이러한 실천 방식 중 어떤 측면은 현대의 해결중심치료에서 여전히 볼 수 있는 것이다. 그중 일부는 의식적인 선택이기보다는 일종의 전통으로 남아 있다. 여기에는 다음과 같은 것들이 포함된다.

- 특정 내담자의 상황적 맥락을 고려하지 않은 채 일반적인 질병/상태를 정의하거나 치료하려 시도하지 않음으로써 비병리적인 접근을 취하는 것
- 개별적이고, 자발적인 인간행동을 합리적인 것으로 이해하고자 하는 '왜?'라는 질문을 피하고 '체계 간 상호작용과 영향력에 초점 맞추기

(Weakland, Fisch, Watzlawick, & Bodin, 1974, pp. 150-151)

- 내담자를 위한 '통찰'을 추구하는 것이 아닌 내담자의 행동 변화에 관여하기
- 단기치료를 단순히 '응급처치'나 차선책으로 보는 것이 아닌 지속적인 변화를 제공할 수 있는 접근으로 간주하기
- 처음부터 내담자의 생각을 진지하게 받아들이고 그것에 머물기
- 내담자의 특정하고 구체적이며 상호작용적인 세부 사항에 대한 깊은 관심
- 내담자 문제의 세부 사항과 잠재적인 행동 방식(조치)의 측면에서 '작게 생각하기'
- 지금, 현재 여기에서의 변화가 상황이 좋아지는 것에 충분하다고 생각하기
- 내담자의 독특함, 자원, 그리고 작업의 맥락을 활용하기(에릭슨의 영향)
- '강한 입장'을 취하기보다는 '알지 못함(not-knowing)' 또는 '한 단계 낮은 자세'를 취하고 이를 통해 내담자에게 상황을 스스로 명확히 설명하도록 유도하기
- 주로 10회기 이전에 내담자와 합의하여 치료를 종료하고, 필요한 경우 추가 회기를 '은행의 잔고처럼'로 남겨 둘 수 있는 선택을 제공하기

1974년은 고전이 된 저서와 『Change』와 논문 「Focused Problem Resolution」의 출판 외에도 또 다른 이유로 이 중요한 해이다. 드 세이저가 자신의 첫 번째 논문인 「On getting unstuck: some change-initiating strategy for get the family move」(de Shazer, 1974)를 발표했기 때문이다. 드 세이저는 이미 이때 해결중심치료와 유사한 방식으로 사고하며 실천하고 있었다. 이것은 드 세이저, 김인수 그리고 해결중심치료의 개발에 관한 다음 이야기로 이어지며, 이는 다음 장에서 다룬다.

주요 요점

- 의사소통 및 반응 체계에 대한 베이트슨의 관심은 일상적인 사건을 기록하고 문서화하려는 그의 열망과 마찬가지로 이러한 전통의 핵심적인 출발점이다.
- 에릭슨의 치료 작업은 또 다른 주요 출발점으로, 내담자의 세부 사항, 그들의 상황적 맥락, 강점, 그리고 능력에 관한 그의 관심은 이러한 특징이 주요하게 다루어질 수 있도록 했다.
- 베이트슨 연구 프로젝트는 위클랜드, 잭슨, 그리고 헤일리를 포함한 핵심 인물을 한자리에 모으며 의사소통과 치료에 관한 상호작용적 관점이 발전할 수 있는 출발점을 제공했다.
- 팰로앨토의 MRI는 베이트슨 프로젝트에서 탄생했으며, 합동 가족치료와 단기치료의 개발에 핵심적인 역할을 수행했다.
- MRI 단기치료센터는 최초의 상호작용적 단기치료접근을 개발했으며, 일부 특징은 오늘날의 해결중심치료에 여전히 남아 있다.

참고문헌

ASC. (2020). *The Coalescence of Cybernetics*. Retrieved from www.asc-cybernetics.org/foundations/history2.htm.

ASC. (2020a). *Summary of the Macy Conferences*. Retrieved from www.asc-cybernetics.org/foundations/history/MacySummary.htm.

Bateson, G. (1936). *Naven: A Survey of the Problems Suggested by a Composite Picture of the Culture of a New Guinea Tribe Drawn from Three Points of View*. Cambridge: Cambridge University Press.

Bateson, G., Jackson, D. D., Haley, J., & Weakland, J. (1956). Toward a theory of schizophrenia. *Behavioral Science*, *1*(4), 251-254.

Bateson, M. C. (1984). *With a Daughter's Eye*. New York, NY: William Morrow.

Bateson, N. (Producer & Director). (2010). *An Ecology of Mind: A Daughter's Portrait of Gregory Bateson* [Motion Picture]. Chico, CA: Impact Media Group.

Cade, B. (2007). A history of the brief solution-focused approach. In T. S. Nelson & F. N. Thomas (Eds.), *Handbook of Solution-Focused Brief Therapy: Clinical Applications* (pp. 25-63). Binghamton, NY: Haworth Press.

Cooper, L., & Erickson, M. H. (1954). *Time Distortion in Hypnosis: An Experimental and Clinical Investigation* (2nd ed.). Baltimore, MD: Williams and Wilkins.

de Shazer, S. (1974). On getting unstuck: Some change-initiating tactics for getting the family moving. *Family Therapy*, *1*(1), 19-26.

de Shazer, S. (1985). *Keys to Solution in Brief Therapy*. New York, NY: W. W. Norton.

de Shazer, S. (1994). *Words Were Originally Magic*. New York, NY: W. W. Norton.

de Shazer, S., & Berg, I. K. (1991). The brief therapy tradition. In J. H. Weakland & W. Ray (Eds.), *Propagations: Thirty Years of Influence from the Mental Research Institute*. New York, NY: Haworth.

Erickson, M. H., & Rossi, E. (1977, July). Autohypnotic experiences of Milton H. Erickson. *The American Journal of Clinical Hypnosis*, *20*, 36-54.

Fisch, R., Weakland, J., & Segal, L. (1982). *The Tactics of Change: Doing Therapy Briefly*. San Francisco, CA: Jossey-Bass.

Gordon, D., & Meyers-Anderson, M. (1981). *Phoenix: Therapeutic Patterns of Milton H. Erickson*. Cupertino, CA: Meta Publications.

Haley, J. (1963). *Strategies of Psychotherapy*. New York, NY: Grune and Stratton.

Norman, H. (1994). "If you meet Bill O'Hanlon on the road ... kill his metaphors!": An interview with Bill O'Hanlon, *Rapport*, *24*, 62-64.

O'Hanlon, W. H. (1987). *Taproots: Underlying Principles of Milton Erickson's Therapy and Hypnosis*. New York, NY: W. W. Norton.

Ray, W. A. (1999). Introduction. In W. A. Ray & S. de Shazer (Eds.), *Evolving Brief*

Therapies: In Honor of John H Weakland. Iowa City, IA: Geist and Russell.

Ray, W. A. (n.d.). *The MRI*. Don Jackson Memorial Website. Retrieved from https://web.archive.org/web/20070609080835/www.mri.org/dondjackson/mri.htm.

Ray, W. A., & de Shazer, S. (Eds.). (1999). *Evolving Brief Therapies: In Honor of John H Weakland*. Iowa City, IA: Geist and Russell.

Satir, V. (1964). *Conjoint Family Therapy: A Guide to Theory and Technique*. Palo Alto, CA: Science and Behavior Books.

Sluzki, C. (1985, May-June). A Minimal Map of Cybernetics. *Family Therapy Networker*, *9*.

Watzlawick, P., Bavelas, J. B., & Jackson, D. (1967). *Pragmatics of Human Communication: A Study of Interactional Patterns, Pathologies and Paradoxes*. New York, NY: W. W. Norton.

Watzlawick, P., & Weakland, J. H. (Eds.). (1977). *The Interactional View: Studies at the Mental Research Institute Palo Alto 1965-1974*. New York, NY: W. W. Norton.

Watzlawick, P., Weakland, J. H., & Fisch, R. (1974). *Change: Principles of Problem Formation and Problem Resolution*. New York, NY: W. W. Norton.

Weakland, J. H. (n.d.). *Quotes from MFT Leaders*. On the archived Don D Jackson memorial website. Retrieved from https://web.archive.org/web/20070609081013/www.mri.org/dondjackson/quotes.htm.

Weakland, J. H., Fisch, R., Watzlawick, P., & Bodin, A. (1974). Brief therapy: Focused problem resolution. *Family Process*, *13*(2), 141-168.

제2장

스티브 드 세이저, 김인수 그리고 해결중심 단기치료

이 장에서는 스티브 드 세이저와 김인수가 동료들과 함께 이끌었던 밀워키의 단기가족치료센터(Brief Family Therapy Center: BFTC)에서 해결중심 단기치료(해결중심치료)가 어떻게 출현하고 발전했는지를 추적한다. 드 세이저는 해결중심치료가 하나의 '소문'임을 언급한 바 있는데(Miller & de Shazer, 1998), 이는 아마도 해결중심치료에 대해 실증주의에 입각해 명확한 설명을 요구하는 사람들에 대한 일종의 반기였을 것이다. 나는 해결중심치료에 관한 핵심 아이디어와 실천의 출현, 그리고 발전 과정을 정리하는 것뿐만 아니라 이러한 과정에 참여했지만 그동안 자주 언급되지 않았던 다른 많은 핵심 참여자의 공헌을 언급하며 그들의 기여 또한 인정하고 싶다.

내가 이 책을 쓰는 동안 다행히도 드 세이저와 김인수의 전기가 출간되지는 않았다. 이 장이 좀 더 상세한 전기가 출간될 때까지 두 사람의 삶을 이해하는 것에 도움이 되기를 바란다. 서로 매우 달랐지만 상보적인 이 두 사람의 관계는 해결중심치료가 발전하는 방식에 큰 역할을 했다. 한 사람이 아닌 두 사람의 역할 모델(role model)을 가지는 것은 이 접근을 배우며 자신만의 스타일을 개발하고자 하는 실천가들에게 더 큰 가능성을 제공한다. 『Encounters with

Steve de Shazer and Insoo Kim Berg』(Vogt, Wolf, Sundman, & Dreesen, 2015)는 그들과 함께 연구를 수행하고 작업했던 사람들의 다양한 관점과 경험을 제공한다.

스티브 드 세이저와 김인수

스티브 드 세이저

스티브 다윈 드 세이저(Steve Darwin de Shazer)는 1940년 6월 25일 위스콘신주 밀워키에서 엔지니어 아버지와 오페라 가수 어머니 사이에서 태어났다. 독일 문화에 뿌리를 둔 가족 분위기는 드 세이저가 독일어로 된 철학 책을 읽는 것부터 맥주와 자가 양조 등에 대한 깊은 관심 등 다양한 방식의 문화적 전통을 향유할 수 있게 했다. 나는 해리 노먼(Harry Norman), 제니 클라크(Jenny Clarke)와 함께 중세 방식으로 양조된 맥주를 마시며 그를 흔치 않은 방식으로 인터뷰할 수 있었다(published as Norman, McKergow & Clarke, 1997). 그는 열정적인 요리사였으며, 밀워키에서 당시 독일에서 구할 수 있는 것보다 더 전통적인 독일 음식을 즐겼고, 밀워키 브루어스 야구팀의 평생 후원자였다.

젊은 드 세이저는 시각 예술을 포함한 다양한 분야에 관심을 가졌고, 1964년 위스콘신 대학교(밀워키 소재)(University of Wisconsin-Milwaukee: UWM)에서 예술 학사 학위를 취득했다. 그는 또한 전문 음악가이기도 했다. 그는 클래식 훈련을 받았으며, 재즈 공연을 활발하게 하는 색소폰 연주자였다(Dolan, 2005). 그는 뉴욕의 한 모퉁이에서 당대의 스타 테너 색소폰 연주자였던 폴 곤잘레스(Paul Gonsalves)와 부딪쳐 그의 색소폰이 망가진 에피소드를 내게 말해 준 적이 있다. 곤잘레스는 이 일로 인해 엘링턴 공(Duke Ellington)이 주최하는 행사의 밴드 리허설에 늦었고, 드 세이저는 자신의 색소폰을 그에게 빌려주었다고 했다. 이 일로 드 세이저도 리허설에 함께 참여할 수 있었으며, 그들의 앙상블을 바로 옆에서 즐길 수 있었던 멋진 경험을 회고한 바 있다(McKergow, 2015).

드 세이저는 1969년에 처음으로 사회복지와 가족치료에 관심을 갖게 되었다(de Shazer et al., 1986). 그는 헤일리가 1963년에 출간한 저서인 『Strategies of Psychotherapy』(Haley, 1963)를 우연히 발견한 일을 회상했다.

> 이 책을 읽기 전까지 나는 '심리치료'라는 용어를 들어 본 적도 없었습니다. 이 책은 심리치료에 대해 내가 읽은 첫 번째 책이었죠. 나는 철학, 미술사, 건축, 사회학 분야에서 읽은 그 어떤 '전문 서적'보다 이 책을 더 재미있게 읽었습니다. 그래서 도서관에 가서 주변에 있는 유사한 주제의 많은 책을 살펴보고 큰 충격을 받았습니다. 노력을 했지만 그 어느 책도 (헤일리의 책처럼) 끝까지 읽을 수는 없었습니다.
>
> (Cade, 2007a, pp. 42-43)

드 세이저는 헤일리의 책이 명확하게 잘 쓰여진 글이라고 생각했으며, 이를 통해 계속해서 에릭슨에 관한 관심을 키웠다. 드 세이저는 단기치료 분야에서 경력을 쌓았으며, 1971년 UWM에서 사회복지학 석사 학위를 취득했다. 그는 1974년 학술저널인 『Family Therapy』의 첫 호에 자신의 첫 학술 논문인 「On Getting Unstuck」을 발표하며 가족치료에 관한 자신의 생각을 정교화하기 시작했다(de Shazer, 1974). 그때 그가 살던 곳의 주소가 1133 Socorro Avenue, Sunnyvale, California였는데, 팰로앨토의 MRI에서 불과 몇 마일 떨어져 있던 곳이었다.

드 세이저와 MRI

MRI 그룹과 드 세이저 사이의 관계는 그동안 잘 알려지지 않았었다. 위클랜드는 드 세이저의 평생의 친구이자 슈퍼바이저, 그리고 멘토의 역할을 했다. 드 세이저 자신은 MRI에서 훈련을 받지 않았다고 강력히 주장한 바 있지만 위클랜드는 드 세이저가 1972년에 제공된 단기치료 워크숍 중 하나에 참여했을 때부터 MRI와의 접촉이 있었다고 말했다(Weakland & Fisch, 1992). 어찌되었든, 드 세이저는 당시 확실히 샌프란시스코 해안 지역에서 살고 있었고, 가족치료와 관련된 일에 종사했던 것으로 보인다. 이듬해 그의 다음 출판물인 「Brief Therapy: Two's Company」(de Shazer, 1975)는 그가 팰로앨토의 Family Service of the Mid-Peninsula에서 일하고 있었음을 보여 준다.

이러한 초기의 논문들은 젊은 드 세이저가 이미 단기치료에 관심이 있는 미래 지향적인 가족 치료사였음을 보여 준다. 「On Getting Unstuck」은 실천가가 초기에 가족과 접촉할 때 실천가의 '직감(hunch)'을 활용하라는 메시지를 전하는데, 직감이 맞는지 아닌지는 관계가 없으며 이는 '가족이 갇혀 있는 현재의 패턴을 깨기 위한 일종의 지뢰' 역할을 하기 때문이다(p. 20). 드 세이저가 해결중심치료의 등장을 알리고자 쓴 1986년 발표된 고전적인 논문에서 언급될 만큼 중요하게 생각한 「Two's Company」는 가족에 대한 삼각 관점(a triad view)을 사용해 가족 간의 새로운 동맹의 잠재력을 더 잘 인식할 수 있도록 하는 것이었는데, 두 사람이 연합해 문제를 가진 한 사람을 돕는 방식이었다.

이 논문은 당시 가족치료 분야에서 인기를 끌었던 유형의 개입을 언급하는데, 여기에서 이 부분을 인용하는 이유 중 하나는 적어도 나와, 그리고 사례에 등장하는 내담자에게 그것이 분명 흥미로웠을 것이기 때문이고, 또 한편으로는 그 당시 내담자에게 제공된 과제의 유형을 보여 주기 때문이다. 이 논문에 등장한 가족은 어머니, 딸, 그리고 아버지로 구성되었다. 어머니는 원하지 않는 친구들과 어울리고, 물건을 훔치고, 거짓말을 하는 등의 문제로 딸과 다투었다. 부모는 딸을 상대로 연합하게 되었고, 이 과정에서 딸과 어머니는 오랫동안 말을 하지 않았는데, 결국 아버지가 이 둘 사이의 소통을 중개하는 메신저가 되었다.

드 세이저는 이 가족이 서로에 대한 분노를 표현할 수 있는 새로운 방법을 찾기를 원하며, 다음과 같이 썼다.

> 나는 그들이 소리를 지르거나 침묵하지 않고도 서로에게 분노를 표출할 수 있는 단순한 방법을 고안해 내자고 제안했다. 그러나 나는 그들이 보기에는 복잡해 보이는 문제에 대해 간단한 해결책을 받아들일 수 있을지 의문이라고 먼저 말했다. 어머니는 누군가에게 총을 쏘는 것이 아니라면 무엇이든 해 볼 의향이 있다고 말했다. 나는 아버지에게 두 사람 사이의 다리 역할을 해 줄 의향이 있는지 물었고 그도 동의했다. 나는 그에게 지시사항을 적도록 펜과 종이를 주었다. '집에 도착하면 딸과 부인이 목에 걸 수 있는 '나는 화가 남'이라고 적힌 커다란 팻말을 만든다. 다음 번 화가 났을 때 이 팻말을 목에 건다. 그런 후 물총 두 개와 물 몇 통을 가져오고, 어머니와 딸은 옛 서부극 방식의 결투를 벌인다. 아버지는 서로에게 물을 공급하고, 최후의 승자를 가린다.' 그들은 다음 번 화가 날 때 서로 침묵하는 대신 이렇게 하기로 동의했다.
>
> (de Shazer, 1975, pp. 91-92)

현대의 해결중심치료자들에게 이 장면은 이상하게 보일 것이다. 매우 인위적이기 때문이다. 그러나 이러한 개입을 고안하며 드 세이저는 가족의 말을 주의 깊게 경청했는데, 그들의 언어와 비유에 귀를 기울이고 가능한 한 신속하게 그들을 돕고자 했다. 논문에서 드 세이저는 어머니가 딸을 데리고 나가 피자를 먹으며 이야기를 나눈 후 동의할 수 없는 경우에만 결투를 하자고 제안할 때까지 이 가족이 그런 싸움을 어떻게 벌였는지 자세히 설명했다. 이 시점에서 그들은 '어리석어 보이는 해결책'이 효과가 있었다며 치료를 중단했고 그 결과에 만족했다.

「Two's Company」의 결론에서 드 세이저는 신속하게 효과가 있는 개입을 설계하는 것이 쉽지 않으며, 이를 위해 실천가는 가족이 제공하는 단서에 귀를 기울여야 한다고 말했다. 실천가는 반드시 가족이 받아들일 수 있는 방식으로 과제를 제시해야 함을 강조했다. 그의 글은 다음과 같은 말로 끝난다.

> 실천가는 가족의 언어가 들릴 수 있도록 말해야만 한다.
>
> (p. 92)

이 두 논문에서 드 세이저가 몰두하고 있는 방식은 향후 30년간 계속되었다. 즉, 단기 접근, 가족의 언어에서 단서를 발견하기, 그리고 가족의 언어로 대화를 나눌 필요성 등이다. 그러나 이러한 방향으로 진화해 온 그의 실천 방식은 이후 상당히 극적으로 변할 것이다. 드 세이저가 관심을 두었던 MRI의 상호작용적 관점, 에릭슨에게 배운 내담자의 능력 활용하기, 그리고 그가 관심을 두기 시작한 언어에 대한 인식 등은 모두 다음에 일어날 일에서 중요한 역할을 한다. 그리고 그는 김인수를 만났다.

김인수

김인수는 1934년 7월 25일 대한민국 서울에서 다섯 자녀 중 둘째로 태어났다. 그녀의 가족은 의약 분야에 종사했고, 김인수는 이화여자대학교에서 약학을 수학했다. 그녀는 1957년 첫 남편 찰스 버그(Charles H. Berg)와 함께 미국으로 이주했으며, 1958년 딸 새라 버그(Sarah Berg)가 태어났다.

김인수는 약학을 계속 공부하기 위해 UWM에 등록했지만 미국 학생들은 부모보다는 자신이 관심 있는 분야를 공부한다는 것을 알게 되었다. 그녀는 부모님이 미국에서 멀리 떨어져 있고 자신이 무엇을 하고 있는지 전혀 모르는 상황에서 자신도 미국 학생들처럼 행동할 수 있음을 깨달았다고 회상했다(Yalom & Rubin, 2003). 실험실에서 흰 쥐를 대상으로 하는 연구에 매력을 잃은 그녀는 가족에게는 알리지 않은 채 사회복지로 전공을 바꾸고 학사와 석사학위를 마쳤다.

석사 후 전문성을 키워 가며 심리치료에 더욱 큰 관심을 가지게 된 김인수는 시카고 가족연구소(Family Institute of Chicago)와 가족연구센터(Center for Family Studies)에서 수련을 마친 후 1974년 수료했다. 이후 캔자스주 토피카에 있는 메닝거 연구소(Menninger Institute)에서도 훈련을 받았다. 김인수는 당시 가족치료 프로그램의 수료에 필요한 사항 중 하나가 한 가족과 적어도 1년간 치료관계를 유지해야 하는 것이었음을 말한 바 있다(Yalom & Rubin, 2003)! 김인수는 어떻게 그렇게 할 수 있었는지 모르지만, 또 왜 그렇게 해야만 하는지도 알 수 없었지만 그러한 규칙을 따라야 했다. 이러한 과정은 단기치료와는 매우 동떨어진 관행이었다.

후에 그녀는 그러한 경험에 대한 반감으로 단기치료의 방식에 더욱 매력을 느꼈다고 말했다. 그녀는 '통찰'에 관심이 없는 내담자들에게 정신분석적 접근 방식을 적용하고 있었지만, 그들이 원하는 것은 문제가 해결되는 것이었다. 그것은 그녀와 내담자 모두에게 적합하지 않은 것처럼 보였다. 그녀는 메닝거 연구소에서 베트남 참전군인 집단을 치료하던 시절 정신분석 작업이 끝나 가기 시작하던 때를 회상했다(Yalom & Rubin, 2003). '매주 …… 그들은 끔찍한 이야기를 했습니다. 자기들이 여자와 아이들을 어떻게 죽였는지, 옆에 있던 친구들의 머리가 어떻게 박살 났는지와 같은.' 결국 그녀는 어려움을 느끼며 자신의 회기를 녹화해 메닝거의 정신분석 슈퍼바이저에게 가져가 도움을 요청했다. 그렇지만 그에 대한 '이 사례에서 당신의 역전이(counter-transference)가 어떤 문제를 초래하고 있나요?'라는 슈퍼바이저의 반응은 그녀를 놀라게 했다.

김인수는 그때 매우 화가 났던 것을 회상했다. 갑자기 모든 것이 그녀의 잘못이 되어 버렸다. 슈퍼바이저는 '당신이 만나는 사람들은 참전 군인이고, 당신 같은 사람을 총으로 쏘아 죽인 사람들이잖아요.'라고 말했다. 이에 대한 김인수의 회상은 다음과 같았다.

> 저는 할 말을 잃었습니다. 그런 말을 들을 것을 전혀 예상하지 못했습니다. 도움을 청하는 나의 간청을 뒤집어 갑자기 모든 것이 나의 문제, 즉 나의 역전이 문제가 되었습니다. 저는 '뭐라고! 나 같은 사람들 — 나는 한국 사람이고, 그들은 베트남 사람이라고, 이 멍청아!'라고 생각했죠. 이게 끝이구나 하는 생각을 했어요. 그것이 정신분석과의 결별의 서막이었지요.
>
> (Yalom & Rubin, 2003)

1960년대 후반과 70년대 초반은 가족치료의 발전에 있어 매우 흥미로운 시기였으며, 김인수도 드 세이저와 마찬가지로 곧 헤일리의 작업에 매료되었다. 그녀는 헤일리의 작업을 MRI와 연결하고, 이후 팰로앨토를 방문하여 훈련을 받고 위클랜드에게 슈퍼비전을 받았다.

김인수가 드 세이저를 만난 것이 바로 이 무렵이다. 그들의 만남과 관련된 상황은 명확하지 않다. 해결중심치료의 역사 연구자 중 한 명인 케이드(Cade, 2007b)는 위클랜드가 김인수에게 뭔가 흥미로운 작업을 하고 있던 드 세이저라는 사람을 만나러 가자고 제안했다고 썼다. 김인수도 마침 오후 시간이 비었고, 위클랜드에게 더 많이 배우기 위해 이 지역에서 누구를 만나면 좋을지 물었던 차였다. 웬델 레이(Wendel Ray)는 위클랜드의 아내인 애나(Anna)가 중매인으로 개입했을 가능성도 있었을 것으로 보았다. 결국 드 세이저와 김인수는 둘 다 밀워키에 뿌리를 두고 있었는데, 김인수는 이때까지 밀워키 가족서비스(Milwaukee Family Services)에서 일하고 있었고, 둘 다 가족치료 분야에 관심이 있었다. 케이드는 김인수가 처음에는 드 세이저를 좋아하지 않았다고 했다. 반대로, MRI에서 훈련을 같이 받고 있던 김인수의 동료인 짐 덜크스(Jim Derks)는 두 사람은 만나자마자 서로에게 빠져들었다고 말하기도 했다(Lipchik, 2014). 어느 쪽이든 그들은 1977년 6월 25일 밀워키에서 결혼을 했다.

나는 여기서 잠깐 이 자리를 빌어 우리에게 서로 너무 다르고 독특했던 두 명의 개척자가 있었다는 것이 얼마나 큰 행운인지 생각해 보고자 한다. 일반적인 상황에서는 한 사람이 좋은 아이디어를 갖고 나면 자신의 스승처럼 되려고 (헛되이) 노력하는 제자들이 모여든다. 종종 제자들은 스승보다 덜 능숙하지만 더 엄격해진다. 드 세이저와 김인수는 분명 동료이자 소울메이트였음에도 불구하고 스타일이 너무 달랐다. 클립보드를 가슴에 꼭 끼고 천장을 바라보며 다음에 어떤 말을 해야 할지 내심 고심을 하며 말수가 적고 좀 심술궂게 보였던 드 세이저와 달리 김인수는 밝고, 열정적이고, 매력적이고, 활기차고, 내담자에게 놀라워하고, 그들에게 공개적으로 감사함을 표현한 사람이었다.

그들과 함께 공부하고, 실천하고, 그들의 아이디어를 탐구한 우리 모두에게 그들의 이러한 차이는 매우 실용적인 방식을 제공하는데, 이는 그들처럼 되어 보려고 노력하기보다는 어떤 방식으로든 우리 자신이 될 수 있는 기회를 주기 때문이다. 나는 김인수나 드 세이저처럼 되고자 한 사람들 중 성공한 사람을 별로 보지 못했다. 그들은 함께 서로에게 영감을 주고 자신들의 영역을 실천적으로나 이론적으로 새로운 방식으로 확장할 수 있도록 했다. 나는 그들 중 누구도 그것을 혼자의 힘으로 해낼 수는 없었을 것으로 생각한다.

단기치료의 발전

중서부의 MRI

드 세이저와 김인수는 밀워키로 돌아와 밀워키의 와와토사(Wauwatosa) 지역에 있는 독특한 주택에서 새로운 삶을 시작했다. 그들은 팰로앨토의 단기가족치료와 유사한 기능을 하는 '중서부의 MRI'를 구현하자는 아이디어를 가지고 돌아왔다. 드 세이저는 나중에 이렇게 회고했다(Norman, McKergow, & Clarke, 1997).

> …… 우리의 원래 질문은 '치료자가 하는 것 중 계속 할 가치가 있는 것은 무엇인가?'였습니다. 그 질문은 나중에 '내담자와 치료자가 하는 것 중 계속할 가치가 있는 것은 무엇인가?'로 수정되었습니다. 이것이 우리가 시작할 때부터 답하려고 노력해 온 질문이자 제일 중요한 질문입니다. 두 번째로 중요한 질문은 월리 깅그리치(Wally Gingerich)의 질문이었는데, '치료자는 무엇을 무시해야 할지 어떻게 알 수 있는가?'였습니다. 그리고 우리는 여전히 그 질문에 대해 연구하고 있습니다. 그것에 대한 정답은 결코 없을 것입니다.

그들은 저녁 시간에 자신들의 집에 모여 함께 연구할 수 있는 동료들을 구하는 것부터 시작했다. 이때 드 세이저와 김인수는 밀워키 가족서비스에서 주간 근무를 하고 있었다. 당시 위스콘신주에서는 주정부가 인증한 정신건강 진료소에서만 내담자를 만날 수 있었다. 저녁 시간에 내담자를 만날 수 없었던 이들은 가까운 친구, 친척, 그리고 친구의 친구들에게 전화를 걸어 그들의 문제를 무료로 상담해 주겠다고 했다. 이브 립칙(Eve Lipchik, 2014)은 실천가와 내담자가 거실에서 이야기하는 동안 관찰팀이 계단에 앉아 있었던 장면을 회상했다. 일반적인 가족치료의 실천 장면과 같이 실천가는 회기 종료 메시지를 내담자에게 전달하기 전에 잠시 휴식을 취하며 사례를 논의했다. 그런 후 팀 전체가 회기가 녹화된 비디오 테이프를 보며 이에 대해 토론하곤 했다. 당시 립칙은 자신이 훈련받은 정신역동적 놀이치료에 실망하고 있었지만 그럼에도 때때로 이 시기 회기에서 제공되던 전략적인 개입이 자신에게는 불편했었다고 회고했다.

드 세이저는 전문 학술지에 커플과 가족을 위한 단기치료 및 최면에 대한 글을 계속해서 기고했다. 최면과 관련된 그의 논문(de Shazer, 1978)에는 내담자가 자신의 문제가 해결된 미래를 포함해 다양한 미래를 경험하게 하는 에릭슨(Erickson)의 '허구적 시간 지향(pseudo-orientation in time)'(Haley, 1967) 개념에 기반한 '수정볼(crystal ball)' 기법에 관한 탐구가 포함되어 있다. 드 세이저는 성기능 장애를 호소하는 내담자에게 이 아이디어를 사용했고, 그 결과 내담자는 더 이상 그러한 문제로 고통받지 않음을 보고했다. 이 시점에서 드 세이저는 내담자의 창의적인 시각화를 돕기 위해 최면을 사용하기도 했다. 후에 그는 내담자보다 자신이 더 열심히 일하고 있는 모습을 보며 더 이상 최면요법을 사용하지 않게 되었다고 말했다. 드 세이저는 1985년 저서 『Keys』(de Shazer, 1985)에서 수정볼 기법을 다시 언급했다. 이것은 1980년대 중반에 등장한 그 유명한 기적질문(miracle question)과는 달랐지만, 내담자가 문제가 사라진 미래를 기술하는 데 도움이 될 수 있는 선구적 역할을 한 기법이었다.

단기가족치료센터

거실 계단에 앉아 치료를 진행하는 것이 가장 편한 방법은 분명 아니었을 것이다. 1978년에 드 세이저와 그의 동료였던 덜크스는 밀워키 가족서비스를 사직하고 저녁 모임 회원들을 중심으로 새롭게 치료 면허를 받은 진료기관인 단기가족치료센터를 설립했다. 그들은 새롭게 건물을 임대하고, 관찰실로 연결된 두 개의 치료실을 갖췄다. 김인수는 생활 유지를 위해 1980년대 초까지 밀워키 가족서비스에서 일했다. 립칙(2014)은 이 조직에 가입할지 결정하는 것이 결코 쉽지 않았다고 회상했다. 1,000달러의 기부금이 필요했고, 또 앞으로 수입에 대한 보장도 없었기 때문이다.

초기 팀은 드 세이저, 김인수, 덜크스, 립칙, 매릴린 라코트(Marilyn LaCourt) 그리고 일럼 넌널리(Elam Nunnally, 당시 UWM 가족학 교수)로 구성되었다. 2011년 이 팀의 생존 멤버들이 함께 모여 단기가족치료센터의 설립 당시와 관련된 상황을 자세히 기록한 글이 출간되기도 했다(Lipchik, Derks, LaCourt & Nunnally, 2011). 카이저와 피어시(Kiser & Piercy, 2001)가 진행한 한 인터뷰에서 이들은 이 과정이 매우 특이한 시작이었음을 강조했는데, 새로운 관점으로 더 나은 방법을 찾기 위해 노력하는 사람들이 모였지만 이들에게는 충분한 자금이 없었고,

재정적 · 직업적으로 위험이 수반되었기 때문이다.

드 세이저와 김인수는 대학원의 실습생들도 이 과정에 참여할 수 있도록 했는데 여기에는 후에 드 세이저와 함께 글을 쓰며 생각을 공유한 알렉스 모나르(Alex Molnar)도 포함되어 있었다. 이들과 함께 하고 싶어 했지만 그렇지 못한 사람도 있었는데 밀워키 가족서비스의 돈 노럼(Don Norum)이 대표적이다. 노럼은 1979년에 이러한 발전에 핵심이 되는 논문인「The Family Has The Solution」을 썼지만 이는 당시 출간되지 못했다. 이 논문은 20년 후 마침내『Journal of Systemic Therapies』에 게재되었다(Norum, 2000).

1980년대 초에 드 세이저는 빌 오한론(Bill O'Hanlon), 브래드포드 키니(Bradford Keeney) 그리고 브라이언 케이드(Brian Cade)를 포함하여 유사한 관심을 공유하는 다른 실천가들을 연결하는 뉴스레터인『Underground Railroad』를 발행하기 시작했다. 또한 후에 핵심 역할을 하게 되는 학생과 훈련생을 유치했으며, 이 중에는 이본 돌란(Yvonne Dolan), 미셸 와이너-데이비스(Michele Wiener-Davis), 존 월터(John Walter), 그리고 제인 펠러(Jane Peller)가 포함되었다. 이 그룹은 에릭슨의 방법을 기반으로 효과적인 치료에 대한 아이디어를 개발하기 위해 노력했는데, 이것은 마치 포퍼(Karl Popper)보다는 베이컨(Francis Bacon)의 방식에 더 많이 의지하는 것처럼 보였다. 이론적 가설에서 시작해 이것의 옳고 그름을 확인하려고 하는 대신(포퍼의 입장에서) 이 그룹은 가능한 한 최선을 다해 치료를 수행하고, 이를 관찰한 후 토론하고, 이를 통해 무엇이 새롭게 나타나는지 살펴보고, 그런 아이디어를 시도했다. 그들의 작업은 이론보다는 관찰을 기반으로 했고, 이 입장은 이후 등장한 이들의 실천 방향에 본질적인 영향을 미치는 등 향후 수십 년간 매우 중요한 발전 방식이 되었다.

이 기간에 발전된 실천 방식 중 하나는 회기가 끝날 때 내담자에게 칭찬(compliments)을 해 주는 것이었다. 드 세이저는「Brief Family Therapy: A Metaphorical Task」(de Shazer, 1980)라는 논문에서 가족이 과제를 '가능한 한 고통스럽지 않은 방식으로' 받아들이도록 돕는 방법에 관해 썼다. 한 가지 방법은 과제가 내담자의 상황을 은유적인 방식으로 다루는 것이다. 다른 하나는 과제를 제공하기 전에 실천가와 팀에게 인상 깊었던 점을 칭찬하는 것이다. 이는 내담자가 칭찬에 고개를 끄덕일 수 있는 일종의 계속된 '동의(yes-set)' 과정을 만들고, 내담자는 과제가 제안될 때까지 계속 이러한 수용의 과정에 참여한다. 드 세이저의 첫 번째 저서인 『Patterns of Brief Family Therapy』는 1982년에 출판되었으며, 내담자와의 협력 구축, 불교 및 도교 사상과 다각적 변화에 대한 아이디어를 포함하고 있다. 드 세이저는 당시 가족치료 분야의 발전이 매우 빨라 자신의 책이 출간될 당시 이미 그 시대에 뒤떨어졌음을 회고한 바 있다(Norman, McKergow, & Clarke, 1997).

해결을 향해

BFTC 팀은 개발, 연구, 그리고 실천을 함께했다. 그룹은 누구에게나 제공되는 일반적 과제(invariant tasks)의 제공에 관한 실험을 하며 MRI의 또 다른 변형이자 셀비니-팔라촐리(Selvini-Pallazoli, Boscolo, Cecchin, & Prata, 1978)가 이끄는 밀란 단기치료 학파(Milan school of brief therapy)의 작업을 면밀히 관찰했다. 이 과제는 내담자 가족의 특정한 상황에 대한 분석이 아닌 치료 과정의 일부로 제공되는 것이다. 이를 행하는 한 가지 방식은 내담자의 특징이 모호한 경우 다음 번에 내담자에게 변화하고 싶은 사항의 목록을 가져오도록 요청하는 것이다. 립칙(Lipchik, 2014)은 컨설팅 과정에서 누군가가 특정 내담자에게 '변하고 싶지 않은 것'이 무엇인지 물어볼 것을 제안했음을 회상했다. 립칙에 따르면 이는 문제중심에서 해결중심으로의 전환점이었다. 이 과제는 후에 드 세이저(1984, 1985)가 설명한 '첫 회기 과제 공식(Formula First Session Task)'으로 발전했다.

이 과정에서 나타난 또 다른 변화는 저항에서 협력으로의 변화였다. 드 세이저는 1982년에 이 두 패러다임에 관한 글을 썼고(de Shazer, 1982a, 1982b), 치료의 경쟁 모델(contest model)과 협력 모델(co-operation model) 사이에 구분을 명확히 했다. 경쟁 모델에서는 내담자가 협력할 때 실천가가 승리한다. 내담자가 협력하지 않으면 그들은 '저항'하는 것으로 간주된다. 이러한 저항은 내담자-실천가 사이의 상호작용의 산물이 아니라 가족이 하는 일로서, 가족 체계 내에 위치하는 것으로 정의된다. 드 세이저는 에릭슨과 MRI가 이러한 개념을 개선하고자 노력했지만 여전히 많은 실천가가 경쟁 모델을 사용하고 있음을 분명히 했다.

> 협력 모델에서는 이러한 저항 개념이 보다 상호작용적이고 대응적인 개념으로 대체된다. 각 가족, 개인, 커플은 협력을 시도하는 독특한 방식을 보여주며, 실천가의 임무는 먼저 가족이 보이는 특정한 방식을 이해한 후 가족의 방식에 협력하여 변화를 촉진하는 것이다.
>
> (de Shazer, 1982a)

경쟁 모델과 저항의 개념은 드 세이저가 1979년부터 계속해서 관심 갖고 있던 주제로 그의 잘 알려진 논문인 「Death of Resistance」(de Shazer, 1984)에서 '사망선고'를 받았다. 이 논문은 당시 큰 논란을 일으켰는데, 최종 출간되기까지 17번의 게재불가 판정을 받았고, 6번 수정되기도 했다.

드 세이저는 자신에게 내담자를 의뢰한 임상의가 '매우 저항적'이라고 표현한 가족이 BFTC팀과는 쉽게 협력하는 모습을 보며 이 주제에 대한 연구를 시작했다고 말했다(de Shazer, 1989). 그는 이 기간 1,000사례 이상에서 평균 회기수가 1979년 7회에서 1988년 4.5회로 감소했고, 성공률이 72%에서 80%로 증가했음을 발표했다. '저항'은 드 세이저와 김인수의 정원에 있는 묘비 아래에 묻힌 것으로 보이며, 아마도 보고자 노력하는 사람들에게만 보일 수 있는 '여기에 저항이 잠들다/젊은 시절 그는 좋은 사람이었고, 도움이 되었다/편히 잠들길 1978.'이라는 글귀가 새겨져 있을 것이다. 이 논문의 출판일인 5월 3일은 이제 '세계 해결중심의 날'로 기념되고 있다. 드 세이저는 후에 치료에서의 권력(power)에 관한 글을 발표하기도 했다(de Shazer, 1988a).

드 세이저의 광범한 지적 관심을 보여 주는 또 다른 예는 BRIEFER 전문가 시스템 프로젝트였다. 당시 BFTC 연구원이었던 깅그리치(UWM 사회복지학과 교수였고, 후에 케이스 웨스턴 리저브 대학교 사회복지학과 교수로 재직)는 치료 회기의 진행 상황을 추적하기 위해 의사결정 나무(decision tree)를 활용하는 컴퓨터 프로그램을 구안할 것을 제안했다. 논문 작성을 위해 인공지능 프로그램을 찾고 있던 UWM의 석사 재학생인 해나 굿맨(Hannah Goodman)이 합류했고 이 프로젝트는 수년간 계속되었다(Gingerich & de Shazer, 1991). 치료 과정을 컴퓨터의 작동에 비유한 이 아이디어는 BFTC에서 이후 계속되진 않았지만, 이 프로젝트에서 요구되었던 엄격한 사고 과정은 해결중심치료가 전체적인 형태와 독특한 도구를 갖춘 새롭고 뚜렷한 실천 모드를 형성하는 것에 기여했을 것으로 보인다. 드 세이저는 그의 주요한 저서인 『Clues』(1988b)에서 이때 개발된 치료의 흐름도(flowchart)를 소개하기도 했다.

1984년경 BFTC팀은 변화하고 있었다. 덜크와 라코트는 BFTC를 떠나 의료보험을 제공받을 수 있는 안정된 직장으로 옮겼다. 다른 사람들이 합류하기도 했는데, 론 크랄(Ron Kral)과 케이트 코왈스키(Kate Kowalski)와 같은 이전의 훈련생도 있었다. 이때 전 세계에서 워크숍 요청이 쇄도하기 시작했다. 제임스 윌크(James Wilk)는 1984년부터 1985년까지 BFTC의 상주 치료자로 합류했으며(Nunnally, de Shazer, Lipchik, & Berg, 1986) 오한론과 함께 쓴 그의 저서 『Shifting Contexts』에서 '임상적 인식론(clinical epistemology)'에 대한 그의 아이디어를 발전시켰다(O'Hanlon & Wilk, 1987). 이 책은 해결중심치료에 관한 책은 아니었지만 언어의 추상성과 구체성 사이의 차이를 포함해 이 시기에 인기가 있었던 일부 아이디어를 상당히 자세하게 다루고 있다. 나는 런던에서 윌크가 '최소 개입(minimal intervention)'을 통한 작업에 관하여 워크숍을 진행할 때 이에 참가하며 해결중심치료를 처음으로 접하게 되었고, 이에 대해 그에게 크게 감사한다. 그 이후로 그의 글이 거의 출판되지 않은 것이 아쉬울 따름이다.

이 이야기에서 더 큰 역할을 할 또 다른 인물이 이 시기에 등장했다. 1984년 UWM의 사회학 연구원이었던 게일 밀러(Gale Miller)는 깅그리치의 연락을 받아 연구원으로서 BFTC에서 실천가들이 어떻게 협력하고 있는지에 관한 연구를 시작했다. 밀러는 1984년과 1989년에 BFTC에서 연구를 진행했다. 그는 이 기간에 팀의 작업에서 눈에 띄는 변화가 나타났다고 말했다(McKergow, 2009). 1984년에 팀은 생태체계적(eco-systemic) 작업을 구축하고 있었지만, 5년 후인 1989년에는 새로운 형태의 실천이 나타났고, 이것이 바로 해결중심치료의 초기 버전이다.

해결중심 단기치료의 출현

BFTC팀은 1980년대 중반에 본격적인 활동에 돌입했다. 『Keys to Solution in Brief Therapy』(de Shazer, 1985)는 내담자가 불만(그 무엇이든)을 말하는 것에서 '작업이 가능한 문제'로 관점을 이동하는 데 도움이 되는 기술과 수정볼기법에 관한 다른 관점, 그리고 협력의 중요성 등과 같은 개념이 어떻게 발전하고 있는지에 관한 드 세이저의 중간보고서 격이었다. 제목의 '열쇠'는 은유적인 표현으로 많은 상황에 일반적으로 활용할 수 있는 '첫 회기 과제 공식'과 같은 장치 또는 접근 방식을 의미한다. 내담자는 '항상' 문제가 발생한다고 말하지만, 동시에 간과된 다른 사건도 함께 일어남을 말하는 '규칙에 대한 예외'와 효과적인 개입이 설계될 수 있도록 상황을 단순화하는 것에 우선순위를 두는 오컴의 면도날(p. 58)과 같은 개념에 대한 이들의 초기의 생각을 엿볼 수 있다.

그러나 이것은 아직 해결중심치료가 아니었다. 새로운 형태의 치료법에 대한 첫 번째 관찰은 「Brief Therapy: Focused Solution Development」(de Shazer et al., 1986)에서 나타났다. 이 논문은 MRI팀의 1974년 논문인 「Brief Therapy: Focused Problem Resolution」(Weakland, Fisch, Watzlawick, & Bodin, 1974)의 형태와 제목의 주요 개념이 유사하다. 논문에서 드 세이저 등은 자신들의 접근을 MRI 접근과 비교했다. 저자들은 단기치료는 시간제한(예를 들면, 10회기)의 문제가 아니라 '가능한 한 적은 수의 회기'여야 한다고 말했다. 필요한 것은 아주 작은 변화이기 때문에 큰 목표 또한 필요치 않다고 말했다.

오래된 어려움뿐만 아니라 지속되어 왔거나 적어도 변하지 않는 것으로 보이는 문제에 대해 자세히 이야기하고, 그것에 대한 예외를 찾고, 치료가 끝났음을 알 수 있는 방법으로 작은 목표를 설정한다. 회기는 문제가 없는 대안적인 미래에 대한 논의로 진행되며, 회기 종료 메시지와 과제를 논의하는 휴식을 갖고, 다시 이를 전달하는 방식이 제안되었다. 저자들은 변화에 대한 기대를 구축하는 것이 중요하다는 점을 말하는 데 공을 들였다. 그러나 이 부분은 실천가의 태도가 큰 영향을 미친다는 로버트 로젠탈(Robert Rosenthal)의 작업에 대해 이야기하는 MRI의 연구와 연결되는 또 다른 지점이다(Rosenthal, 1966). 이 논문은 자신들의 작업 방식과 사고에 자신감을 갖게 된 BFTC팀의 대담한 성명과 같았다. 글은 다음과 같은 결론으로 끝맺음을 한다.

> 간단히 말해서, 우리의 견해는 내담자가 치료에 가져온 불만을 해결하기 위해 무엇을 해야 할지 이미 알고 있다는 것이다. 그들은 단지 자신이 이미 알고 있다는 사실을 모를 뿐이다. 단기치료자로서 우리의 임무는 그들이 이미 가지고 있는 지식을 스스로 새로운 용도로 활용할 수 있도록 돕는 것이다.
>
> (de Shazer et al., 1986, p. 220)

이러한 입장은 이듬해 해결중심치료의 새로운 요소로 포함된 회기 전 변화(pre-session change)를 통해 더욱 강화되었다. 위너-데이비스, 드 세이저, 그리고 깅그리치(Wiener-Davis, de Shazer, & Gingerich, 1987)는 문제 상황의 변화가 첫 회기 이전에도 흔히 발생하며, 더욱이 내담자는 이러한 변화에 대해 질문 받았을 때 이를 종종 기억하고 설명할 수 있다는 '우연한' 발견을 보고했다. 저자는 내담자의 이러한 보고를 '건강한 측면을 부각하고자 하는 내담자의 바람(flight into health)'으로 무시하는 대신 베이트슨의 말을 빌어 이를 '변화를 만들 수 있는 차이(a difference that makes a difference)'로 명명했다. 이들은 30명의 내담자를 대상으로 한 소규모 내부 연구를 증거로 들었다. 이들 중 20명은 치료를 받기 전 일어난 변화가 치료와 관련이 있고 계속해서 일어나기를 원하는 변화로 이어짐을 기억할 수 있었다. 나머지 사례에서도 내담자들은 회기 후반에 치료 전 변화에 대해 기억하는 모습을 종종 보였다.

해결중심치료의 개발과 관련된 이야기를 구축하고 있는 나에게 이 논문은 매우 중요한 것으로 보인다. 5페이지 분량의 이 짧은 연구에서 BFTC팀은 정신분석학에서 통용되는 전통을 거부하고, 시행착오를 통해 무엇인가 근본적인 것을 발견하고, 베이트슨과 에릭슨의 연구 결과를 자신들의 작업에 명시적으로 연결했다. 이를 통해 그들은 단기상담자뿐만 아니라 모든 종류의 실천가들에게 도움이 될 수 있는 새로운 지평을 열었다.

이때 BFTC팀은 MRI와 동일한 원칙으로 작업하지만 그 우선순위가 변경되었음을 언급했다.

1. 고장 나지 않았다면 고치지 마라(If it ain't broke, don't fix it).
2. 효과가 있는 것을 알면, 그것을 더 하라(Once you know what works, do more of it).
3. 효과가 없는 것을 멈추고, 뭔가 다른 것을 하라(Stop doing what doesn't work and do something different).

효과가 없는 일을 중단한다는 생각은 이제 주요한 전략에서 뒤로 물러났다. 누군가는 효과적인 일을 더 많이 한다는 것은 종종 효과가 없는 일을 덜 한다는 것을 의미한다고 주장할 수도 있다. 그렇지만 나는 이 접근은 여전히 존재하나 시간이 지남에 따라 주요한 접근 방식에서 점점 덜 사용되는 것으로 본다.

이 시점에서 BFTC에서는 새로운 저서와 학술 논문을 빠른 속도로 출간하기 시작했다. 드 세이저는 1986년부터 1988년 사이에 그의 주요한 저서와 함께 16개의 학술 논문을 쓰고, 각종 글을 기고했다. 『Clues: Investigating Solutions in Brief Therapy』(de Shazer, 1988b)는 우리가 오랜 기간 알고 배우고 실천해 온

표 2-1 MRI 단기치료, BFTC 생태체계 치료(1982), 그리고 초기 해결중심 단기치료(1988)의 핵심 요소 비교

MRI 단기치료	BFTC 단기가족치료 (1982)	해결중심 단기치료 (1988)
상호작용 관점	실천가와 내담자를 포함한 생태체계적 관점-'저항의 죽음'	고객형/불만형/방문형 관계: '문제' 구축
실천가가 작업하는 동안 일방경 뒤에 있는 팀이 보조 역할	컨설팅을 위한 휴식을 취함으로써 팀의 역할에 대한 시야 확대	팀과 함께 회기 종료 메시지 작성
시도된 해결이 현재의 상태를 유지	시작을 위해 문제없는 대화 나누기	시작을 위해 문제없는 대화 나누기
내담자가 '뭔가 다른 것을 하도록' 도울 필요	문제 발생의 주변 패턴을 탐색하고 개입할 수 있는 잠재적 지점 식별하기	예외에 대한 구체적이고 자세한 정보를 수집하고, 만일 있다면 무엇이 효과가 있는지 탐색하기
문제와 시도한 해결책에 대한 특정하고 구체적인 세부 정보 수집하기	문제와 관련된 패턴에 대한 구체적이고 자세한 정보 수집하기	작은 목표의 설정. 예외가 없는 경우 가상의 해결책과 더 나은 미래에 대해 이야기하기
휴식	휴식	휴식
패턴을 깨기 위해 고안된 개입 제시	칭찬	칭찬
내담자에게 상식적인 것을 멈추고 다른 것을 하도록 메시지 세일즈	개입: 아마도 첫 회기 과제 공식	개입: 효과가 있는 것(또는 효과가 있을 수 있는 가장 쉬운 것)을 더 많이 수행하기

해결중심치료의 시금석과 같다. 이 책에는 BRIEFER 전문가 시스템의 작업에서 영감을 받은 정확한 흐름도(86페이지)가 포함되어 있어 적어도 이 초기 형식의 접근 방식을 명확하게 제시했다. 이 시점에서 〈표 2-1〉에서 MRI 단기치료, 1980년대 초반 BFTC 단기가족치료 그리고 1988년 발표된 해결중심치료를 비교하는 것이 도움이 될 수 있다. 이 표는 시간이 지남에 따라 실천의 특정한 주요 측면이 늘어나고 쇠퇴하는 것을 보여 주기 위해 업데이트된 형태로 향후 이어지는 장에서 다시 다룰 것이다. 다만 이 표가 포괄적인 내용을 담고자 한 것은 아님을 유념할 필요가 있다.

고객, 기적, 그리고 척도

해결중심치료의 중요한 새로운 요소로 고객형/불평형/방문형 내담자의 구분이 더해졌는데, 이는 문제에 대해 뭔가를 하고자 하는 사람(고객)과 기존의 어려움뿐만 아니라 해결 가능한 불만 사항을 구축해야 할 필요성과 연결된다. 불평형 내담자는 불만이 있지만 아무것도 할 의욕이나 능력이 없으며, 방문형 내담자는 아무런 불만이 없다. 이들은 또한 아마도 다른 사람의 요청에 따라 치료에 참석한 것으로 추정될 것이다. 이러한 구별은 특히 회기 종료 메시지를 고안하는 데 도움이 되었다. 고객이 아닌 사람과 보통의 방식으로 진행하고자 할 때 문제가 발생하기 쉽기 때문에 첫 단계에서는 해 볼 만한 가치가 있는 대화를 나눌 수 있는 무대를 마련하고자 노력을 기울인다. 시간이 지남에 따라 어떤 사람들은 이것이 개인에 대한 꼬리표(label, '그는 불평자이고, 그녀는 방문자입니다.')가 아니라 일시적인 관계에 대한 설명일 뿐이며, 그 유형이 달라질 수 있다는 사실을 잊는 경향이 있음을 알게 되었다. 결국 BFTC팀은 이를 훈련 과정에서 가르치는 것을 포기했지만, 5장에서 볼 수 있듯 이러한 아이디어는 오늘날에도 약간 다른 형태로 여전히 남아 있다.

해결중심치료의 대표적 방식에서 볼 수 있는 두 가지 요소도 이때쯤 등장하기 시작했다. 기적질문과 척도질문 모두 내담자가 먼저 언급하고 이후 실천가가 그 아이디어를 받아들이는 과정(내담자의 언어를 따르려 노력함)을 통해 나타났다. 기적질문은『Clues』의 시작 부분에 간략하게 언급되어 있지만 책의 다른 곳에서는 나타나지 않는 것으로 보아 아마도 책이 완성될 무렵에 나타나게 된 개념이 아닐까 생각한다. 기적질문은 드 세이저와 김인수의 사후 발행된 책의 제목이『More Than Miracles』일 정도로 해결중심치료에 매우 근본적인 것으로 간주되었다.

드 세이저는 1970년부터 내담자가 소개한 척도의 개념을 사용해 왔지만 수년에 걸쳐 더 빈번하게 활용하며 중요해졌다고 했다(de Shazer, 2004). 확실히 그런 것이, 내가 아는 한 척도 질문은 립칙(Lipchik, 1988)이 자신의 문헌에 명시적으로 언급하기 전까지 그 어디에도 나타나지 않았으며, 이는 그들의 획기적인 논문인「Making Numbers Talk」(Berg & de Shazer, 1993)에서 완전히 자리를 잡았다. 이러한 아이디어는 BFTC팀이 이미 문제가 없는 더 나은 미래와 작은 차이에 관한 이야기에 관심이 있을 정도로 고도로 준비가 되어 있었고 그 기반 위에 우연히 떨어진 씨앗과도 같은 것이었다. 이후 장에서 이것에 대해 더 자세히 살펴볼 것이다.

주요 요점

- 드 세이저와 김인수는 둘 다 다른 분야에서 일하다 단기치료에 관심을 갖게 되었다.
- 그들은 1978년에 치료 싱크탱크인 '중서부의 MRI'를 만들기 위해 밀워키에 단기가족치료센터(BFTC)를 설립했다.
- 시행착오, 토론, 그리고 성찰을 통해 그들은 MRI의 상호작용 관점을 기반으로 변화대화(change talk), 협력, 그리고 칭찬의 중요성을 발전시키며 단

기치료를 더욱 단기로 만들었다.

- 해결중심치료는 문제에 대한 예외를 구축하고 작은 목표를 설정하는 것을 기반으로 1988년경에 뚜렷한 실천 모델로 등장했다.
- 이후 기적질문, 척도질문 등 잘 알려진 방법이 등장했고, 이 접근 방식은 더욱 세련된 모습으로 전 세계로 확산되었다.

참고문헌

Berg, I. K., & de Shazer, S. (1993). Making numbers talk: Language in therapy. In S. Friedman (Ed.), *The New Language of Change: Constructive Collaboration in Psychotherapy* (pp. 5-24). New York, NY: Guilford Press.

Cade, B. (2007a). A history of the brief solution-focused approach. In T. S. Nelson & F. N. Thomas (Eds.), *Handbook of Solution-Focused Brief Therapy: Clinical Applications* (pp. 25-63). Binghamton, NY: Haworth Press.

Cade, B. (2007b). *Insoo Kim Berg Obituary*. Retrieved from www.counselingsoft.jp/workshop3.html

de Shazer, S. (1974). On getting unstuck: Some change-initiating tactics for getting the family moving. *Family Therapy*, *1*(1), 19-26.

de Shazer, S. (1975). Brief therapy: Two's company. *Family Process*, *14*, 79-93.

de Shazer, S. (1978). Brief hypnotherapy of two sexual dysfunctions: The crystal ball technique. *American Journal of Clinical Hypnosis*, *20*(3), 203-208.

de Shazer, S. (1980). Brief family therapy: A metaphorical task. *Journal of Marital and Family Therapy*, *6*(4), 471-476.

de Shazer, S. (1982a). *Patterns of Brief Family Therapy*. New York, NY: Guilford Press.

de Shazer, S. (1982b). Some conceptual distinctions are more useful than others. *Family Process*, *21*, 72-84.

de Shazer, S. (1984). The death of resistance. *Family Process*, *23*, 11-17.

de Shazer, S. (1985). *Keys to Solution in Brief Therapy*. New York, NY: W. W. Norton.

de Shazer, S. (1988a). A requiem for power. *Contemporary Family Therapy*, *10*(2), 69-76.

de Shazer, S. (1988b). *Clues: Investigating Solutions in Brief Therapy*. New York, NY: W. W. Norton.

de Shazer, S. (1989). Resistance revisited. *Contemporary Family Therapy*, *11*(4), 227-233.

de Shazer, S. (2004). *Brief Therapy in Historical Perspective*. SFBT UWM online course, week 1 materials. Author's collection.

de Shazer, S., Berg, I. K., Lipchik, E., Nunally, E., Molnar, A., Gingerich, W., & Wiener-Davis, M. (1986). Brief therapy: Focused solution development. *Family Process*, *25*, 207-221.

Dolan, Y. (2005). *Steve de Shazer Obituary*. Retrieved from www.counselingsoft.jp/workshop3.html.

Gingerich, W. J., & de Shazer, S. (1991). The BRIEFER project: Using expert systems as theory construction tools. *Family Process*, *30*, 241-250.

Haley, J. (1963). *Strategies of Psychotherapy*. New York, NY: Grune and Stratton.

Haley, J. (1967). *Advanced Techniques of Hypnosis and Therapy: Selected Paper of Milton H Erickson*. New York, NY: Grune and Stratton.

Kiser, D. J., & Piercy, F. P. (2001). Creativity and family therapy theory development: Lessons from the founders of solution-focused therapy. *Journal of Family Psychotherapy*, *12*(3), 1-30.

Lipchik, E. (1988). Purposeful sequences for beginning the solution-focused interview. In E. Lipchik (Ed.), *Interviewing* (pp. 105-117). Rockville, MD: Aspen.

Lipchik, E. (2014). The development of my personal solution-focused working model: From 1978 and continuing. *International Journal of Solution-Focused Practices*, *2*(2), 63-73. doi:10.14335/ijsfp.v2i2.23. Retrieved from www.solutions-centre.org/pdf/25-64-1-PB.pdf.

Lipchik, E., Derks, J., LaCourt, M., & Nunnally, E. (2011). The evolution of solution-focused brief therapy. In C. Franklin, T. S. Trepper, W. J. Gingerich, & E. E. McCollum (Eds.), *Solution-Focused Brief Therapy: A Handbook of Evidence-Based Practice* (pp. 3-19). Oxford: Oxford University Press.

McKergow, M. (2009). Interview with Gale Miller: The man behind the mirror behind the mirror at BFTC. *InterAction*, *1*(1), 78-87.

McKergow, M. (2015). Steve de Shazer: A different kind of cleverness (... and Paul Gonslaves). In M. Vogt, F. Wolf, P. Sundman, & H. N. Dreesen (Eds.), *Encounters with Steve de Shazer and Insoo Kim Berg: Inside Stories of Solution-Focused Brief Therapy* (pp. 114-117). London: Solutions Books.

Miller, G., & de Shazer, S. (1998). Have you heard the latest rumor about ...? Solution-focused therapy as a rumor. *Family Process*, *37*(3), 363-377. https://doi.org/10.1111/j.1545-5300.1998.00363.x.

Norman, H., McKergow, M., & Clarke, J. A. (1997). Paradox is a muddle: An interview with Steve de Shazer. *Rapport*, *34*, 41-49. Retrieved from http://sfwork.com/paradoxis-a-muddle 8 May 2020.

Norum, D. (2000). The family has the solution. *Journal of Systemic Therapies*, *19*(1), 3-16.

Nunnally, E., de Shazer, S., Lipchik, E., & Berg, I. K. (1986). A study of change: Therapeutic theory in process. In D. E. Efron (Ed.), *Journeys: Expansion of the Strategic-Systemic Therapies*. New York, NY: Brunner/Mazel.

O'Hanlon, W., & Wilk, J. (1987). *Shifting Contexts: The Generation of Effective Psychotherapy*. New York, NY: Guilford Press.

Rosenthal, R. (1966). *Experimenter Effects in Behavioral Research*. New York: Appleton-Century-Crofts.

Selvini-Pallazoli, M., Boscolo, L., Cecchin, G., & Prata, G. (1978). *Paradox and Counterparadox: A New Model in the Therapy of the Family in Schizophrenic Transaction*. Lanham, MD: Jason Aronson Inc.

Vogt, M., Wolf, F., Sundman, P., & Dreesen, H. N. (Eds.). (2015). *Encounters with Steve de Shazer and Insoo Kim Berg: Inside Stories of Solution-Focused Brief*

Therapy. London: Solutions Books.

Weakland, J. H., & Fisch, R. (1992). Brief therapy: MRI style. In S. H. Budman, M. F. Hoyt, & S. Freidman (Eds.), *The First Session in Brief Therapy* (pp. 306-323). New York, NY: Guilford Press.

Weakland, J. H., Fisch, R., Watzlawick, P., & Bodin, A. (1974). Brief therapy: Focused problem resolution. *Family Process*, *13*(2), 141-168.

Wiener-Davis, M., de Shazer, S., & Gingerich, W. J. (1987). Building on pretreatment change to construct the therapeutic solution: An exploratory study. *Journal of Marital and Family Therapy*, *13*(4), 359-363.

Yalom, V., & Rubin, B. (2003). *Insoo Kim Berg on Brief Solution-Focused Therapy*. Retrieved from www.psychotherapy.net/interview/insoo-kim-berg.

제3장

해결중심 단기치료의 진화: 확산과 실천의 정교화

이 장에서는 더 많은 사람이 독특한 아이디어와 혁신으로 참여하게 되며 해결중심치료가 어떻게 발전하고 전 세계적으로 확산되었는지를 다룬다. 오늘날 해결중심치료는 심리상담분야뿐만 아니라 교육, 사회복지, 코칭, 조직관리, 그리고 의료 분야 전반에 이르기까지 광범위한 영향력을 가진다.

맥주와 오토바이로 더 잘 알려진 미국 중서부 한 도시의 소그룹에서 시작된 아이디어의 세계적인 영향은 실로 큰 것이다. 이러한 일이 가능하게 된 데에는 드 세이저, 김인수 그리고 BFTC팀의 관대함과 열린 마음이 큰 역할을 했다. 이후 해결중심치료는 계속해서 발전해 왔다. 이 장에서는 드 세이저는 반기지 않았을 수도 있는 개념인 해결중심치료에 관한 '공식적인' 정의를 향한 그들의 여정과 그 배경 이야기를 통해 이러한 과정이 왜 힘들고 심지어 논란이 되었는지의 이유를 살핀다.

세계로 향하는 해결중심치료

1982년 초에 드 세이저와 김인수는 노르웨이와 영국에서 초청을 받아 자신의 실천에 대해 강의를 하기 시작했다. 누낼리(Elam Nunnally)도 1980년대 초반부터 핀란드에서 훈련을 제공했다. 1980년대 중반이 되자 이들의 여행에는 속도가 붙었고, 그 시점에서 이들에게 뭔가 새롭고 흥미로운 이야기가 있음이 널리 알려지기 시작했다. 그리고 그것은 정말 새로운 것이었고, 어떤 면에서는 낯설고 생소하기까지 했다.

1987년에 가족치료로 약물 문제가 있는 환자들을 치료하고 있던 정신과 의사인 해리 코만(Harry Korman)과 마틴 소더퀴스트(Martin Soderquist)는 그들을 스웨덴 말뫼(Malmö)로 초대했다. 이번에는 김인수도 함께했다. 코만은 자신들의 첫 번째 워크숍에서 드 세이저가 마약의 충동에 저항하고 싶어 하는 코카인 중독자와 작업한 테이프를 보여 준 것을 기억했다. 테이프를 보면 실제로 그 내담자가 상담자와 만나기 전 3일간 그러한 충동에 '저항'했다는 사실을 해결중심적 질문으로 바로 알 수 있었다. 코만은 당시 전략적 체계치료(strategic systemic therapy)를 하고 있었는데, 그 순간 '이게 도대체 뭐지? 우리라면 결코 발견하지 못했을 텐데!'라고 생각했던 것을 회상했다.

해결중심치료에 초기부터 관심을 보인 또 다른 인물로 영국의 정신과 의사인 알라스데어 맥도널드(Alasdair Macdonald) 박사가 있다. 그는 이렇게 회상했다.

> 나는 스코틀랜드 덤프라이즈(Dumfries)에 전략적 가족치료 훈련팀을 설립했습니다. 당시 BRIEFER 알고리즘에 관한 드 세이저의 논문을 읽고 매료되어 그것을 팀과 공유했고, 그들도 좋아했지요. 브라이언 케이드가 컴브리아(Cumbria)를 강의 차 방문했고, 우리 중 일부도 그곳에서 그의 워크숍에 참석했습니다. 우리는 해결중심치료가 우리의 전략적 치료법과 어떻게 비교되

> 는지 알아보기 위해 이후 6개월간 해결중심치료를 우리의 센터에서 시도해 보기로 결정했습니다. 그 결과 우리는 해결중심치료가 내담자에게 더 존중적이고, 수행하기 쉽고, 더 적은 회기로 좋은 성과를 낸다고 느꼈기 때문에 그 모델을 유지하기로 했습니다.
>
> 우리 중 몇몇은 런던의 BRIEF에서 열린 드 세이저의 워크숍에 참석한 적도 있습니다. 1990년부터는 우리도 스코틀랜드와 영국의 북부지방에서 해결중심치료에 대한 워크숍을 제공하기 시작했습니다. 얼마 후 우리는 북아일랜드의 실천가들도 끌어들일 수 있었습니다. 1995년에 컴브리아로 이전했을 때 나는 지역의 비교적 낮은 보안 부서에 해결중심치료를 소개했습니다. 효과가 너무 좋아서 다른 지역의 힘든 사례도 맡기로 계약을 맺었었는데, 항상 빈 병상이 남아 있었던 곳은 우리 센터뿐이었기 때문입니다.
>
> (Macdonald, 2020)

더욱 단순하면서도 효과적인 작업 방식의 결합으로서 해결중심치료는 전 세계의 유명 실천가들과 열광적인 지지자들을 불러모았다. 1980년대 후반에는 더욱 많은 사람이 훈련과 배움을 위해 밀워키를 방문했고, 해결중심치료에 관한 서적이 출간되기 시작했다. 미셸 와이너-데이비스(Michele Wiener-Davis)와 오한런(1989)은 『In Search of Solutions』를 집필했고, 런던의 Brief Therapy Practice도 『From Problem to Solution』(George, Iveson & Ratner, 1990)과 같은 초기 저작을 출간했다. 아시아를 비롯해 핀란드, 스웨덴, 벨기에, 오스트리아, 독일, 그리고 스페인 등의 지역 그룹들 사이의 연결이 만들어지기 시작했다. BFTC팀이 만들어 낸 해결중심치료가 이제 모두의 공동 소유로 다른 많은 지역의 그룹에서 지지되고 발전하는 방식으로 전환되었고, 이는 모델의 확산에 매우 중요한 기여를 했다. 아마 이런 방식이 아니었다면 해결중심치료의 다양성은 성취될 수 없었을 것이다. 그렇지만 앞으로 살펴보겠지만 이러한 다양성으로 인해 이 접근의 내용과 진행 방식을 정확하게 설명하는 것은 더욱 어려워졌다.

밀워키 그룹의 기여

드 세이저와 김인수는 평생 해결중심치료를 강의하고, 집필하고, 훈련시키고, 내담자를 만나고, 계속해서 새로운 발전을 전파했다. 드 세이저는 해결중심치료의 실천뿐만 아니라 거의 모든 대화치료를 포스트모더니즘과 포스트구조주의의 맥락에서 이해하고자 시도한 두 권의 저서를 더 집필했다. 『Putting Difference To Work』(de Shazer, 1991)에서 드 세이저는 특히 비트겐슈타인과 데리다와 같은 철학자들의 언어를 인용하며 체계로서의 가족치료(family-therapy-as-a-system)뿐만 아니라 체계로서의 언어(language-as-a-system)에 초점을 맞췄다. 논문 「Doing Therapy: A Post-Structural Revision」(de Shazer & Berg, 1992)은 아마도 언어에 대한 이러한 초점을 가장 간결하게 설명한 것으로, 아직도 면밀히 연구할 가치가 충분하다. 프로이트의 말을 인용해 붙인 제목인 『Words Were Originally Magic』(1994)은 실천에서 더 나아가 매우 담론적으로 변화하고 있는 그의 모습을 보여 주었다. 그는 이 책에서 비트겐슈타인을 인용하며 라캉(Lacan)과 베이트슨의 혼란스러움에 대해, 그리고 밴들러(Bandler)와 그라인더(Grinder)를 비판했다. 드 세이저는 또한 위클랜드와 가족치료자인 네이선 액커먼(Nathan Ackerman), 그리고 제임스 구스타프슨(James Gustafson)의 작업을 자신의 치료 작업과 비교하기도 했다.

이들이 전하고자 했던 메시지의 많은 부분은 '표면에 머물기(staying at the surface)', 즉 어떠한 (상상된) 하위 텍스트나 숨겨진 구조, 실천가의 우려보다는 있는 그대로의 내담자의 말에 초점을 맞추는 것에 관한 것이었다. 특히 『Words Were Originally Magic』(1994)에는 풍부한 사례와 대화를 담고 있으며, 드 세이저 자신이 실천가로서 자신의 페르소나로서 '바보 드 세이저(de Shazer-the-stupid)'를 언급하는 재미있는 장면도 담겨 있다. 아마도 드 세이저가 내담자의 말에 좌절하고 당황하며 설명을 요청하는 모습을 본 사람이라면 누구나 이에 공감할 것이다. 이와 함께 그는 또한 자신과 비슷한 스타일의 위클랜드에 대한 언급과 더불어 실천가로서의 김인수의 모습을 '호기심 많은 인수(Insoo-the-incredulous)'로 표현하기도 했다. '바보 드 세이저'라는 이미지와는 아주 다르지만 매우 독특하다는 측면에서 유사한 점이 있는데, 김인수의 이미지는 그녀의 '와우(Wow)'로 상징된다. 이 책은 드 세이저의 역작이며, 어떤 사람들은 이를 그의 최고의 역작으로 볼 것이다.

그러나 나는 그렇게 생각하지 않는다. 내 생각에는, 한편으로는 표면에 머물면서 (가능한 한) 편견 없이 내담자의 말을 듣고, 단순함을 추구하는 것과, 다른 한편으로 그들의 접근에 대한 비평가들에 맞서 자신들의 입장을 방어하고자 했던 움직임 사이에는 모순이 있다. 내담자와의 작업에 촘스키에 대한 비평이나 비트겐슈타인의 언어게임에 대한 이해가 꼭 필요했을까? 나는 아니라고 생각한다. 그것은 해결중심치료를 '이해'하지 못한 사람들과의 더 많은 논쟁만 불러일으킬 뿐이다. 내담자는 그 모든 것에 관심이 없다. 그들은 그저 자신의 삶이 더 나아지길 바랄 뿐이다. '반대하는 사람'들은 원래 그렇기 마련이다. 그들은 자신만의 지적이며 실천적인 전통을 계속 고집할 뿐이다. 아마도 드 세이저는 자신의 뛰어난 지적 능력과 지난 수년간의 투쟁을 요약하여 마침내 모든 것을 명확하게 하고자 큰 성명을 발표한 것으로 보인다. 그 점을 제외한다면 그 책은 해결중심치료자로서 드 세이저의 20년의 발자취를 이해할 수 있는 필독서이다.

앞으로, 밖으로 향해 나가기

이 시점에서 해결중심치료에 관한 더 많은 저서가 나타나기 시작했다. 벤 퍼먼(Ben Furman)과 타파니 아홀라(Tapani Ahola)의 『Solution Talk: Hosting Therapeutic Conversations』(Furman & Ahola, 1992)는 핀란드에서 출간된 것

이다. 김인수는 같은 해 당시 BFTC의 교육이사였던 스콧 밀러(Scott Miller)와 함께 그녀의 첫 저서인 『Working With The Problem Drinker』(Berg & Miller, 1992)(나중에 『The Miracle Method』로 제목이 변경됨)를 출간했다. 밀러는 특히 회기의 과정 및 성과 평가 척도(Session and Outcome Rating Scales: SRS와 ORS로 간략하게 부르기도 함)를 사용하여 내담자의 피드백을 정기적이고 지속적인 방식으로 받을 수 있고 이를 실천에 적용해 더욱 효과적인 치료를 만드는 분야에서 뛰어난 업적을 쌓았다(예: Duncan, Miller & Sparks, 2011). SRS와 ORS는 이제 일부 분야에서 해결중심치료의 실천에 통합되어 활용되고 있다(예: Burns, 2016).

1990년대 초반 해결중심치료에 관한 관심이 폭발적으로 증가했다. 나는 드보라 사이먼(Dvorah Simon)이 발행한 단기치료 뉴스레터인 『News Of A Difference』를 기억한다. 이때는 인터넷이 존재하기 이전이어서 뉴스레터가 우편으로 배달되었다. 내가 1993년에 받아 본 첫 호에는 MRI 단기치료와 해결중심치료를 제공하는 실천가들의 광고 건수가 거의 같은 정도였다. 이후 얼마 지나지 않아 대다수의 광고는 해결중심치료에 관한 것으로 바뀌었다.

해결중심치료의 특징 중 하나는 가족치료의 전통을 빠르고 쉽게 넘어서며 다양한 분야에 알려지기 시작했다는 것이다. 처음부터 그리고 이상할 것도 없이 이 접근은 다양한 치료 환경에서 적용되기 시작했다. 노인과의 작업(Iveson,1990), 성적 학대(Dolan, 1991), 커플(Wiener-Davis, 1993), 여성 및 아동과 함께 작업하기(Lethem, 1994) 등의 주제를 다루는 서적들은 어려움에 처한 사람들이 스스로 해결중심치료의 아이디어를 자신에게 적용할 수 있도록 돕는 자조서적으로서 첫 예시가 될 수 있을 것이다. 아동복지 및 가족분야에서 이 접근 방식의 적용은 특히 주목할 만한데, 김인수의 저서인 『Family-Based Services』(Berg, 1994)가 큰 기여를 했고, 『Signs Of Safety』(Turnell & Edwards, 1999)의 영향력도 컸다. 이 단락에서는 1990년대 초반의 서적을 몇 권만 언급하고 있지만, 이후 더 많은 서적이 출간되었음은 물론이다.

학교는 초기부터 해결중심치료가 적용된 또 다른 환경이었다. 마이클 듀

란트(Michael Durrant)의 『Creative Strategies for School Problems』(Durrant, 1995)와 존 로드와 야스민 아지말(John Rhodes and Yasmin Ajmal)의 『Solution Focused Thinking in Schools』(Rhodes & Ajmal, 1995)가 등장했으며, 1년 후 린다 메캐프(Linda Metcalf)의 『Parenting Toward Solutions』(Metcalf, 1996)가 출간되었다. 원조전문직 전반에 걸쳐 해결중심적인 아이디어가 채택되었다는 또 다른 신호는 최초의 (비공식적) 해결중심치료의 교재가 등장한 것이다. 『해결을 위한 면접(Interviewing For Solutions)』(De Jong & Berg, 1998)은 많은 사람이 즐겨 사용하는 교재였고, 지금도 여전히 그렇다.

해결중심치료의 조직화

초기의 해결중심치료는 공식적인 방식으로 조직되지 않았다. 드 세이저, 김인수와 개별적으로 관계를 맺고 각자 자신의 해결중심치료를 실천한 열정적인 지지자들의 비공식적 네트워크는 느슨하게 연결된 게릴라 운동(guerrilla movement)에 가까웠다. 두 공동 개발자들은 마음이 가는 단체를 방문하여 훈련을 제공하고, 함께 작업하며, 관심을 키우는 것에 많은 시간을 투자했다. 그러나 그러한 과정에서 공식적인 조직은 없었다. 그것은 그들이 실수를 했거나 간과한 것이기보다는 의도적인 계획에 더 가깝다.

유럽단기치료협회(EBTA)는 모든 종류의 단기치료를 지원하기 위해 드 세이저와 김인수의 지지로 1994년에 설립되었는데, 이는 전년도에 미국 루이지애나에서 위클랜드의 업적을 기리기 위한 모임에서 시작된 것이다. 이 단체가 모든 종류의 단기치료를 지원한다고 했지만 지금까지는 주로 해결중심치료의 실무자들을 중심으로 운영되어 왔다. 창립 멤버는 맨프레드 보트(Manfred Vogt)와 볼프강 에벌링(Wolfgang Eberling)(NIK Bremen), 앤더스 클래손(Anders Claesson)(FKC Stockholm), 뤽 이제바트(Luc Isebaert)와 마리-크리스틴 카비에(Marie-Christine Cabié)(Korzybski Institute, Bruges and Paris)였다(Isebaert & Klingenstierna, 2012).

첫 ETBA 회의는 1994년 벨기에 브뤼셀에서 이제바트(Luc Isebaert)에 의해 조직되었으며, 약 12명 정도의 MRI 단기치료자를 포함한 50여 명이 참석했다. 이 컨퍼런스의 형태는 새로운 것이었으며, 이러한 모임은 드 세이저가 중요하게 생각했던 것이 무엇이었는지에 대해 많은 것을 말해 준다. 개인은 참가할 수 없었으며, 팀 또는 대표자만 참가할 수 있었다. 기조연설은 없었고 60분에서 90분 정도의 워크숍만 있었다. 더욱이 워크숍에는 발표자가 없고 오직 대화만 있었으며, 누구도 한 번에 10분 이상 말할 수 없었다.

이러한 규칙은 권위와 위계보다는 공유와 상호 학습의 가치를 표방하는 것이었다. 이러한 관대함과 겸손의 정신은 전 세계의 해결중심치료 실천 공동체에 여전히 크게 남아 있으며, 이는 우리가 진심으로 감사해야 할 것 중 하나이다. 하지만 당시에도 몇 가지 현실적인 어려움은 있었다. 특히 개인 참가를 제한하는 것을 강제하기 어려웠고, 한 번에 10분 이상 말할 수 없도록 하는 것을 지키기도 사실상 힘들었다(Isebaert & Klingenstierna, 2012). 처음에는 매년 두 번의 컨퍼런스가 열렸다. 다음 해 브레멘에서 개최된 모임에는 250명이 참석했다. EBTA는 2002년 북미해결중심단기치료협회(Solution Focused Brief Therapy Association)가 설립되기 전까지 사실상 세계 유일의 해결중심치료 단체였다.

EBTA의 또 다른 새로웠던 특징은 일반적인 방식의 회원 조직이 아니라는 점이었다. EBTA의 역사에 관한 기록에 따르면 회원은 '지난 회의에 참석한 모든 사람'으로 정의되었다(Isebaert & Klingenstierna, 2012). 이 정의는 여러 면에서 비실용적이었지만 단순함의 미학을 가졌고, 이후 20년 동안 유지되었다. 이는 마치 '당신이 거기 있다면 당신은 그 그룹의 일원입니다. 당신이 그렇지 않다면 그룹에 속하지 않은 것입니다.'라고 말하는 것과 같은 방식이었다. 다른 주류의 치료 모델들이 논의되기도 했지만 또한 거부되기도 했었는데, 이는 부분적으로 드 세이저에 대한 존중의 표현이었다. 드 세이저는 EBTA의 이사회가 자신의 커뮤니티를 대표하도록 임명된 과학 저널의 편집위원회처럼 구성되어야 한다고 주장했다. 이러한 회원 자격의 한 가지 명백한 문제는 정상적인 민주주의 조직과 양립할 수 없다는 것이다.

이러한 형식은 보다 전통적인 회원제와 선출된 이사회 구조가 도입된 2014년경까지 유지되었다. 그렇지만 원래 형태의 EBTA가 학습과 교류의 장을 제공한 것은 사실이다. 내가 처음으로 EBTA 컨퍼런스에 참석한 것은 1997년이었는데 관심 있는 사람이라면 누구나 해당 분야의 주요 인사들을 가까이에서 만날 수 있는 놀라운 기회였다. 내 생각에는 그러한 방식은 누군가 또는 어떤 특정 집단이 해결중심치료의 현장을 통제하고자 하는 것을 의도적으로 봉쇄한 것으로 보였다. 공동 개발자들은 이러한 입장을 취하며 누구도 해결중심치료를 독점할 수 없도록 했다. 해결중심치료를 정의하는 단 하나의 '올바른' 정의는 없었고, 실제로 존재할 수도 없었다.

이는 외부인에게는 놀라운 일일 수도 있지만 김인수와 드 세이저의 유연함, 고정된 실천 방식보다 내담자에게 집중하는 것의 중요성, 효과적이고 단기적인 치료를 최우선에 두었던 생각과 전적으로 일치하는 것이다. 해결중심치료를 '적절하게' 수행하는 것에만 초점을 두며 내담자에게 어떤 유용한 변화도 생기지 않았다는 사실을 발견하는 것은 이들에게 전혀 의미가 없을 것이다. 오히려 드 세이저는 항상 '정통'은 없다고 말했고, 실제로 그는 해결중심치료는 하나의 소문(a rumor)이며, 다양한 소문이 존재할 수 있음을 주장한 영향력 있는 논문을 발표하기도 했다(Miller & de Shazer, 1998). 이러한 접근은 방법론보다는 실무자와 그들의 작업에 더 큰 초점을 둘 수 있도록 했다.

드 세이저와 김인수, 무대를 떠나다

해결중심치료가 성장함에 따라 드 세이저와 김인수는 전 세계를 돌며 가르치고, 연설하고, 실천하는 데 점점 더 많은 시간을 보냈다. 김인수는 자신의 방식으로 글을 발전시켰는데 주제는 주로 해결중심치료를 다양한 실천 맥락의 내담자 집단에 적용하는 것이었다. 그녀는 자신의 호기심과 따뜻한 스타일로 전 세계의 실천가들과 교류했다. 드 세이저도 세계를 돌며 강연을 시작했다. 그의 간결하며 무심한 듯한 태도는 청중(특히 이 접근을 처음 접하는 실천가들)과의 연결에 어려움을 만들었고 때문에 그는 훈련과정에서 자주 직접 내담자를 만나 자신의 작업을 시연하고, 숙련된 실무자들과 이를 토론하는 모습을 보였다.

드 세이저와 김인수는 주로 별도로 작업했다. 그들은 함께 있을 때에는 긴 산책을 즐겼다. 두 사람 모두 북미보다 유럽에 더 많은 관심을 보이는 것 같았는데 이는 유럽의 실천가들이 드 세이저의 이론적 기반에 큰 관심을 가졌기 때문이다. 1990년대 후반에 BFTC는 드 세이저와 김인수가 내담자를 정기적으로 만날 수 있을 만큼 밀워키에 머물지 못했기 때문에 사무실 공간이 있는 교육용 건물로 부지를 옮겼다(McKergow, 2009). 더 후에는 사무실을 그들의 자택 지하로 옮기기도 했다. 드 세이저는 만성 혈액 질환으로 인해 어려움을 겪었지만 둘 다 계속해서 열정적으로 일하고 광범한 지역으로 교육을 다녔다. 드 세이저와 김인수의 이름이 포함된 마지막 책은 2000년대 중반 해결중심치료를 최대한 명확하게 설명하고자 했던 프로젝트인 『More Than Miracles』(de Shazer et al., 2007)였다. 이 책은 실질적인 명확성을 위해 노력하며 이를 달성한 훌륭하고 중요한 저서로 해결중심치료의 발전에 있어 또 다른 중요한 이정표이다.

드 세이저는 2003년에 병이 악화되었지만 회복 후 작업을 재개했다. 그는 2005년 9월 이틀 간의 워크숍을 위해 건강한 모습으로 런던을 방문했고, BRIEF에서 여러 내담자를 만나고 그를 따랐던 그룹과의 작업 후 다음 약속을 위해 오스트리아의 비엔나로 떠났다. 그러나 기내에서 그의 병세는 악화되었고 2005년 9월 11일 일요일 비엔나에서 사망하였다. 김인수가 그의 곁을 지켰다. 그가 마지막으로 남긴 말은 오랜 동료이자 그가 '좋은 밤(good night)'을 보내길 기원했던 비엔나의 세미나 주최자인 볼프(Ferdinand Wolf)에게 남긴 말이다. '오늘 밤이 좋은 밤이 아닐 수도 있을 것 같은데, 그렇지만 너무 나쁜 밤은 아니길 바랍니다.' 2시간 후 그는 혼수상태에 빠졌고 이후 깨어나지 못했다(Wolf, 2015). 이 말은 그가 평소 잘 쓰던 말이었다. 드 세이저는 종종 워크숍 참가자들에게 재미있게 보내라고 하며 '그렇지만 너무 많이는 말고!'라는 말을 덧붙이곤 했다.

김인수는 드 세이저의 사망 후에도 자신의 일을 계속했다. 그녀의 최후는 2007년 1월 19일 밀워키에 그녀가 다니던 피트니스센터에서 갑자기 찾아왔다. 그녀는 운동 후 사우나에서 잠든 듯 숨진 채 발견되었다. 이 두 혁신가에게는 '신발을 신은 채' 사망했다는 표현이 적절해 보인다. 두 사람 모두 은퇴하고 싶은 기미를 전혀 보이지 않았다. 그들의 영향력은 수많은 놀라운 방식으로 이어지고 있으며, 이 책도 그들의 존재와 영향력 없이는 가능하지 않았을 것이다.

해결중심치료의 정의

드 세이저가 선호했던 개방적인 입장은 실천을 유연하게 유지하는 데 도움이 되었을지 모르지만 연구 분야에서는 이로 인한 문제가 발생하기 시작했다. 개발자들에게 엄격한 정의는 필요하지 않은 것으로 간주되었다. 그러나 AI(Appreciate Inquiry)[1)]와 같이 사회구성주의와 밀접하게 연결된 다른 실천 접근의 경우 일반적으로 합의된 다섯가지 원칙과 네 단계의 작업 순서를 가지면서도 모순되지 않게 보였고, 이는 청중에게 크게 어필했다(예를 들어,

1) 국내에서는 '조직 변화의 긍정 혁명'으로 번역됨. 네 단계는 발견(Discovery) → 비전 세우기(Dream) → 설계하기(Design) → 원하는 미래의 실현(Destiny)으로 구성됨.

Cooperrider & Whitney, 2001 참조). 더불어 해결중심치료에 관한 것이라고 주장은 하지만 이 접근 방식에 익숙한 사람들과 해결중심치료의 실천 공동체에서 보기에 때로는 거의 관련이 없어 보이는 연구들도 나타나기 시작했다.

1997년 브뤼셀에서 열린 특별연구위원회에서 드 세이저와 김인수를 포함한 EBTA 회원들은 해결중심치료의 실천에 중요한 것으로 간주되는 요소의 목록을 작성했다. 앞으로 출간될 연구에서 이를 사용한 경우에만 해결중심치료로 간주될 수 있는 요소였다. 드 세이저와 김인수는 이에 대한 짧은 글(de Shazer & Berg, 1997)을 발표했는데, 이는 해결중심치료를 정의하는 것에 대한 이들의 입장 표명에 가까웠다. 그들은 자신들의 접근 방식은 실천가와 내담자가 함께 하는 유용한 작업에 대한 일종의 '자연주의 탐구(naturalistic inquiry)'였음을 언급하며, 해결중심치료가 진행되고 있음을 알리는 지표 역할을 할 수 있는 치료 대화의 네 가지 특징을 나열했다. 그 특징은 다음과 같다.

1. 첫 회기의 어느 시점에서 실천가는 '기적질문'을 할 것이다.
2. 첫 회기와 후속 회기에서 적어도 한 번 이상 내담자에게 0~10 또는 1~10의 척도를 사용한 질문을 할 것이다.
3. 회기 중 어느 시점에서 실천가는 휴식을 취할 것이다.
4. 이 휴식 후에 실천가는 내담자에게 몇 가지 칭찬을 할 것이며, 때로는 (자주) 제안이나 과제(종종 '실험'이라고 함)가 뒤따를 것이다.

(de Shazer & Berg, 1997, p. 123)

여기에서 드 세이저와 김인수는 이러한 요소가 '해결중심치료가 진행되고 있음을 알 수 있는' 일종의 단서이기는 하나 좋은 치료를 수행하는 '레시피'는 아니며, 이를 수행할 수 있는 많은 방식이 있을 수 있음을 말하고자 애쓰고 있다. 그럼에도 이러한 모든 요소가 존재하지 않으면 해결중심치료가 실천되고 있지 않는 것으로 정의했다. 그들은 나아가 연구와 데이터 집계에 너무 많은 초점을 둘 때 '해결중심치료에 매우 중요한 내담자의 목표, 치료에 대한 내담자의 평가, 그리고 결국 내담자 자신의 삶을 무시'할 위험이 있을 수 있음을 경고하고자 했다(p. 124).

이 목록은 여러 면에서 흥미롭다. 드 세이저와 김인수는 치료 회기에서 실천가에 의해 시작되는 기적질문, 척도질문 등을 선택했다. 그들은 이 목록에서 이러한 질문 다음에 일어날 일에 관해서는 아무 말도 하지 않았다. 아마도 그것은 실천가의 통제 범위 내에 있지 않고 내담자의 반응에 달려 있기 때문이었을 것이다. 목록에는 이들이 처음부터 실천해 왔던 휴식 시간이 포함되었는데 이는 가족치료와 관찰팀과 함께 하는 MRI 단기치료 접근에서 계승된 것이다. 목록에서는 내담자에게 칭찬을 제공하며 (자주) 과제를 제안하는 것도 중요한 위치를 차지한다.

해결중심치료가 계속해서 발전함에 따라 이러한 요소 중 일부가 사라지기 시작하는 것을 보게 될 것이다. 또한 해결중심치료의 발전과 성장을 질문하기(question-asking)가 아닌 대화의 구축(conversation-building)으로 봄으로써 내담자의 목표, 평가, 그리고 그들의 삶이 어떻게 새로운 형태의 '해결중심치료가 진행되고 있음을 나타내는 지표'에 반영될 수 있을지 살펴볼 것이다. 이것은 이분법적인 접근이기보다는 기적질문, 척도질문 등과 같은 중요한 개입의 순간에 무슨 일이 일어나는지에 더 큰 초점을 두는 것으로 강조점이 바뀌면서 일어나는 일이다.

국가적 조직의 출현과 연결

많은 분야에서 해결중심치료의 아이디어가 계속 활용됨에 따라 어떤 단계에서는 일종의 공식적인 조직의 출현은 불가피했을 것이다. 이는 당연히 국가 차원에서 처음으로 만들어지기 시작했다. 치료의 실행에 대한 법률, 규정 및 규칙은 기존의 치료를 기반으로 채택한 규범에 따라 국가별로 설정된다. 이러한 시스템에 참여하는 것은 해결중심치료를 주류의 접근으로 전환하는 강력한 방법(때로는 유일한 방법)이다.

국가적인 해결중심치료 협회를 설립한 최초의 국가는 핀란드였다. 라트케스(Ratkes, 솔루션 및 자원 지향 방법 홍보 협회)는 1995년에 설립되었다. 명칭은 핀란드어 ratkaisukeskeinen의 약어로, 무엇인가 해결되고 있음을 표현하는 것이다. 퍼먼(Ben Furman)과 아홀라(Tapani Ahola, Mannerheim 아동 복지 연맹에서 단기치료 훈련을 주도해 옴)와 피터 선드먼(Peter Sundman)이 조직을 이끌었다. 원래 MRI 훈련을 받은 선드먼과 다른 몇몇 사람들은 1980년대 후반에 밀워키의 BFTC를 방문했고 드 세이저, 김인수와의 긴밀한 관계는 그들의 연례 워크숍과 더불어, 핀란드인과 결혼하여 BFTC 초창기부터 핀란드에서 훈련을 제공해 온 누낼리의 연례 워크숍을 통해 이어졌다.

공식 시스템의 문제점 중 하나는 이들의 요구 사항이 때때로 해결중심치료의 실천과 일치하지 않을 수 있다는 것이다. 이제 문제는 이런 식의 타협이 바람직한 것인지의 여부가 되었다. 핀란드 심리치료 시스템과 통합되기 위한 과제 중 하나는 정신역동적 실천의 가정에 기초하여 실무자가 훈련 중 장기간의 자기분석(치료)에 참여해야 한다는 요구 사항이었다. 해결중심치료자를 포함한 가족치료 그룹은 협상 과정에서 '자기치료'를 '자기탐색'으로 재협상할 수 있었다. 자기탐색은 해결중심치료자들에게 좀 더 해 볼 만한 것이었고, 퍼먼은 이에 필요한 시간을 더 줄이는 데 성공했다. 1998년 해결중심치료는 핀란드에서 공식적으로 인정받는 치료법이 되었다. 이후 많은 국가에서 유사한 행보가 이어졌고, 또 다른 분야에서도 해결중심치료에 대한 관심과 활용이 늘었다. 퍼먼은 4년간 주요 시간대에 방영된 TV쇼에 출연하며 해결중심치료로 문제를 가진 사람들을 도왔고, 이는 이 접근에 대한 핀란드인들의 인식을 높이는 데 도움이 되었다.

비슷한 방식이 다른 곳에서도 일어나기 시작했다. 각 국의 공식 시스템이 매우 다르기 때문에 이에 따른 경험도 다양했다. 독일에서는 최근까지도 심리치료는 심리학자나 의사가 실시해야 함을 법으로 규정하고 있는데, 이는 일부 사람들에게 다른 분야의 전문가가 제공하는 치료가 낮은 수준으로 간주됨을 의미했다. 영국에서는 2003년에 영국해결중심치료협회(UK Association for Solution Focused Practice)가 일종의 네트워킹 기관으로 결성되었다. 영국의 치료 및 상담 규정은 독일보다 더 유연하며, 초기에 해결중심치료의 실천을 원하는 대부분의 사람은 이미 다른 형태의 자격(가족치료, 체계적 치료)을 갖추고 있었으므로 다른 자격이나 인정이 더 필요하지 않았다.

시간이 지남에 따라 점점 더 많은 사람이 해결중심치료자/상담자로서만 실천하고 싶어 했고, 이에 관한 시스템이 발전해 왔다. 북미의 해결중심단기치료협회(Solution Focused Brief Therapy Association)는 2002년에 결성되었으며, 스웨덴, 오스트리아, 스위스, 라트비아, 인도, 한국, 호주 및 기타 지역에서도 국가 수준의 협회가 만들어졌다.

2002년에는 브리스톨 솔루션 그룹(Bristol Solutions Group)이 주최한 브리스톨 회의에서 조직 문제에 관한 해결중심치료의 실천 정보를 공유하고 구축하는 데 전념하는 SOLWorld 커뮤니티가 만들어졌다. 회원도 없고, 이사회도 없고, 계좌도 없고, 재정도 없다는 점에서 EBTA와 유사한 비조직적 형태로 고안된 이 그룹은 지금까지 훈련을 포함하여 코치, 관리자, 촉진자 및 조직 개발 분야에서 일하는 사람들을 대상으로 하는 하계 트레이닝과 콘퍼런스 등 40개 이상의 국제 행사를 주관해 왔다. 『The Solution Focus』(Jackson & McKergow, 2002), 『Brief Coaching for Lasting Solutions』(Berg & Szabo, 2005), 『The Solution Tango』(Cauffman & Dierolf, 2006) 및 『Solution-Focused Management』(Lueger & Korn, 2006)와 같은 서적들이 이 분야에서 등장한 것이다. SOLWorld 커뮤니티에는 수년간 일본에서 일련의 콘퍼런스를 조직한 아오키(Yasuteru Aoki)가 이끄는 영향력 있는 일본 그룹도 포함되어 있다.

요약이 아닌 단순화

해결중심치료를 표방하는 조직이 증가함에 따라 지금까지 알려진 많은 조직을 통합하고자 하는 움직임도 나타났다. 이는 조직이 좀 더 신뢰할 수 있게 보이고, 이미 존재하는 것을 기반으로 하며, 아마도 심리치료, 상담 및 더 넓은 원조전문분야의 세계에 더 큰 영향을 미치고자 하는 시도였다. 1990년대 초반 드 세이저의 저서들은 광범하고 혁신적이었지만, 다른 사람들이 따를 수 있는 방식과 그의 작업이 무엇인지 쉽고 명확하게 이해할 수 있는 용어로 설명되지는 않았다. 보다 일반적인 프레임워크는 1990년대 다른 사람들의 글을 통해 나타났다. 런던에서 출간된『The Brief Therapy Practice』는 해결중심치료에 대한 이해하기 쉬운 설명을 제공하고자 한 시도 중 하나이다(George, Iveson, & Ratner, 1990). 드 세이저가 쓴 이 책의 서문은 고 맥락적이어서 쉽게 요약할 수 없는 실천을 전달하려는 시도에 대한 그의 우려를 드러낸다.

> 솔직히 말해서 나는 [저자들]이 '리더스 다이제스트' 버전이나 '요리 책' 또는 (나의 최악의 악몽으로) 단기치료를 수행하는 올바른 방법에 대한 선언문을 개발했는지 두려웠습니다. 놀랍게도 나는 그들이 내 작업과 내 동료들의 작업을 '이해'했는지 여부에 대해 걱정하지 않았습니다. 결국 오해조차도 임상적으로 유용한 것으로 판명될 수 있습니다. …… 나는 저자들이 이 접근에 대해 제대로 이해하고 있다는 증거를 1장에서 발견하고 놀랐습니다. 그리고 [나머지 부분에서] 나는 그들이 제대로 이해했을 뿐만 아니라 그것을 내담자들에게 유용한 방식으로 사용할 수 있다는 것을 보았습니다. …… 그들은 내담자의 말을 경청하고 원하는 것이 무엇인지 알아냈으며, 그것을 얻을 수 있도록 돕기 위해 협력했습니다. 바로 이것이 해결중심치료의 핵심입니다.
>
> (de Shazer, in George, Iveson, & Ratner, 1990)

이 구절은 적어도 드 세이저의 눈에는 해결중심치료에 관한 깔끔한 '공식'적인 정의에 도달하는 것의 어려움을 요약한 것으로 보인다. 해결중심치료는 각 내담자와 사례의 맥락에 따라 크게 좌우되는 접근 방식이다. 실천가가 할 수 있는 일은 내담자가 말하는 내용에 따라 크게 좌우된다. 가장 중요한 것은 내담자와 협력한다는 점이므로 결과보다 방법을 우선시하는 것은 만족스럽지 않다. 이는 마치 "나는 제대로 했지만 그 접근은 효과가 없었습니다."라고 말하는 것과 같다. 이전 구절에서 드 세이저는 런던 그룹이 자신의 작업을 이해했는지 여부만이 아니라 그들의 작업 방식이 효과적이었는지에 관심을 두었다. 그에게는 그것이 가장 중요한 것이었다. 런던 그룹이 자신의 생각과 일관되게 보이는 방식으로 작업을 하고 있다는 것은 그에게는 일종의 보너스일 뿐이었다.

드 세이저의 견해는 아마도 이상적으로 모두에게 시간이 허락된다면 내담자와 함께 앉아 단기치료의 전통을 연구하고 많은 실증적 실험과 연구 후 효과적인 치료에 도달하는 데에는 수년이 걸릴 수 있다는 것이었다. 결국 그도 그렇게 했기 때문이다. 진단보다 개별 내담자에게 더 관심을 갖는 단기치료의 입장을 취하면서 드 세이저는 내담자를 분류하려는 충동에 저항하며, 검사-진단-처방의 의료 모델을 사용하여 그들을 치료하는 대신 개별적인 존재로서 그들과 협력하기 위해 대화 기술을 사용했다. 그는 또한 자신의 작업에 비슷한 접근 방식을 취하는 것을 거부했던 것으로 보인다. 즉, 그는 각 내담자의 맥락에 따른 흥미롭고 유용한 가능성을 배제할 수 있는 '요리 책'과 같은 일련의 단계로 해결중심치료를 요약하는 것에 동의하지 않았다.

해결중심치료의 '공식' 정의

드 세이저가 옹호하는 장기적 탐색과 성찰을 요하는 접근(lifetime-exploration approach)은 철학적이며, 원칙에 따른 것이지만 해결중심치료를 배우고 싶어 하는 대다수의 실무자들에게는 효율적이지도 용이하지도 않았다. 드 용과 김인수, 그리고 다른 기여자들이 함께 쓴 『Interviewing For Solutions』(1998)는 좀 더 접근하기 쉬운 방식을 제공했다. 영국에서는 오코넬(O'Connell, 1998)이 접근성 높은 교재를 발간했고, 이는 해결중심치료에 관한 석사 학위 프로그램을 시작하는 데 도움이 되었다. EBTA의 연구 코디네이터였던 맥도널드(Alasdair Macdonald)가 수집한 연구도 축적되기 시작했다(2007, 2011). 그중 대부분은 해결중심치료가 효과적임을 증명했다. 국가 차원의 해결중심조직이 자격 및 인정에 관한 자체적 요구 사항을 만들면서 널리 활용될 수 있는 프레임워크가 필요해졌다.

2007년에 비요른 요한슨(Björn Johansson)과 에바 페르손(Eva Persson)은 칼스타드 그룹(Karlstad Group)으로 알려진 회의를 주최하기 시작했으며, 다른 분야와의 연결, 연관성 및 유사점을 찾아 이 문제를 해결하고자 했다. 나는 피터 선드먼(Peter Sundman), 게일 밀러(Gale Miller), 퍼디난드 볼프(Ferdinand Wolf), 볼프강 가이스윙클러(Wolfgang Gaiswinkler), 매리앤 로슬러(Marianne Roessler) 등과 함께 이 모임에 정기적으로 참여했다. 이 작업은 시간이 지남에 따라 해결중심치료의 실천 이론에 대한 선드먼이 이끄는 EBTA의 연구 그룹으로 발전하며 수년에 걸쳐 매우 실질적인 작업을 수행했다(Sundman, 2017). 다시 한번 말하자면, 이 정의의 주요 목적은 개별 실무자가 내담자에게 할 수 있는 작업을 제한하기보다는 원활한 연구 수행을 돕고자 하는 것이었다.

실천가의 자격을 인증하려는 노력도 있었다. 드 세이저와 김인수는 이러한 형태의 전문화를 거부했지만, 사실 대부분의 해결중심실천가들은 이러한 방식으로 다른 형태의 실천 자격을 취득했다. 그러나 21세기 초부터 해결중심치료에 전문가가 되고자 하는 사람들이 뛰어들기 시작했고, 이를 달성하는 방법에 대한 다양한 견해가 제시되었다. IASTI(International Alliance of Solution-Focused Teaching Institutes)는 2008년에 결성되었으며, 기존의 전통적 모델에 따라 다양한 수준의 자격증을 취득할 수 있는 승인된 교육과정에 대한 규정을 제시한다.

어떤 사람들은 이런 종류의 프로세스가 단기서비스를 제공하고자 하는 해결중심치료의 우선순위에 실제로 적합하지 않다고 느꼈다. 또 어떤 사람들은 짧은 시간 내에 실천 방식에 능숙해진 것처럼 보였고, 다른 사람들은 수년간 공부했지만 여전히 이 접근을 '이해하지' 못하는 것처럼 보이기도 했다. 해결중심치료에 관한 컨설팅 및 훈련 품질 개발 협회(SFCT)는 2009년부터 각각의 실천을 검토할 수 있는 시스템을 구축했으며, 여기에서 후보자는 자신의 실천을 발표하고 경험이 풍부한 실천가에게 피드백을 받는 등의 과정에 참여했다. 내 생각에 이는 훈련 프로그램이라기보다는 좋은 성적을 보여 줄 수 있다면 그것으로 충분한 운전면허시험에 더 가까웠다. SFiO(Solution Focus in Organizations, 조직에서의 해결중심)도 동일한 모델을 가지고 있었다. 영국해결중심치료협회(United Kingdom Association of Solution Focused Practice)도 유사한 방식을 활용했는데 실천가들이 자신의 해결중심치료 작업의 핵심 부분을 보여 주는 한 회기를 녹화해 제출하는 방식이었다.

2011년에는 지금까지 수행된 수백 건의 연구에 대한 권위 있는 자료가 신시아 프랭클린(Cynthia Franklin)이 모았으며 옥스포드 대학교 출판사(Oxford University Press)를 통해 출간하였다(Franklin, Trepper, McCollum, & Gingerich, 2011). 이 책은 총 25개의 장으로 이루어졌으며, 가정폭력에서부터 아동, 조현병, 알코올 치료, 라이프 코칭, 학교, 아동 보호, 그리고 조직관리에 대한 장(McKergow, 2011) 등을 포함한 획기적인 저작이다.

이 책의 제2장(Trepper et al., 2011)은 '해결중심치료매뉴얼(Solution Focused Brief Therapy Treatment Manual)'을 다룬다. 이는 인준을 받은 다른 형태의 치료에 관한 매뉴얼과 의도적으로 동일한 방식으로 구성되었고, 해결중심치료가 존중적이며, 유용하고, 근거에 기반한 실천방식임을 증명하기 위해 특히 북미의 맥락에서 미국 국립정신건강연구소(National Institute of Mental Health)가 향후 연구의 반복 가능성(replicability)을 위해 요구하는 방식을 따랐다. 이 매뉴

얻은 일반적이며, 동시에 구체적으로 주요한 개입 방법을 유용하게 설명한다. 일반적인 내용은 다음과 같다.

- 긍정적이고 협력적이며 해결 중심적인 자세
- 이전의 해결책 찾기(이를 활용하고자 하는 것이지, MRI 모델처럼 이를 중단하기 위한 것이 아님)
- 예외 찾기
- 지시나 해석을 제공하기보다는 질문하기
- 과거 지향적인 질문보다는 현재와 미래 지향적인 질문을 사용하기
- 칭찬
- 효과가 있는 것을 더 많이 수행할 수 있도록 '부드러운 개입(nudging-너징)'을 활용하기

이전 장의 〈표 3-1〉에 있는 해결중심치료의 이전 두 번의 비교와 매뉴얼에 포함된 특정 개입을 비교하면 다음과 같다.

이러한 변화를 살펴보면 몇 가지 사실이 분명해진다. 우리는 더 이상 문제와 관련된 패턴을 찾는 것에 관심이 없다. 작은 목표와 기적질문에 의해 만들어진 미래에 대한 초점이 이제 더 중요한 의제가 되었다. 예외의 구축은 순서가 아래로 이동했지만 여전히 존재한다. '예외'가 의미를 갖기 위해서는 문제가 필요하다. 그런데 과연 우리가 예외를 말할 때 이것이 '무엇(문제)에 대한 예외인가?'를 물어볼 필요가 있다. 이는 다음 장에서 더 살펴볼 것이다. 휴식, 칭찬, 실험이나 과제 등이 발전했지만 여전히 회기 말미에 그대로 유지되고 있다. 우리는 다음 장의 마지막 부분에서 차세대 해결중심치료를 살피며 이 표를 다시 다룰 것이다.

표 3-1 **BFTC 생태 체계적 치료(1982년경), 초기 해결중심치료(1988년경) 및 미국해결중심단기치료협회 치료 매뉴얼(2011년)의 주요 요소 비교**

BFTC 단기가족치료 (c 1982)	해결중심치료 (c 1988)	해결중심치료 치료 매뉴얼 (2011)
실천가와 내담자를 포함한 생태계적 관점–'저항의 죽음'	고객형/불만형/방문형 관계: '문제'의 구축	동료적 · 협력적 관계 구축
컨설팅을 위한 휴식을 취함으로써 팀의 역할에 대한 시야 확대	팀과 함께 회기 종료 메시지 작성	팀(있는 경우)과 함께 회기 종료 메시지 작성
시작을 위해 문제없는 대화 나누기	시작을 위해 문제없는 대화 나누기	회기 전 변화, 해결중심 목표 구축(작고, 해결이 나타나 있는)
문제 발생의 주변 패턴을 탐색하고 개입할 수 있는 잠재적 지점 식별하기	예외에 대한 구체적이고 자세한 정보를 수집하고, 있다면 무엇이 효과가 있는지 탐색하기	기적질문
문제와 관련된 패턴에 관한 구체적이고 자세한 정보를 수집하기	작은 목표 설정. 예외가 없는 경우 가상의 해결책과 더 나은 미래에 대해 이야기하기	척도질문, 예외 구축, 대처질문(필요한 경우)
휴식	휴식	휴식
칭찬	칭찬	칭찬
개입: (아마도) 첫 회기 과제 공식	개입: 효과가 있는 것(또는 효과가 있을 수 있는 가장 쉬운 것)을 더 많이 수행하기	실험 및 과제 부여

주요 요점

- 해결중심치료는 밀워키에 뿌리를 두고 공식 조직이 아닌 '게릴라 운동'에 더 가까운 형태로 빠르게 확산되었다.
- 이 실천 접근은 다른 그룹에 의해 더욱 발전되었으며, 원조 전문직, 학교,

코칭, 조직 관리 및 기타 여러 다양한 분야로 확산되었다.

- 드 세이저와 김인수는 공식적인 리더십의 역할을 맡기보다 해결중심치료 실천 공동체 간의 교류, 상호 학습 및 책임 공유의 메커니즘을 더 장려했다.
- 1990년대 중반부터 미래와 기적질문, 척도의 활용에 더 초점을 둔 보다 안정된 실천형태가 자리를 잡았다.
- 지난 수년간 해결중심치료의 실천가를 인증하는 다양한 접근 방식이 있었지만 그중 어느 것도 현장에서 완전히 수용되지는 못했다.
- '치료 매뉴얼'은 해결중심치료에 관한 권위 있는 진술이며, 이는 개발자들의 사망 이후 구체화되었고, 해결중심치료의 발전은 이후에도 계속되고 있다.

참고문헌

Berg, I. K. (1994). *Family Based Services: A Solution-Focused Approach*. New York, NY: W. W. Norton.

Berg, I. K., & Miller, S. (1992). *Working with the Problem Drinker: A Solution-Focused Approach*. New York, NY: W. W. Norton.

Berg, I. K., & Szabo, P. (2005). *Brief Coaching for Lasting Solutions*. New York, NY: W. W. Norton.

Burns, K. (2016). *Focus on Solutions: A Health Professional's Guide* (2nd rev. ed.). London: Solutions Books.

Cauffman, L., & Dierolf, K. (2006). *The Solution Tango: Seven Simple Steps to Solutions in Management*. London: Marshall Cavendish.

Cooperrider, D. L., & Whitney, D. (2001). A positive revolution in change. In D. L. Cooperrider, P. Sorenson, D. Whitney, & T. Yeager (Eds.), *Appreciative Inquiry: An Emerging Direction for Organization Development* (pp. 9-29).

Champaign, IL: Stipes.

De Jong, P., & Berg, I. K. (1998). *Interviewing for Solutions*. Pacific Grove, CA: Brooks/Cole.

de Shazer, S. (1991). *Putting Difference to Work*. New York, NY: W. W. Norton.

de Shazer, S. (1994). *Words Were Originally Magic*. New York, NY: W. W. Norton.

de Shazer, S., & Berg, I. K. (1992). Doing therapy: A post-structural revision. *Journal of Marital and Family Therapy*, *18*(1), 71-81.

de Shazer, S., & Berg, I. K. (1997). What works? Remarks on research aspects of Solution-focused brief therapy. *Journal of Family Therapy*, *19*, 121-124.

de Shazer, S., Dolan, Y., Korman, H., McCollum, E., Trepper, T., & Berg, I. K. (2007). *More Than Miracles: The State of the Art of Solution-Focused Brief Therapy*. Philadelphia, PA: Haworth Press.

Dolan, Y. (1991). *Resolving Sexual Abuse: Solution-Focused Therapy and Ericksonian Hypnosis for Adult Survivors*. New York, NY: W. W. Norton.

Duncan, B. L., Miller, S. D., & Sparks, J. A. (2011). *The Heroic Client: A Revolutionary Way to Improve Effectiveness Through Client-Directed, Outcome-Informed Therapy* (2nd ed.). Hoboken, NJ: John Wiley.

Durrant, M. (1995). *Creative Strategies for School Problems: Solutions for Psychologists and Teachers*. New York, NY: W. W. Norton.

Franklin, C., Trepper, T. S., McCollum, E. E., & Gingerich, W. J. (2011). *Solution-Focused Brief Therapy: A Handbook of Evidence-Based Practice*. Oxford: Oxford University Press.

Furman, B., & Ahola, T. (1992). *Solution Talk: Hosting Therapeutic Conversations*. New York, NY: W. W. Norton.

George, E., Iveson, C., & Ratner, H. (1990). *Problem to Solution: Brief Therapy with Individuals and Families*. London: BT Press.

Isebaert, L., & Klingenstierna, C. (2012). *A Brief History of EBTA*. Retrieved from http://blog.ebta.nu/about-us/history.

Iveson, C. (1990). *Whose Life? Working with Older People*. London: BT Press.

Jackson, P. Z., & McKergow, M. (2002). *The Solutions Focus: The SIMPLE Way to*

Positive Change (2nd ed.). London: Nicholas Brealey Publishing.

Korman, H. (2020). Private communication.

Lethem, J. (1994). *Moved to Tears, Moved to Action: Solution Focused Brief Therapy with Women and Children* . London: BT Press.

Lueger, G., & Korn, H. P. (2006). *Solution Focused Management*. Augsberg, Germany: Rainer Hampp Verlag.

Macdonald, A. (2007). *Solution-Focused Therapy: Theory, Research and Practice* (2nd ed., 2011). London: Sage Publications.

Macdonald, A. (2020). Private communication.

McKergow, M. (2009). Interview with Gale Miller: The man behind the mirror behind the mirror at BFTC. *InterAction*, *1*(1), 78-87.

McKergow, M. (2011). Solution-focused approaches in management. In C. Franklin, T. S. Trepper, W. J. Gingerich, & E. E. McCollum (Eds.), *Solution-Focused Brief Therapy: A Handbook of Evidence-Based Practice* (pp. 327-341). Oxford: Oxford University Press.

Metcalf, L. (1996). *Parenting towards Solutions: Positive Techniques to Help Parents Use the Skills They Already Have to Raise Responsible, Loving Kids*. Upper Saddle River, NJ: Prentice Hall.

Miller, G., & de Shazer, S. (1998). Have you heard the latest rumor about ...? Solution-focused therapy as a rumor. *Family Process*, *37*, 363-377.

O'Connell, B. (1998). *Solution Focused Therapy* (2nd ed., 2005 & 3rd ed., 2012). London: Sage Publications.

O'Hanlon, W., & Wiener-Davis, M. (1989). *In Search of Solutions: A New Direction in Psychotherapy*. New York, NY: W. W. Norton.

Rhodes, J., & Ajmal, Y. (1995). *Solution Focused Thinking in Schools: Behaviour, Reading and Organisation*. London: BT Press.

Sundman, P. (2017). *Introduction to EBTA Practice Definition*. Retrieved from http://blog.ebta.nu/the-solution-focused-modell.

Trepper, T. S., McCollum, E. E., De Jong, P., Korman, H., Gingerich, W. J., & Franklin, C. (2011). Solution-focused brief therapy treatment manual. In C.

Franklin, T. S. Trepper, W. J. Gingerich, & E. E. McCollum (Eds.), *Solution-Focused Brief Therapy: A Handbook of Evidence-Based Practice* (pp. 20-38). Oxford: Oxford University Press.

Turnell, A., & Edwards, S. (1999). *Signs of Safety: A Solution and Safety Oriented Approach to Child Protection*. New York, NY: W. W. Norton.

Wiener-Davis, M. (1993). *Divorce Busting: A Revolutionary and Rapid Program for Staying Together*. Upper Saddle River, NJ: Prentice Hall.

Wolf, F. (2015). Three episodes with Steve de Shazer: Personal and professional. In M. Vogt, F. Wolf, P. Sundman, & H. N. Dreesen (Eds.), *Encounters with Steve de Shazer and Insoo Kim Berg: Inside Stories of Solution-Focused Brief Therapy* (pp. 183-186). London: Solutions Books.

제2부 | 상세한 묘사의 구축과 내담자의 세계 확장

The Next Generation of Solution Focused Practice

제4장

차세대 해결중심치료의 진화

이 장에서는 21세기에 일어난 해결중심치료의 발전을 살펴본다. 이것은 점진적인 변화이며, 강조점의 전환과 역사적 기반을 바탕으로 한 이야기이다. 내 생각에는 그 결과로 1980년대와 1990년대의 해결중심치료와 근본적인 차이가 있는 '무엇인가'가 등장한 것으로 보인다. 이 책은 그 연결성을 보여 주고, 우리가 지금 알고 있는 것이 어떻게 미래에 더 많은 발전을 위한 문을 열 수 있을지 설명하는 것이다.

나는 「해결중심치료 2.0」(McKergow, 2016)이라는 제목의 논문에서 실제로 이러한 변화를 다룬 적이 있으며, 명확성을 위해 해결중심치료의 원 실천 형태와 변화된 방식을 비교했다. 이때 논문의 목적에 따라 나는 원 형태를 해결중심치료 1.0으로 지칭했다. 많은 사람이 명쾌하고 간결한 설명을 위한 나의 노력을 높게 평가하기도 했지만, 또 일부는 이를 소프트웨어의 업그레이드와 비교하며 불쾌하게 여겼고, 내가 드 세이저 등에 의해 개발된 해결중심치료를 역사의 뒤안길로 버리려 한다고 말하기도 했다. 그렇지만 그것은 내가 목표한 바가 아니었다.

이 책이 제공하는 더 넓은 범위의 논의를 통해 나는 지난 반세기 동안 진행된 실천의 진화와 발전을 보여 주고, 이것이 불연속적인 과정이 아닌 점진적인 변화의 과정이었음을 성공적으로 보여 주길 희망한다. 이러한 후기의 발전은 드 세이저와 김인수 및 기타 주요 해결중심치료자들의 실천 과정에 이미 예고된 것이었다. 이제 우리가 어디에 있는지, 어디로 향하고 있는지를 살펴볼 순간이다. 우리가 하는 일에 대한 더 명확한 설명과 그것이 어떻게 작동하는지에 대한 더 나은 이해는 비록 몇 걸음 나아가는 것일지라도 미래 세대에 도움이 될 것이다.

개입으로서의 대화

오랫동안 해결중심치료자들은 치료적 대화가 내담자에게 어떻게 도움이 되는지에 대해 말하는 것에 어려움을 겪었다. 이에 대해서는『Problem To Solution』(George, Iveson, & Ratner, 1999, p 22)의 개정판에 잘 요약되어 있다. 이 책의 저자들은 해결중심치료에 대한 자신들의 지난 10년간의 경험을 돌아보며 특히 인상적이었던 한 소년과의 인터뷰를 소개했다. 소년은 상담이 자신에게 무엇을 해야 할지 알려 주기 위한 정보를 수집하는 것인지, 아니면 질문과 답변으로 이어지는 그 과정 자체인지에 대해 궁금해했다. 저자들은 이 질문에 명시적인 답변을 하지 않았지만 드 세이저의 실천에서도 점차 과제와 대화 과정을 거의 구분할 수 없을 정도가 되었음을 언급한 바 있다. 즉, 초기 해결중심치료에 비해 과제의 중요성이 점차 적어지고 있음을 돌려 말한 것이다. 이미 20세기 말의 시점에서도 이들은 이러한 변화의 방향이 어디로 향하는 것인지 궁금해했다.

> 과제가 중요해질 때 실천가의 생각, 견해, 행동은 더욱 지배적으로 된다. 이것(과제를 중요시하는 것)이 잘못된 치료를 초래하지는 않을지라도 결국

단일 모델 내에서 (실천가 간) 제한할 수 없는 수준의 차이로 이어질 것이다.

(George, Iveson, & Ratner, 1999, p. 22)

이들의 실천은 그들의 의견에 동조하는 점점 더 많은 사람과 함께 이후 20년에 걸쳐 계속해서 발전해 왔다. 과제의 중요성을 덜어 내려 노력하면서 그들은 해결중심치료의 실천을 성찰할 수 있는 문을 열었다. 어떤 사람들은 이것을 재고할 볼 가치가 없다고 보며 드 세이저와 김인수의 실천 방식을 고수하며 유지하고 싶어 한다. 반면, 다른 실천가들도 있는데 이들은 개방적인 자세로 때로 실천 방식의 차이에 관한 어려운 대화가 조화로운 실천 공동체를 만들 수 있는 방식이라고 생각한다. 해결중심치료의 실천을 성찰하는 것이 바로 이 책의 주제이며, 이는 차세대 해결중심치료의 실천 방향이다.

묘사에 초점을 둔 발전

성찰의 기능 중 하나는 실천가가 무엇을 하고자 하는지를 명확하게 하는 것이다. 차세대 해결중심치료의 특징은 내담자가 자신의 최선의 희망(best hopes)이나 프로젝트(목표)와 연결되는 미래, 현재, 그리고 과거의 삶의 장면을 자세히 묘사(표현 또는 기술)할 수 있도록 돕는 것이다.

지난 반세기 동안 이 분야에서 있었던 발전과 마찬가지로 단기치료 내에서도 이러한 진화가 있었는데 이를 알 수 있는 단서가 바로 이 장의 제목에 있다. MRI 단기치료를 알린 「Brief Therapy: Focused Problem Resolution」(Weakland, Fisch, Watzlawick, & Bodin, 1974)과 해결중심치료의 탄생을 알린 「Brief Therapy: Focused Solution Development」(de Shazer et al., 1986) 이후 아이브슨(Chris Iveson)과 나는 「Brief Therapy: Focused Description Development」(Iveson & McKergow, 2016)를 발표했다. 이 연구에서 우리는 새

로운 종류의 실천이 탄생했음을 알렸으며, 해결중심치료의 실천을 재편하며 기존 요소 중 상당 부분을 새로운 방식으로 볼 수 있었다. 이러한 실천에서는 다른 요소와 더불어 과제의 중요성은 상당히 줄었다. 이러한 재편은 다음과 같은 여러 가지 잠재적인 이점을 제공할 수 있다.

- 실천가가 내담자로부터 무엇을 듣고 있는지, 그리고 어떻게 반응할 것인지에 대한 더 높은 명확성을 제공함.
- 실천가가 무엇을 목표로 하는지에 관한 더 높은 명확성을 제공함으로써 이제 이들은 어떤 개입을 제공해야 하는지 또는 내담자와 그들의 상황을 '이해'해야만 한다는 걱정 없이 내담자의 이야기를 경청할 수 있게 됨.
- 실천가의 역할에 대한 명확성—그들이 무엇을 하지 않고 있는지가 아니라 무엇을 하고 있는지에 대한 더 높은 명확성을 제공함.
- '해결중심치료의 이론'에서 이해하기 어려운 부분에 대한 좀 더 나은 설명을 제공함.

우리가 앞으로 보게 되겠지만, '집중적이고 상세한 묘사의 구축'은 내담자가 미래에 알아차릴 것, 현재 알아차린 것, 과거에 알아차렸던 것에 관한 대화를 기반으로 한다. 여기에는 내담자 자신과 주변 사람들이 포함된 환경에서의 거의 모든 경험이 포함된다. 이는 단순히 내담자가 무엇을 할 수 있는지에 관한 것이 아니라, 내담자의 삶의 맥락에서 이제 행동으로 옮길 시간이 되었음을 암시하는 것이 무엇인지에 관한 대화이다. 지금까지 인간의 인식과 행동에 관한 우리의 이해는 매우 모호했다. 다음 장에서 더 살펴보겠지만 상세한 묘사의 구축은 인지과정을 활성화시키고 이를 행동으로 옮기는 것에 도움이 되는 관점을 제공한다.

문제와의 결별

해결중심실천가들은 사람들의 문제를 진단하거나 사정하지 않고 어떻게 진전을 만들 수 있는지에 항상 관심을 가져 왔다. 실제로 이는 이 분야를 정의하는 가장 중요한 특징으로 볼 수 있다. 그러나 해결중심치료가 발전하며 동시에 '문제'의 존재 또한 매우 완고함이 입증되었다. 만일 '예외'가 중요하다면 우리는 즉각적으로 '무엇에 대한 예외일까?'라는 질문을 떠올린다. 예외라는 단어는 문제를 배경에 숨김으로써 이를 훨씬 덜 중요하게 만들지만 여전히 필요해 보인다. 『Putting Difference to Work』(de Shazer, 1991)에서 드 세이저는 문제라는 개념을 완전히 제거하려고 노력했지만 성공하지 못했다. 대신에 하이데거와 데리다의 스타일로 계속해서 문제에 줄을 그어 ~~문제(problem)~~라고 쓰며 이 단어가 '해결'과 무관함을 표현하고자 했다.

내담자의 문제를 알 필요조차 없다는 인식은 그다음의 발전 과정에서 나온 것으로 이는 월터와 펠러(Walter & Peller, 1992), 코만과 소더퀴스트(Korman & Soderquist, 1994)의 작업을 포함한 여러 출처에서 등장한다. 런던에서는 아이브슨과 그의 BRIEF 동료들이 문제에 관한 설명을 이끄는 '무엇 때문에 여기에 오시게 되었나요?'라는 질문 대신 내담자가 상담의 성과에 대해 생각하도록 하는 '여기에 오시며 바라는 최선의 희망은 무엇인가요?'라는 질문을 하기 시작했다(George, Iveson, & Ratner, 1999). 물론, 이러한 질문에 대해 여전히 많은 내담자가 문제를 설명하고자 하지만, 이 질문을 통해 적어도 내담자는 문제를 설명해야만 하는 필요에서 해방되었다.

해결중심치료의 실천에서 가상적 미래의 위치–끝에서 처음으로

드 세이저(de Shazer, 1988)는 저서 『Clues: Investigating Solutions in Brief Therapy』에서 '가상적 해결의 구축'보다 예외의 탐색을 더 우선시한다. 그러나 미래의 해결에 대한 구체적이고 자세한 묘사를 얻는 데 초점을 두기 시작하는 변화도 관찰할 수 있다. 드 세이저는 다음과 같이 말했다.

> 가상적 해결에 대한 내담자의 묘사에 예외와 마찬가지로 과제로 제공될 수 있을 만큼 충분히 행동적인 세부 정보(예: 구체적이고 특정한 목표)가 포함되어 있다면 이를 바로 과제로 제안할 수 있다.
>
> (p. 96)

여기서 우리는 과거(예외)와 미래(가상적 해결) 사이의 구분이 모호해지고 있음을 볼 수 있다. 드 세이저는 미래에 관한 하나 이상의 잠재적 측면이 과제로 제시될 경우 내담자는 가장 쉽고, 작고, 하기 쉬운 것을 실험적으로 수행해 보도록 하는 과제를 요청할 수 있다고 말했다.

여기서 우리는 기적질문의 첫 출판 형식을 볼 수 있다.

> 한 번 가정해 보세요. 어느 날 밤, 당신이 자고 있는 동안 기적이 일어나서 이 문제가 해결되었습니다. 당신은 어떻게 알 수 있을까요? 무엇이 다를까요? 그 사실을 남편에게 말하지 않고 당신의 남편은 그것에 대해 어떻게 알 수 있을까요?
>
> (p. 5)

이는 '기분이 나아짐'이나 기타 포괄적이고 불특정한 소망보다 더 구체적이고 특정한 목표를 내담자와 함께 설정하는 데 도움이 되는 방식으로 볼 수 있다. 드 세이저는 이것이 예외의 중요성을 인정하며 동시에 내담자와 이전에 논의했던 문제를 재평가하여 기적질문에 대한 답변과 더 일치하도록 만드는 데 유용하다고 말했다.

1991년 드 세이저의 다음 저서인 『Putting Difference to Work』가 나올 무렵에는 기적질문이 BFTC의 표준적인 실천의 일부로 통합되어 있었다.

> 다음 날 아침에 기적이 일어났음을 알 수 있을 때 당신은 무엇이 달라졌다는 것을 알 수 있을까요? 당신의 배우자는 무엇을 알아차릴까요?
>
> (p. 113)

드 세이저는 이 질문의 두 번째 부분이 가구를 새로 바꾸는 것을 상상하는 것보다 조금 더 어려운 정도라고 말했다. 일단 질문이 상호작용적으로 변하면, 당신이 어떤 종류의 가구(예: 의자)를 구입했는지 다른 사람이 상상하는 장면을 생각해 보도록 요청하는 것과 유사하다. 그는 또한 기적이 내담자가 자신의 구조적 · 인과적 가정을 우회할 수 있도록 돕는 프레임워크로서 작용할 수 있음에 대해서도 처음으로 언급했다. 내담자는 과정이 아닌 오직 결과만 상상하면 되는 것이다. 이를 통해 이전에 문제가 없었던 경험을 대화에 더 많이 포함할 수 있었으며, 이는 더 이상 단순히 불만을 제거하는 것이 아니게 되었다.

왜 하필 기적인가

기적질문의 기원은 『Interviewing For Solutions』(De Jong & Berg, 1998)의 초판에 다음과 같이 설명되어 있다. 김인수는 통제 불능의 자녀, 음주 문제로 실직을 앞둔 남편 등 많은 어려움을 겪고 있어 단 하루도 더는 감당할 수 없을 것 같은 '세상의 무게에 짓눌려 있는 듯한' 여성을 상담했다. 김인수는 당시 BFTC의 표준적인 실천 관행으로 내담자가 실천가와 함께 하는 시간이 도움이 되기 위해 어떤 일이 일어나야 할 필요가 있는지에 대해 물었다. 내담자는 긴 한숨을 쉬며 문제가 너무 많아 오직 기적만이 도움이 될 수 있을 것이라고 말했다. 김인수는 언제나 내담자의 언어에 깊은 주의를 기울였으며, 물론 이때에도 내담자가 사용한 기적이라는 단어에 초점을 맞추었다.

> 좋아요, 그러면 기적이 일어나서 당신을 여기에 오게 만든 그 문제가 다 해결되었다고 가정해 보세요. 당신의 삶에서 무엇이 달라질까요?
>
> (p. 77)

김인수는 놀랍게도, 삶의 무게에 압도당하고 더 이상 살아갈 수 없어 보이던 내담자가 자녀와 남편, 그리고 무엇보다도 자신을 위한 다른 삶에 대한 비전을 묘사하기 시작하는 것을 보았다. '저는 더 많은 에너지를 갖고, 더 많이 웃고, 더 차분하게 아이들과 함께 살아갈 겁니다…….'와 같은 말이 이어졌다. 이는 기적이기도 했지만 내담자가 해 볼 만한 목표이기도 했다.

이 특정 요소는 이제 외부인들의 눈에 해결중심치료를 대표하는 요소가 되었다. 이 질문은 매우 독특하고 기억에 남기 때문에 다른 배경의 실천가들이 가장 먼저 알아차리는 경우가 많았다. 실제로 드 세이저와 김인수의 사망 이후 출간된 저서에서는 해결중심치료에 다른 요소들도 있음을 강조하기 위해 『More Than Miracles』(de Shazer et al., 2007)라는 제목이 붙기도 했다. 무엇이 이 질문을 그렇게 유용한 기법으로 만들었을까?

미래 초점

기적질문은 아주 분명히 미래에 관한 것이다. 뿐만 아니라, '더 나은'(better)

또는 '선호하는'(preferred) 미래에 관한 것이기도 하다. 적어도 문제가 있는 과거에 대한 탐색과, 삶에 어떤 진전이 있으려면 정신장애의 보이지 않는 원인에 대한 논의가 반드시 필요한 것으로 간주되었던 당대의 일반적인 치료 맥락에서는 이것만으로도 특이한 상담 과정으로 보일 수 있다. 미래에 대한 초점은 많은 가정, 특히 내담자는 장애를 가지고 있으며, 의미 있는 진전을 이루기 위해서는 그것이 반드시 중단되거나 치료되어야 한다는 가정을 깨는 것이었다.

대신 미래를 전망하는 것은 내담자를 삶의 주체로서 자신과 주변 상황에 영향을 미칠 수 있는 그들의 능력에 관심을 갖는 것이다. 흥미롭게도 기적질문의 개발과 거의 동시에 신경 언어 프로그래밍(NLP) 및 시각화를 포함한 여러 다른 접근에서도 미래에 초점을 둔 기법이 개발되었다. NLP는 미래의 매우 구체적인 목표 설정에 초점을 맞추는 경향이 있고(예: Knight, 2010 참조), 좀 더 친절한 방식으로 쓰인 디나 글루버만(Dina Glouberman)의 저서『Life Choices and Life Changes Through Image work』(1989)는 당시 나를 포함하여 많은 사람에게 도움을 주기도 했다. 그러나 기적질문은 단순히 미래를 향해 방향을 바꾸는 것 이상으로 미래에 초점을 맞추는 특별한 형태의 질문이다.

기적질문은 무엇을 위한 것인가

기적질문이 유용한 대화로 이어진다는 것은 현장에서 그 질문이 지속적으로 중요하게 활용된다는 점에서 확인할 수 있다. 기적질문은 유용하다. 그렇지만 왜 그런 것인지에 대한 논의는 그동안 많지 않았다. 그동안 기적질문을 하는 다양한 목적이 있었고, 이는 상당히 확고한 근거로 시작했으나 점점 모호해진 경향이 있다. 이 책이 다루고 있는 전환에서는 기존의 설명과 다소 다르지만 이 질문의 목적이 다시 더욱 명확해지는 방법이 될 수 있을 것이라 믿는다.

준비 또는 행동?

1988년에 등장한 기적질문은 내담자의 문제나 불평에 대한 명확한 예외가 없는 상황에서 내담자의 목표를 분명히 하는 데 도움이 되도록 고안되었다. 그러나 이 질문과 연결된 대화가 모든 내담자에게 잠재적으로 유용한 과정임에도 불구하고 여전히 이러한 설명이 기적질문을 하는 근거로 제시되고 있다. 실제로 맥도널드(Macdonald, 2011)는 비엔나에서 활동하는 볼프(Ferdinand Wolf)와 동료들의 연구를 인용하여 내담자가 기적질문에 대해 어떤 대답이라도 할 수 있을 때 치료가 더 긍정적일 가능성이 높아짐을 보여 주었다(p. 22). 2007년까지 드 세이저와 동료들은 기적질문을 하는 네 가지 이유를 아래와 같이 제시하고 있었다(pp. 40-41).

1. 이는 치료 목표를 설정하는 한 가지 방법이며, 이를 수행하는 여러 가지 방법이 존재할 수 있고, 이는 연습을 통해 좀 더 정교화될 수 있다.
2. 기적질문은 정서적이며 '가상의 시각적' 경험일 수 있다. 전부는 아닐지라도 일부 회기에서 내담자는 마치 기적이 일어난 다음 날을 경험하는 것처럼 행동한다.
3. 예외의 등장에 대한 대비이기도 하다. 기적대화에서 구축된 세부적인 내용은 내담자가 과거에 그러한 것 중 작은 부분을 알아차릴 수 있도록 준비시키는 데 도움이 될 수 있다.
4. 더 나은 이야기를 만드는 과정의 일부로 기능한다. 내담자는 상황이 점점 더 나빠지는 '퇴보적(digressive)' 이야기를 가지고 상담에 오는 경우가 많다. 기적대화는 내담자의 경험과 연결될 수 있으며, 이는 삶이 어떻게 나아질 수 있는지(그리고 어쩌면 이미 나아지고 있는지)에 대한 이야기의 출발점이 된다.

위의 이유 중 1번과 3번은 전형적인 해결중심치료의 일부이다. 기적대화는 내담자의 과거 경험과 연결되어 구축되고 확장되며, 실제로 생길 수 있는 변화를 준비하는 과정의 일부이다. 그러나 2번와 4번은 기적대화가 무엇에 대한 준비가 아니라 그 자체로 중요한 작업이 시작되는 다른 길임을 보여 주는 신호이다. 세부적이고 상호작용적인 용어로 더 나은 미래를 상상하는 이 대화는 그 자체로 회기 내에서 바로 내담자를 위한 잠재적이고 실제적인 변화를 구축한다.

나는 해결중심 코치, 촉진자, 그리고 여러 다른 역할을 통해 실천가를 위한 교육 과정을 수년간 운영하면서 이를 점진적으로 깨닫게 되었다. 단기의 집중적인 훈련을 제공하며 나는 기적질문을 한 후 10분 동안 답변을 확장해 나가는 교육 활동을 개발했다. 사람들에게 '역할극'을 강요하기보다는 자신의 삶에서 개선하고 싶은 점을 주제로 선택할 수 있도록 제안하고, 이 짧은 대화를 통해서도 많은 사람이 척도나 예외, 그리고 칭찬이나 다른 어떤 기법 없이도 새로운 아이디어와 가능성을 떠올리는 것을 발견했다.

아하! 또는 점진적 대화

나는 변화와 관련된 이러한 아이디어가 일반적으로 번쩍이는 영감, 또는 '아하'의 순간처럼 갑자기 찾아오는 것이 아니라는 사실도 발견했다. 오히려 이러한 변화는 점차적으로 일어나는 것이어서 대화가 끝날 때쯤 내담자의 느낌이 달라지고 생각도 많아지지만 이러한 변화가 실제로 언제, 어떻게 일어났는지 잘 알 수는 없었다. 그것은 마치 석회암에 지하수가 스며들어 떨어지며 종유석이 형성되는 것과도 같다. 대화를 나눈 후에 확실히 무언가 새로운 것이 만들어졌지만 누구도 의도적으로 정해진 순서를 따른 것은 아니었으며, 오히려 그것은 대화를 나누는 동안 갑자기 나타난 것처럼 보였다.

예외에서 예시(인스턴스)로의 변화

'문제에 대한 예외'의 중요성은 드 세이저와 김인수가 이끄는 밀워키의 BFTC에서 발견한 해결중심치료 퍼즐의 초기 조각이었다. 문제가 발생했을 때 '규칙에 대한 예외'가 있을 수 있다는 개념은 드 세이저의 저서 『Keys To Solution in Brief Therapy』(de Shazer, 1985)에 처음 등장했으며, 이는 해결중심치료의 발전에 결정적인 순간이 되었다. 드 세이저, 김인수, 그리고 동료들이 구축하고자 했던 MRI에 기초한 단기치료에서는 새롭고 더 유용한 행동이 나타날 수 있도록 하기 위해 문제 패턴을 중단시킬 필요가 있다고 보았다. BFTC팀은 내담자가 문제에 대한 패턴을 중단하지 않은 채 이미 예외를 가질 수 있고 회기에서 이를 언급할 수도 있다는 사실을 알게 되었고, 이는 문제중심의 단계를 뛰어넘어 '더 나은(better) 상태'에 대한 논의로 들어갈 수 있는 문을 열었다.

처음에 이러한 예외는 현재의 문제 상황을 극복할 수 있도록 어떤 방식으로든 잠재적으로 반복되거나 다시 사용될 수 있는 과거의 사건으로서 이들 작업의 핵심이었다. 『Clues』에서 드 세이저(1988)는 내담자가 의도적으로 만든 예외(deliberate exceptions)와 내담자의 의도적 노력 없이 발생하는 것처럼 보이는 우연한 예외(spontaneous exceptions)를 구별했다. 의도적 예외는 치료 회기에서 내담자가 그것을 어떻게 만들어 냈는지 탐색할 수 있고 따라서 미래에 의도적으로 유사한 예를 더 많이 구축하기 위한 조치를 취할 수 있기 때문에 특히 유용하다고 여겼다. 우연한 예외는 더 많은 숙고가 필요했기 때문에 실천가와 내담자는 일반적인 문제와 우연한 예외 사이의 차이점을 정밀하게 탐색했는데, 이는 주로 내담자가 앞으로 이러한 순간이 언제 발생할 것 같은지 예측할 수 있는 과제로 연결되었다.

그러나 과거의 예외에 대한 초점은 최근 수년간 미래를 우선해서 바라보는 실천을 통해 해결중심치료 내에서 주요했던 입지를 잃었다. 예외가 의미 있으려면 항상 '무엇(문제)에 대한 예외인가?'라는 질문이 따를 수밖에 없으며, 이는 문제를 다시 전면으로 부각시키는 역할을 했다. 많은 실천가가 이 문제를 다양한 방식으로 해결하고자 노력했다. 한 예로, 런던의 BRIEF 그룹은 문제에 대한 예외가 아니라 '기적이 일어났던 때'에 대해 말하기 시작했다(George, Iveson, & Ratner, 1999). 이후 이들은 이를 '예시(instances-예시, 인스턴스)'라는 좀 더 우아한 용어로 표현하기 시작했다(Iveson, George, & Ratner, 2011). 잭슨과 맥커고우(Jackson & McKergow, 2002)는 '카운터(counters)'라는 용어를 쓰기도 했다. 이들 또한 강점의 증거, 도움이 되었던 협력과 기타 낙관적인 근거를 포함한 과거의 유용한 요소를 포함시키고자 했다.

예시는 예외보다 더 초점적인 개념(focused concept)이다. 예외는 '문제가 발생할 수도 있었지만 그렇지 않았던 때'를 말하고, 예시는 '바라는 것과 연결된 상태'를 의미한다. 물론 이들 사이에는 중복되는 부분이 있다. 다만 예외에는 문제가 필요하지만, 예시는 미래에 대한 묘사나 적어도 이를 정의하고자 하는 희망을 말한다. 예외에 비해 더 해결중심치료의 철학에 가까운 개념이라고 할 수 있다. 예시는 유용한 사건과 행동뿐만 아니라 강점의 활용, 도움이 되는 인식과 기술, 다른 사람들과의 협력과 상황 인식('그것을 했어야 한다는 것을 어떻게 알았나요?') 사이의 흥미로운 차이를 발견할 수 있는 훌륭한 방법이다.

(상세한) 묘사의 구축

해결중심치료를 묘사의 구축 과정으로 보는 견해는 2000년대에 들어서 더욱 성장했다. 그 가능성에 대한 명확한 설명은 가이 셰넌(Guy Shennan)과 크리스 아이브슨(Chris Iveson)의 『From Solution to Description』(Shennan & Iveson, 2011)에 나오며, 이는 다소 아이러니하게도 이전 장에서 설명한 『치료 매뉴얼』과 같은 책에 등장한다(Trepper et al., 2011). 저자는 이러한 형태의 묘사를 구축하는 치료가 평균적으로 각 내담자에 대한 치료 기간을 약 한 회기를 줄여 기간을 더욱 단축시킨다는 것을 보여 주는 초기 연구를 언급하였다. 그들은 또한 이러한 작은 규모의 초기 연구가 확장될 필요성을 언급했는데, 나는 이 책이 그러한 연구 중 하나가 되기를 바란다.

이러한 관점에서 해결중심치료의 실천에는 세 가지 핵심 요소가 있다. 묘사를 구축하기 위해서 해당 묘사가 무엇에 관한 것인지 어느 정도 알아야 할 필요가 있다. 문제에 관한 설명은 견인의 역할 이외에는 도움이 되지 않기 때문에 묘사의 구축을 위해서는 내담자가 원하는 것이 무엇인지에 관해 알아야만 한다. 이는 '어떤 경험을 했는가?'가 아니라 '어떻게 살고 싶은가?'에 관한 것이다. 이 세 가지 요소는 모든 내담자가, 비록 비자발적일지라도, 상담에 참여할 타당한 이유, 즉 원하는 결과(desired outcome)가 있다는 가정에 기초한다.

1. 우리가 함께하는 공동 작업(만남)에서 바라는 최선의 희망은 무엇입니까? [이를 '계약'이라고 할 수 있는데, 잭슨과 맥커고우(Jackson & McKergow, 2002)는 이를 '플랫폼'이라 칭했고, 코만은 '공통 프로젝트(Common Project)'로 명했다(Korman, 2004)].
2. 이러한 희망이 실현되고 있다는 것을 어떻게 알 수 있습니까? (내담자가 원하는 미래)
3. 당신의 희망이 실현되는 데 도움이 될 수 있도록 이미 하고 있는 것은 무엇인가요? (과거와 현재에서 선호하는 미래가 나타났던 경험)

이러한 질문에는 여러 형태가 있지만 공통점은 묘사에 관한 초점이며, 결과적으로 오직 묘사뿐이다. 즉, 원하는 결과에 대한 광범한 묘사, 상세한 묘사(이것은 아마도 기적질문으로 시작될 것), 그리고 희망하는 미래가 일어났던 과거와 현재 일어나고 있는 예시에 대한 묘사이며 이는 흔히 척도로 표현되기도 한다.

상세한 정보 더하기

묘사의 구축으로 우리의 관심을 전환하며 얻을 수 있는 성과 중 하나는 실천가가 대화를 이끌지 않아도 내담자가 묘사를 구축하고 상세한 정보를 더함으로써 그것을 스스로 할 수 있다는 내담자의 인식이 높아진다는 것이다. 이 책의 두 번째 부분에서는 그 실용성을 자세히 탐색할 것이나, 기적질문과 척도질문 등 해결중심치료의 '잘 알려진 질문'과 함께 일반적으로 활용될 수 있는 묘사를 확장하는 질문은 다음과 같다.

- 그것이 어떤 변화를 가져올까요?
- 그것이 [Y]에게 어떤 변화가 생기게 할까요?
- [M]이 일어나고 있다는 첫 번째 작은 신호는 무엇일까요?
- [M]이 일어나고 있다는 것을 또 누가 알까요? 그들은 무엇을 알아볼까요?
- 당신이 [M]을 하고 있는 것을 알아차리면 [Y]는 어떻게 할까요?
- 그에 대해 당신은 어떻게 반응할까요?
- 또 무엇이 있을까요?
- 그다음에 또 무슨 일이 일어날까요?

이 모든 질문은 내담자가 이미 말한 내용을 바탕으로 하며 내담자가 이 과정에 계속 참여하도록 격려한다. 실천가는 이 과정에서 자신의 관심과 생각을 반영하는 제안을 말하지 않는다. 해결중심치료자들이 특히 이 과정에 고도로 집중하는 것을 치료 대화에 관한 미시분석 연구를 통해 볼 수 있는데, 이에 대한 자세한 내용은 다음 장에서 설명할 것이다.

이러한 묘사의 구축을 위해 작은 질문들이 다양한 조합으로 사용되어 큰 효과를 낼 수 있다. 최근 해결중심치료의 실천에서 이러한 특징은 확연히 드러난다. 경험이 풍부한 해결중심실천가이자 미시분석가이며 김인수와 수년간

협업한 피터 드 용(Peter De Jong)은 나와 함께(McKergow, 2019) 두 상담 회기를 비교하는 미시분석 연구를 수행한 바 있다. 하나는 김인수가 진행한 『Over The Hump』로 드 용이 선택한 자료이며, 다른 하나는 내가 선택한 아이브슨(Chris Iveson)의 『Mary and the cuddle』(Iveson & McKergow, 2016, 이 책의 뒷부분에 소개되어 있다)이었다. 우리는 두 자료를 따로 시청하고, 메모한 후 관찰한 내용을 비교했다. 물론 두 회기에서 발견되는 유사점은 많았다. 분명한 것은 두 회기 모두 해결중심치료였다는 것이다. 그러나 몇 가지 명확한 차이점도 발견되었다.

상담 장면에 많은 아동이 참석해 좀 산만한 회기에서 김인수는 내담자와 '프로젝트(목표)'에 대한 합의를 하는 대신 그것을 가정했다. 그것은 복잡한 상황 때문에 그렇게 했다고 정당화될 수도 있을 것이다. 이어 김인수는 기적질문을 했고, 몇 가지 '큰' 답변을 얻었지만 그것을 확장하지는 않았다. 김인수는 기적질문이나 척도질문에 대한 답변을 듣고 이를 반복하는 경향이 있는 반면, 아이브슨은 어떤 지점에서든 더 상세한 정보를 얻고자 했다. 그는 '그게 어떤 차이를 만들까요?'라는 질문을 총 6번 사용했고, 김인수의 경우에는 이러한 질문이 없었다. 또한 아이브슨은 '당신은 무엇을 주목할까요?'와 유사한 변형 질문을 20번 이상 했으나, 김인수의 경우 그런 질문이 전혀 없었다.

드 용은 논문에서 이러한 회기의 비교가 '매우 유익한 탐색이 될 수 있는 실천에서 발견되는 명확한 변형'을 보여 준다고 결론지었다. 그는 또 실천 장면을 직접 보면서 '해결중심의 정신을 재확인'할 수 있었다고도 말했다. 우리는 실천가가 내담자가 말한 하나의 작은 발언, 예를 들면 아마도 '기분이 좋아질 것 같아요.'와 같은 말에서 시작해 이를 내담자의 삶에 대한 자세하고 다각적인 일련의 묘사가 구축될 수 있도록 돕는 몇 가지 방법을 이 책의 뒷부분에서 보게 될 것이다.

세 부분으로 구성된 상호작용 과정

영국해결중심치료협회(The United Kingdom Association for Solution-Focused Practice: UKASFP)는 이러한 묘사 구축의 개념에 근거한 실천가 인증 과정을 개발했다. 그들은 세 부분으로 구성된 상호작용 과정으로서 이러한 묘사를 구축할 수 있는 핵심 요소를 소개했으며, 이는 실천가의 인증 과정에서 나타나야 한다. 이러한 과정은 변화에 관한 다음의 세 단계를 포함한다.

변화나 진전의 신호(행동, 사고, 정서 포함)가 있을 때 실천가는 내담자가 나름의 순서를 구축하도록 다음과 같은 질문을 통해 도울 수 있어야 한다.

- 다른 사람들이 알아차리거나 알아차렸을 것은 무엇인가?(그것이 미래 또는 과거의 신호인지에 따라 달라질 수 있음).
- 그 결과 다른 사람들은 무엇을 다르게 할까, 아니면 이미 했을까?
- 이것이 내담자에게 미치는 영향은 무엇일까? 내담자는 이에 대해 어떻게 반응할지 또는 했을지.

실천가 인증의 여부에 상관없이 이는 따라야 할 훌륭한 모델이다. 여기에는 앞서 언급한 세부 구축 질문이 순환적인 방식(recursive way)으로 포함되어 있다. 즉, 내담자뿐만 아니라 다른 사람과의 양방향적 상호작용에 초점을 맞춘다. 여기에는 우리가 2장에서 검토했고 드 세이저의 핵심 출발점이었던 MRI가 개척한 상호작용적 관점이 강하게 나타나고 있음을 볼 수 있다.

일련의 묘사-이야기의 질

해결중심치료가 진화하며 특히 이 접근의 실천에서 아직 탐구되지 않은 요소는 회기 내에서 내담자가 일상생활이 일어나는 순서와 동일한 방식으로 이러한 대화에 참여하지는 않는다는 것이다. 실천에서는 미래에 대한 묘사가 과거와 현재에 대한 묘사보다 앞서는 경우가 많다. 그러나 실제로 이는 전혀 문제가 되지 않는다. 사건의 순서에 따라 플래시 백과 플래시 포워드(flash-forwards)와 같은 요소를 가지고 재생되는 영화처럼, 시점의 이동으로 인해 혼란을 겪는 내담자는 거의 없다. 일련의 사건으로부터 연결과 관계, 결과 및 논리를 만드는 능력은 인간으로서 우리의 본질적인 부분이다. 다른 종의 동물들도 언어의 형태를 갖고 있지만 인간은 훨씬 더 풍부하며 복잡한 이야기 속에서도 연결을 만들어 낼 수 있다.

언어와 스토리텔링 그리고 스토리에 대한 이해가 인간의 근간이라는 생각은 커뮤니케이션 이론가인 월터 피셔(Walter Fisher, 1987)에 의해 소개되었다. 호모 사피엔스는 '현명한 인간'이라는 뜻인데, 이는 호모 나란스(homo narrans), 즉 '이야기하는 인간'으로 표현되는 것이 더 적절할 수 있다. 이는 인간이라 불리는 것조차 다소 터무니없는 주장이며 차라리 '스토리텔링 유인원'인 팬 나랑스(pan narrans)로 칭하는 것이 더 정확할 것이라고 주장한 영국의 과학 작가인 잭 코헨(Jack Cohen)과 이안 스튜어트(Ian Stewart)에 의해 더욱 확장되기도 했다(Pratchett, Stewart & Cohen, 2002).

여기에서 주목해야 할 핵심 요소 중 하나는 다양한 이야기 사이에 '연결'을 만드는 주체가 바로 내담자라는 것이다. 우리에게는 내담자가 하는 말을 들으며 명백히 보이는 핵심적인 연관성, 행동, 또는 결론을 도출해 주고 싶은 유혹이 크다. 그렇지만 그렇게 하지 말아야 한다. 내담자를 돕는 우리의 방식은 그들을 위해 작업을 대신해 주는 것이 아니라 내담자 스스로 자신의 생각을 조합할 수 있도록 돕는 것이기 때문이다. 드 세이저는 우리에게 종종 '내담자보다 더 열심히 하지 말 것'을 조언했으며, 바로 이곳이 그러한 조언이 도움이 되는 지점이다. 내담자는 스스로 자신에게 맞는 결론에 도달할 것이다.

전통적 가족치료의 규범과 관습에서 벗어나기

우리는 제2장과 제3장에서 어떻게 MRI가 가족치료와 단기치료로 발전하였고 또 이후 밀워키에서의 발전으로 이어졌는지 살펴보았다. 이러한 발전은 몇몇 실천가가 팀으로 일방경을 통해 회기의 진행을 관찰하고, 의견을 모은 후 상담을 진행한 실천가와 컨설팅을 진행하고, 특히 내담자에게 회기가 끝날 때 전달할 메시지를 구축하는 것을 돕는 방식의 모델을 기반으로 한 것이다.

1990년 초에 퍼먼과 아홀라는 일방경의 활용에 내재된 비밀성이 경쟁보다는 협력에 기반한 새로운 접근 방식에는 적절하지 않음을 지적했다(Furman & Ahola, 1990). 대신 그들은 거울을 제거하고 새로이 반영팀(reflecting teams)의 형태로 내담자 바로 앞에서 팀끼리 의견을 나눌 것을 제안했다(Anderson, 1987). 이러한 형태의 관행은 나중에 해리 노만(Harry Norman), 존 헨덴(John Henden) 및 브리스톨 솔루션 그룹(Bristol Solutions Group)에 의해 더욱 확장되었다(Norman, Hjerth, & Pidsley, 2005).

이 관행을 살피는 데에는 실용적이고 이론적인 타당한 이유가 있다. 만일 우리가 내담자에게 제공할 개입을 설계하는 역할보다 상세한 묘사를 이끌어내는 실천가로서의 역할을 탐색하고자 한다면 다음의 주요한 몇 가지 사항을 고려할 필요가 있다.

1. 팀은 더 이상 필요하지 않다. 대화는 내담자가 스스로 한 말을 듣기 위한 것이며, 실천가는 그 과정의 일부일 뿐이다. 공개성과 투명성이 높이 평가되는 현 시대에 보이지 않는 곳에서 다른 사람들이 지켜본다는 생각은 비용뿐만 아니라 윤리적인 측면에서도 적절하지 않다.
2. 따라서 휴식도 필요하지 않은데, 개입(과제)을 설계할 필요가 없고 이를 컨설팅할 다른 사람도 없기 때문이다. 물론 실천가가 잠시 숨을 고르고

대화의 내용에 대해 생각해 볼 만한 좋은 이유가 있을 수 있지만, 이를 위해 상담실을 나가야만 한다는 생각은 이제는 좀 낡은 방식으로 보인다.

3. 내담자에게 과제가 적절하고 필요한 것임을 설득하기 위한 전주곡 같은 역할을 했던 칭찬도 더 이상 필요치 않다. 그렇다고 칭찬을 하지 말라는 뜻은 아니다. 다만 칭찬의 목적이 잠재적으로 내담자가 겪는 어려움을 재구성하고 도전적인 상황을 정상화하는 것으로 바뀌면서 이는 회기의 특정 시점이 아닌 어느 때라도 할 수 있다는 의미이다.
4. 물론 과제도 없다. 이러한 새로운 관점을 비판적으로 보는 사람들은 그렇다면 내담자가 할 수 있는 가능한 행동과 다음 단계에 대한 어떠한 대화도 불필요한 것이냐고 반문하기도 한다. 내담자는 자신에게 적절하다고 생각하면 그것을 할 것이다. 만일 그렇지 않다고 생각한다면 우리가 그러한 행동이나 단계에 대해 물어볼 의미조차 없다. 대신, 회기가 끝날 때 실천가는 회기 중 나눈 대화를 요약해 전할 수는 있을 것이다.

조직의 맥락에서 일하며 나는 지금도 내담자에게 그들이 생각하기에 가능할 것 같은 다음의 작은 단계에 대한 생각을 묻기도 한다. 그러나 조직의 맥락에서 일하는 어떤 실천가들은 이러한 환경에서는 개입이 제공되고 이에 내담자가 동의하는 것이 매우 정상적인 실천방식이라고 생각한다. 만일 내담자가 그러한 행동을 따르고자 동의하지 않았을 때 그들은 어떤 것도 하지 않을 것이라고 생각하며 이들은 나의 생각에 동의하지 않는 경향을 보인다. 그러나 우리의 초점은 일반적으로 내담자가 작고, 구체적이며, 접근 가능한 행동에 집중하도록 돕는 것에 있다. 이는 크고 후에 일어날 행동보다 성취될 가능성이 훨씬 높으며, 이는 곧 변화로 나타날 것이다. 작은 행동에 집중하는 것은 이제 동전 던지기, '~하는 척' 하기, 차고에서 물총 싸움하기, 첫 회기 과제 공식 또는 주중에 번갈아 가며 다른 행동을 하는 등과 같은 전략적 가족치료의 각본(playbook)에나 등장할 법한 복잡한 개입보다 내담자에게 지금의 상태에서 할 수 있는 것을 생각해 볼 수 있도록 돕는 가장 적절한 접근이다.

회기의 종료(감사 요약 전하기)

회기의 종료에 대해 방금 언급한 것처럼 해결중심치료의 초기에 당연하게 여겨졌던 많은 특징이 없어졌음을 알게 되었다. 새로운 실천에는 휴식과 칭찬 그리고 과제를 제공하는 형식이 더 이상 없다. 하지만 우리는 어떤 식으로든 회기를 마무리해야 한다. 실천가의 감사 요약(appreciative summarizing)은 이 시점에서 매우 유용하다. 이는 실천가로서 당신이 내담자의 말을 경청하고 있었음을 보여 주고 내담자에게 그들이 말한 내용 중 일부를 다시 들을 수 있는 기회를 제공할 것이다. 내담자가 더 자세한 부분을 볼 수 있도록 함으로써 실행 가능성을 높일 수 있는 한 가지 방법은 척도에서 한 지점 더 높은 곳에 도달했음을 알리는 작은 신호를 알아볼 수 있도록 상세한 묘사의 대화에 참여하도록 요청하는 것이다. 또 다른 방법은 내담자가 진전에 대한 자신감이나 이를 계속 유지할 수 있는 정도에 관한 척도질문을 하는 것이다.

회기 종료의 또 다른 측면은 다음에 일어날 일에 대해여 내담자에게 더 명확한 권한이 있음을 알리는 것이다. 그래서 우리는 '다음 주 화요일에 다시 만나요.'라고 말하기보다는 '우리의 이야기가 도움이 되었기를 바랍니다. 다시 오셔서 함께 대화를 더 나누길 원하시나요?'라고 묻는다. 드 세이저는 항상 치료는 '한 번 더가 아닌 내담자에게 필요한 만큼만 진행되어야 함'을 강조했고, 따라서 우리는 내담자가 상담에 다시 참여하고 싶은지, 그리고 그 시기를 스스로 결정할 수 있도록 도와야 한다. 만일 그들이 그것으로 충분하다고 생각한다면, 그것은 축하할 일이다.

차세대 해결중심치료

요약하자면, 21세기에 일어난 이러한 발전은 밀워키팀으로부터 등장한 해결중심치료를 대체하는 것이 아니라 다른 특징을 더하는 것이다. 묘사에 대한 새로운 초점을 통해 앞장에서 살펴본 '진화의 표'(the table of evolution)에 새로운 열을 추가할 수 있다(〈표 4-1〉 참조). 이러한 진화를 통해 실천가의 역할이 더욱 명확해졌음을 볼 수 있다. 그들은 내담자에게 적용할 행동 개입을 찾는 사람이 아니라 묘사를 구축하도록 돕는 사람이다. 대화는 그 자체가 개입이며, 묘사에 포함되는 모든 디테일은 더 큰 행동 가능성을 열어 준다. 이러한 형태의 실천이 사람들, 심지어 심각한 정신장애를 가진 내담자들에게 어떻게 도움이 될 수 있는지가 바로 다음 장의 주제이다.

표 4-1 초기 해결중심치료(1988년경), 해결중심치료 치료 매뉴얼(2011), 차세대 해결중심치료의 주요 요소 비교

해결중심치료 (1988년경)	해결중심치료 치료 매뉴얼 (2011)	차세대 해결중심치료
고객형/불만형/방문형 관계: '문제' 구축	동료적 · 협력적 관계 구축	최선의 희망('모든 사람은 무엇인가에 대한 고객이다.')
팀과 함께 회기 종료 메시지 작성	팀(있는 경우)과 함께 회기 종료 메시지 작성	아마도 팀도, 휴식도 없을 것
시작을 위해 문제없는 대화 나누기	회기 전 변화, 해결중심 목표 구축(작고, 해결이 나타나 있는)	선호하는 미래에 자세한 기술(기적질문 또는 유사한 질문으로 시작)
예외에 대한 구체적이고 자세한 정보를 수집하고 있다면 무엇이 효과가 있는지 탐색하기	기적질문	선호하는 미래의 근거가 되는 '예시'에 대한 상세한 묘사로 이어지는 척도

작은 목표의 설정. 예외가 없는 경우 가상의 해결책과 더 나은 미래에 대해 이야기하기	척도질문, 예외 구축, 대처질문(필요한 경우)	아마도 척도에서 1점 올랐을 때(N+1)에 대한 묘사
휴식	휴식	대개는 휴식을 취하지 않음
칭찬	칭찬	감사요약
개입: 효과가 있는 것(또는 효과가 있을 수 있는 가장 쉬운 것)을 더 많이 수행하기	실험 및 과제부여	내담자가 원할 경우 지금 또는 나중에 다시 상담약속을 잡을 수 있도록 초대

주요 요점

- 해결중심치료는 21세기에도 계속해서 진화해 왔다.
- 이제 대화 자체가 주요한 개입이다. 대화는 더 이상 개입을 구축하기 위한 정보를 모으는 수단이 아니다.
- 해결중심 대화는 진전을 알 수 있는 신호를 기반으로 내담자의 최선의 희망이 실현된 미래, 현재, 그리고 과거에 대한 묘사를 구축하는 것이다.
- 여기에는 기적질문, 척도질문과 같은 '큰' 질문과 함께 적절하게 배치된 많은 '작은' 질문이 포함된다.
- 이제 대화가 주요 개입이므로 회기의 종료 시 휴식, 칭찬, 그리고 과제가 덜 필요하거나 필요가 없게 되었다.

참고문헌

Anderson, T. (1987). The reflecting team: Dialogue and meta-dialogue in clinical work. *Family Process*, *26*(4), 415-428.

De Jong, P., & Berg, I. K. (1998). *Interviewing for Solutions*. Pacific Grove, CA: Brooks/Cole.

de Shazer, S. (1985). *Keys to Solution in Brief Therapy*. New York, NY: W. W. Norton.

de Shazer, S. (1988). *Clues: Investigating Solutions in Brief Therapy*. New York, NY: W. W. Norton.

de Shazer, S. (1991). *Putting Difference to Work*. New York, NY: W. W. Norton.

de Shazer, S., Berg, I. K., Lipchik, E., Nunally, E., Molnar, A., Gingerich, W., & Wiener-Davis, M. (1986). Brief therapy: Focused solution development. *Family Process*, *25*, 207-221.

de Shazer, S., Dolan, Y., Korman, H., McCollum, E., Trepper, T., & Berg, I. K. (2007). *More Than Miracles: The State of the Art of Solution-Focused Brief Therapy*. Philadelphia, PA: Haworth Press.

Fisher, W. R. (1987). *Human Communication as Narration: Toward a Philosophy of Reason, Value, and Action*. Columbia: University of South Carolina Press.

Furman, B., & Ahola, T. (1990, May/June). Glasnost therapy: Removing the barriers between clients and therapists. *Family Therapy Networker*, 61-63.

George, E., Iveson, C., & Ratner, H. (1999). *Problem to Solution: Brief Therapy with Individuals and Families* (rev. & exp. 2nd ed.). London: BT Press.

Glouberman, D. (1989). *Life Choices and Life Changes through Imagework*. London: Mandala/Unwin Paperbacks.

Iveson, C., George, E., & Ratner, H. (2011). *Brief Coaching: A Solution Focused Approach*. London: Routledge.

Iveson, C., & McKergow, M. (2016). Brief therapy: Focused description development. *Journal of Solution Focused Brief Therapy*, *2*(1), 1-17.

Jackson, P. Z., & McKergow, M. (2002). *The Solutions Focus: The SIMPLE Way to Positive Change* (1st ed.). London: Nicholas Brealey Publishing.

Knight, S. (2010). *NLP at Work: The Essence of Excellence* (3rd ed.). London: Nicholas Brealey Publishing.

Korman, H. (2004). *The Common Project*. Retrieved from www.sikt.nu/wp-content/uploads/2015/06/Creating-a-common-project.pdf.

Korman, H., & Soderquist, M. (1994). *Talk about a Miracle*. Retrieved from www.sikt.nu/wp-content/uploads/2015/06/Talk-Miracle.pdf.

Macdonald, A. (2011). *Solution-Focused Therapy: Theory, Research and Practice* (2nd ed.). London: Sage Publications.

McKergow, M. (2016). SFBT 2.0: The next generation of solution focused brief therapy has already arrived. *Journal of Solution Focused Brief Therapy*, *2*(2), 1-17.

McKergow, M. (2019). Response to Harry Korman's reflections on SFBT 2.0 paper. *Journal of Solution Focused Brief Therapy*, *3*(1), 74-78.

Norman, H., Hjerth, M., & Pidsley, T. (2005). Solution focused reflecting Teams in action. In M. McKergow, & J. Clarke (Eds.), *Positive Approaches to Change: Applications of Solutions Focus and Appreciative Enquiry at Work*. Cheltenham, UK: Solutions Books.

Pratchett, T., Stewart, I., & Cohen, J. (2002). *Science of Discworld 2: The Globe*. London: Ebury Press.

Shennan, G., & Iveson, C. (2011). From solution to description: Practice and research in tandem. In C. Franklin, T. S. Trepper, E. E. McCollum, & W. J. Gingerich (Eds.), *Solution-Focused Brief Therapy: A Handbook of Evidence-Based Practice* (pp. 281-298). Oxford: Oxford University Press.

Trepper, T. S., McCollum, E. E., De Jong, P., Korman, H., Gingerich, W. J., & Franklin, C. (2011). Solution-focused brief therapy Treatment manual. In C. Franklin, T. S. Trepper, W. J. Gingerich, & E. E. McCollum (Eds.), *Solution-Focused Brief Therapy: A Handbook of Evidence-Based Practice* (pp. 20-38). Oxford: Oxford University Press.

Walter, J. L., & Peller, J. E. (1992). *Becoming Solution-Focused in Brief Therapy*. New York: Bruner-Maazel Inc.

Weakland, J., Fisch, R., Watzlawick, P., & Bodin, A. (1974). Brief therapy: Focused problem resolution. *Family Process*, *13*(2), 141-168.

제**5**장

내담자의 '세계 확장'

해결중심실천가들 사이에서 널리 퍼져 있는 견해 중 면밀히 살펴볼 필요가 있는 것이 있다. 바로 '알지 못함의 자세(the not-knowing stance)'인데 어떤 실천가는 이것을 자신의 전문 지식을 부정해야 하는 것으로 인식하기도 한다. 이들은 전문가는 바로 내담자이기 때문에 이론적인 설명은 피해야 한다고 말하기도 한다.

드 세이저는 『Putting Difference to Work』(de Shazer, 1991)에서 다음과 같이 말했다.

> '해결중심치료가 어떻게 작동하는가?'라는 질문은 항상 등장한다. 지금까지 내 입장은 그것이 어떻게 작동하는지는 알 수 없다는 것이었다. 다만 우리가 알 수 있는 것은 그것이 효과가 있다는 것이다. '어떻게 작동하나요?'라는 질문에 대한 대답에는 항상 추측이 수반된다. …… 짐작하고 추측하는 것은 스토리텔링의 문제이며, 그것은 사실이기보다는 픽션이다.
>
> (de Shazer, 1991, p. xv11)

드 세이저는 사람들은 자신의 이해를 위해 비교의 방식을 좋아하는데 문제를 모호하게 만들지 않으며 동시에 실제에 대해 알 수 있기 때문인 것 같다고 말했다. 그는 비트겐슈타인, 데리다, 미하일 바틴(Mikhail Bakhtin) 및 기타 많은 지적 역작을 활용해 해결중심치료를 설명하고자 했다.

30년이 지난 지금, 나는 이 문제를 다시 생각해 볼 때가 되었다고 생각한다. 이러한 후기 구조주의적 스토리텔링 방식은 해결중심치료의 실천 공동체의 일부를 빼고는 설득력이 없거나 특별히 도움이 되지도 않는다. 의료, 치료, 교육, 조직 관리 등 우리의 광범한 실천 범위에서 이러한 설명은 그다지 중요하지 않다. 어려움에 처한 사람들에게 적절한 의료 서비스를 제공하기 위한 효율적인 방법을 찾고 있을 때 해결중심치료를 살펴보며 '이 접근은 어떻게 작동합니까?'라고 질문할 때 데리다와 보드리야르(Baudrillard)에 대한 언급으로 이들을 설득할 수는 없다.

알지 못함의 자세

상호작용적 관점에 대해 제1장에서 살펴본 것처럼 해결중심치료의 접근 방식은 정신질환 등 문제를 가지고 있는 사람들을 돕는 것에 대해 기존의 접근과는 거리가 있는 관점에 기반한다. 이는 이 접근 방식을 공유하고 확산하는 데 어려움을 겪는 이유이기도 하다. 병원을 갈 때 우리는 아픈 곳과 증상이 있다. 의사는 이러한 말을 듣고 진찰 후 아마도 검사를 해 볼 것을 요청하고 우리에게 어디가 어떻게 잘못되었는지 알려 줄 것이다. 우리에게는 사전고지의 의무가 발전함에 따라 '제공되었다'고 표현하는 것이 더 적절할 수 있는 치료가 뒤따를 것이다. 앞으로 살펴보겠지만, 지금까지 마음의 문제에 대한 해결도 근본적으로 이와 다르지 않다는 견해가 지배적이었다. 물론 해결중심치료의 견해는 이와 다르다.

해결중심치료는 내담자의 '문제'에 의존하지 않는다. 진단도 없다. 내담자가 더 나은 삶을 구축할 수 있도록 돕기 위한 대화에 참여하도록 하는 방법이 존재할 뿐이다. 그렇다면 내담자를 대신해 진단하고 문제를 해결해 주고자 하지 않는다면 실천가는 무엇을 할까? 그것에 대한 한 가지 답은 알지 못함 또는 비전문가(non-expert stance)적 자세와 관련된 생각에서 찾을 수 있다. 흔히 이는 명상에서 말하는 '초심자의 마음(a beginner mind)'(Suzuki, 1970의 개념)에 비유되며, 이는 사람들을 이해하고, 공감하고, 참여하고, 우리의 경험을 공유함으로써 돕고자 하는 우리의 일반적인 욕구에 대한 중요한 반격이다.

초심자의 마음으로 내담자의 말을 경청하는 것은 열린 마음을 갖거나 그러한 노력을 하는 것으로, 판단하거나 즉각적으로 '도움'을 주고자 하지 않고 먼저 듣고자 하는 것이다. 내담자의 경험에 대해 개방성을 가지고 판단하지 않는 것은 해결중심치료와 더불어 몇몇 실천 방식의 핵심이다. MRI의 단기치료 전통에 뿌리를 두고 있는 할린 앤더슨(Harlene Anderson)과 해리 굴리쉬안(Harry Goolishian)의 협력치료 학파(the Collaborative Therapy school)는 이 분야에 특히 강하다(Malinen, 2004 참조). 보다 일반적인 용어로, 이 입장은 내러티브, 협력치료, 해결중심, 그리고 사회구성주의자들을 포함하는 포스트모던 접근과 연결되어 있다.

알지 못함의 자세에는 큰 실천적 이점이 있다. 실천가로서 나는 누구의 문제를 진단하거나 생활사 등을 이해하고 탐색할 필요 없이 누구와도 함께 앉아 더 나은 삶을 향한 대화를 시작할 수 있다고 느낀다. 다른 행정적인 이유로 어떤 종류의 초기 설문조사나 병력에 관한 정보가 필요한 상황에서 해결중심실천가는 내담자에 대한 정보를 미리 갖지 않도록 다른 공간이나 심지어 다른 사람에게 이를 실행하도록 하며, 이를 치료 과정과 분리되도록 하는 경우가 많다. 사람들의 희망과 그들이 원하는 일에 대해 질문하고 그것에 대한 대답을 주의 깊게 듣는 것은 거의 모든 상황, 특히 사람들이 무엇을 해야 할지 모르고 막막한 경우에, 또는 해야 하는 일을 알지만 하지 않는 경우에 더욱 빛을 발하는 가치 있는 기술이다.

칼 로저스의 변형

이러한 알지 못함의 자세는 반세기 전 에릭슨의 연구에서도 이미 등장하는데, 에릭슨은 내담자에게 자신의 견해를 강요하려는 것이 아니라 '치료 반응에 대한 최선의 양식을 찾고자 내담자의 개별성을 활용하는 시도'를 옹호했다(Erickson & Rossi, 1979, p. 25). 이는 또한 20세기 중반 칼 로저스(Carl Rogers)가 개척한 인간중심접근과도 깊게 연결된다(Rogers, 1951).

로저스는 무조건적인 긍정적 존중과 더불어 진실성, 그리고 공감을 제공함으로써 내담자가 자신의 경험을 탐구하고, 자신의 진술을 반영하며, 계속해서 그런 활동이 일어날 수 있는 공간을 제공함으로써 스스로 성장을 향해 나아갈 수 있는 비지시적 접근 방식을 옹호했다. 이는 특히 다양한 인간 경험에 대한 인본주의적이며 개방적인 태도 때문에 21세기에도 여전히 많은 실천가에게 인기 있는 접근으로 남아 있다. 오한런은 해결중심치료가 '변형된 칼 로저스'의 특징을 가지고 있다고 말했다(O'Hanlon & Beadle, 1994). 여기서 의미하는 변형은 내담자가 말한 내용을 단순히 반영하는 것이 아니라 나아지는 방향으로 내담자의 주의를 '슬쩍 끌기' 또는 넛지(nudge-타인의 선택을 유도하는 부드러운 개입)하기 위해 미세하게 조절될 수 있음을 말한다. 예를 들어, '저는 우울해요(I'm depressed).'라는 내담자의 말은 '최근까지는 우울했었군요(You've been depressed).'로 반영될 수 있다.

비트겐슈타인의 통찰력

드 세이저는 작고하기 전까지 비트겐슈타인의 철학, 언어[원하는 것을 이룰 수 있도록 해 주는 유동적인 상호작용적 실천(a fluid interactional practice)의 측면에서], 그리고 마음(상호작용할 수 있는 사회적 능력의 측면에서)에 대한 그의 견해에 큰 관심을 보였다. 비트겐슈타인은 주로 언어가 어떻게 작동하고, 우리를 어떻게 매혹하며 또 오도할 수 있는지를 살펴봄으로써 철학, 언어, 그리고 삶의 혼란을 풀고자 했다. 이것을 탐구하고 싶은 사람은 누구라도 비트겐슈타인의 삶과 함께 그의 글을 좀 더 쉬운 방식으로 소개하는 레이 몽크(Ray Monk)의 『The Duty of Genius』(Monk, 1990)가 도움이 될 것이다. 비트겐슈타인은 후기 저작(Wittgenstein, 1953)에서 경험의 '내면' 세계는 '외부'와 분리되지 않으며, 설명에 의존해야 한다는 것은 오해를 불러일으키는 미신이며, 언어와 의미는 실제로 지속적으로 변하며, 완벽한 이해는 불가능하므로 우리는 표면에 머물며 일반성보다는 구체성에 초점을 두어야 한다고 했다. 이것은 그의 수십 년간의 난해한 작업에 대한 가장 간단한 요약일 것인데, 비트겐슈타인은 내가 고의적으로 이러한 무지한 행위를 시도했다는 사실에 경악했을지도 모른다!

드 세이저는 종종 독일의 논리학자이자 점성 치료사(constellations therapist)였던 마티스 바가 본 키베트(Matthias Varga von Kibéd) 교수와 협력하여 비트겐슈타인에 관해 열정적으로 탐구했다. 그들은 자신들의 대화를 녹화하고 녹음하기도 했다(예: de Shazer & Varga von Kibéd, 2003). 『More Than Miracles』(de Shazer et al., 2007)에는 이것이 해결중심치료의 실천과 어떻게 연관되는지에 대한 내용이 포함되어 있으며, 읽어 볼 가치가 크다. 드 세이저는 항상 비트겐슈타인의 연구가 해결중심치료에 누락된 '이론'을 제공하지는 않지만 흥미로운 유사점이 있음을 말하고자 애썼다. 그리고 실제로도 그렇다.

그리고…… 약간의 불일치도 존재한다. 비트겐슈타인의 조밀한 논증(dense arguments)은 감정, 근본적 원인, 진단, 숨겨진 정서, 주체할 수 없는 내면 충동, 부모에 대한 트라우마 등에 관한 '일반적인' 치료대화가 해결중심치료의 실천가들이 선호하는 '단순한' 일상 언어의 활용에 비해 기껏해야 뒤죽박죽이고 혼란으로 가득하다는 것을 보여 준다.

비트겐슈타인의 사고는 지난 수십 년간 계속해서 연구되어 왔고, 활성인지

(enactive cognition) 분야를 통해 훨씬 더 상세하고 명확하게 재조명되고 있다. 이는 '정신' 현상과 행동 현상이 어떻게 통합되는지, 그리고 일상적인 행동 대화처럼 보이는 것이 삶의 가장 근본적인 수준에서 내담자를 어떻게 개입하게 하는지에 관한 보다 개방적인 관점을 제공한다. 이에 대해서는 이 장의 뒷부분에서 다룰 것이다.

해결중심치료에 관한 설명 방식

나는 해결중심치료가 어떻게 작동하는지에 관해 지금까지와는 다르게 설명하고 싶다. 이것은 드 세이저가 높이 평가한 비트겐슈타인과의 연결점과 유사성을 통해서가 아니라 지난 10년간 발전해 온 활성인지 분야의 실용적인 방식을 기반으로 한다. 나는 이것이 우리의 작업을 살펴볼 수 있는 직관적이고 유용한 방법을 제공하고, 그것이 내담자에게 어떻게 변화를 가져올 수 있는지 이해하는 것에 도움이 될 것으로 생각한다. 우리가 '정신(mental)'이나 '질환'에 대해 전혀 언급하지 않는 방식으로 '정신질환'을 치료하겠다고 말하는 것이 외부인이 보기에는 아마도 매우 이상할 것이다.

해결중심치료는 실천가에게 '알지 못함의 자세'를 갖도록 격려하며, 내담자가 현재에 이르게 된 이유에 관한 설명을 요구하지 않는다. 물론 이는 내담자의 '통찰력' 구축을 변화의 전제 조건으로 보는 다른 많은 전통들과는 극명한 대조를 이루는 측면이다. 이 책에서 말하는 방식 또한 이러한 전통적 방식과 전혀 다르다는 것을 여기서 분명히 밝히고 싶다. 해결중심치료자로서 우리는 내담자가 어떤 설명이나 설명할 필요 없이(설명할 수 없는 기적의 도움을 받아) 더 나은 삶의 다양한 장면을 묘사할 수 있도록 돕는다.

나는 우리의 실천방식을 좀 더 접근 가능한 방식으로 설명하고 싶다. 우리가 하는 일과 그것이 어떻게 도움이 될 수 있는지에 대해 동료 전문가뿐만 아니라 완고한 입장을 견지하는 각종 서비스 위원회의 위원들에게도 이해하기 쉽고 매력적인 답변을 제공하고 싶다. 해결중심치료자 중에는 이를 '알지 못함'의 전통으로 보고자 하는 모습도 있다. 그들은 앞서 언급된 드 세이저의 주장을 따르며, 해결중심치료가 효과가 있다는 것만으로도 충분하다고 주장한다. 내 생각에 이것은 극단적으로 표현하면 '무관심'과도 같다. 그것은 해결중심치료에 대해 잘 모르는 사람들에게 마치 피부병을 치료하고 열을 내리기 위해 버드나무즙을 마시는 것이 할아버지에게 효과가 있었으니 당신에게도 효과가 있을 것이라고 주장하는 사람처럼 보이게 만든다. 이러한 설명은 과학적이어야 한다. 해결중심치료가 어떻게 작동하는지 이해하는 것은 다른 사람들이 이에 접근할 수 있도록 돕고, 이에 기반해 발전할 수 있게 한다. 어떤 이는 좀 더 진보적인 방식으로 정말 버드나무 즙을 분석한 후, 아스피린의 기초가 되는 살리실산(salicylic acid)이 함유되어 있음을 발견하기도 했다. 이는 현재 세계보건기구(WHO)에서 추천하는 피부병 치료에 '필수 약물'(WHO, 2020)이다.

'해결중심치료가 어떻게 작동하는지'에 대한 탐구는 내담자와 내담자의 경험, 그리고 그들의 언어에 대한 긴밀한 초점뿐만 아니라 이를 수용할 수 있는 가능성까지 고려해야 한다. '이론'을 갖는 것이 내담자의 말을 경청하는 데 방해가 될 수 있다는 해결중심치료자들의 우려가 있는 것도 사실이다. 반대로 나는 이론이 내담자의 말을 경청하는 것이 왜 중요한지 보여 줄 수 있다고 본다. 이는 '더 많이 말할수록 그것이 현실에서 일어날 가능성이 높아진다.'는 것이 어떤 뜻인지 설명할 수 있을 것이다. 그러나 이것은 새로운 아이디어가 아니다. 이러한 견해는 보편적으로 인정되지는 않았지만 지난 수십 년간 존재해 왔다. 드 세이저가 1994년 워크숍에서 한 이 말이 아직도 생생히 들리는 듯하다 (de Shazer & Berg, 1994). "그런데 이것(해결중심치료)이 정확히 어떻게 작동하는 것일까요?"

이에 대한 대답은 빠르고 직관적으로 이해할 수 있어야 한다. 인지행동치료(CBT)는 현재 널리 인정받고 사용되는 접근으로 바로 그러한 이야기를 가지고 있다. 즉, 극단적이거나 도움이 되지 않는 사고가 내담자에게 바람직하지 않은 행동을 낳는다는 것이다. 따라서 그러한 사고를 바로잡는 것이 행동을 바꾸는 첫 번째 단계이다(BABCP, 2020). 이는 사고와 행동 사이의 관계에 대한 일반적인 이해를 고려할 때 매우 그럴듯하다. 그렇지만 비트겐슈타인이 지적했듯이 그렇다면 '뇌는 어디에서 입력을 받을까?'라는 점에서 잘못된 이해이기도 하다. 태양이 지구 주위를 도는 것처럼 보이듯, 생각이 행동을 통제하는 것처럼 보인다. 생각, 감정, 그리고 태도와 같은 '내부' 현상이 '외부' 행동, 말, 몸짓 등을 만든다는 가정에서 벗어나는 것이야말로 비트겐슈타인의 방식으로 세상을 보는 큰 이점 중 하나이다.

뇌과학의 발전

인지주의적 관점에서 보면, 세상은 뇌에 의해 창조되는데, 뇌는 뇌가 포함된 신체를 제어하는 일종의 컴퓨터로 간주된다. 뇌는 표현을 형성하고 저장하며, 이는 행동의 기초가 된다. 이러한 견해는 일상화되어 거의 의심 없이 CBT의 기초를 형성한다. 동시에 상담 분야는 내적 감정, 정서, 추진력, 충동 또는 동기에 대한 이야기로 가득 차 있으며, 이러한 모든 것이 외부 행동을 주도하거나 통제하는 것으로 알려져 있다.

이로 인해 뇌와 정신은 거의 같은 수준에서 여겨지며, 중요한 모든 것은 어떻게든 뇌의 기능으로 귀결되는 일종의 신경만능주의적 관점이 생겨났다. 지난 수십 년간 뇌의 일부가 '빛나는' 사진은 인체에 무엇인가 일어나고 있음을 알리는 증거임을 주장하는 '뇌 과학'이 부상했다. 이 분야의 한 선도적인 과학자는 이러한 추세를 '새로운 골상학'의 출현으로 두개골의 돌기를 보고 사람의 성격을 평가하는 빅토리아 시대의 관행과 유사하다고 평가하기도 했다. 뇌가 중요하다면, 뇌는 우리의 관심의 중심이 되어야 할 것이다. 그런데 마음이 뇌에 있으니 '정신' 질환과 건강에 대한 답도 뇌에서 찾아야 할 것인가?

활성인지 패러다임

지난 20년간의 발전을 통해 활성인지 패러다임이 새로운 주자로 주목을 받고 있다. 활성주의자(enactivist)들은 뇌가 신체를 사용한다고 보는 대신 사람이 자신의 뇌를 사용하여 생각하고, 행동하고, 기억하는 등의 작업을 수행한다고 본다. 철학자 롬 하레(Rom Harré, 2002)는 이것이 어떻게 작동하는지 보여 주기 위해 '작업/도구'의 메타포(비유)를 소개했다. 우리는 사람이 삽을 사용해 도랑을 판다고 말한다. 삽이 도랑을 파는 것이 아니라, 사람이 삽을 사용해 도랑을 파는 것이다. 우리는 원한다면 삽이나 도랑 파기를 연구할 수도 있다. 만일 도랑 파기가 우리의 목표라면 도랑을 파는 사람에 대한 연구가 필요할 것이다. 삽을 연구하는 것만으로는 충분치 않다.

삽을 사람의 뇌에 비유해 보자. 즉, 사람이 생각을 하기 위해 뇌를 사용하는 것이지, 뇌가 생각을 하는 것이 아니다. 사람이 자신의 뇌를 이용해 사고라는 행위를 하는 것이다. 따라서 우리는 뇌를 연구할 것인지, 사고를 연구할 것인지도 선택할 수 있다. 만일 후자가 우리의 목표라면 그 일을 할 사람이 필요하다. 이러한 비유를 통해 하레는 '뇌'를 생각하는 사람을 위한 핵심 도구로 배치한다. 뇌과학은 아주 적절한 연구 주제이다. 그러나 사고 그리고 더 나아가 다른 '정신' 현상을 연구할 때 관심의 초점은 뇌가 아니라 사람이어야 한다.

'세계'는 어디에 있는가

사물을 새롭게 보기 위해 내담자의 '세계'가 무엇을 의미하는지 살펴보는 것부터 시작할 수 있다. 이것은 철학자의 주제이며, 대다수의 사람에 의해 대체로 무시되는 종류의 질문이다. 이것을 여기에서 간략히 살펴볼 가치가 있는데, '세계 확장'의 의미를 살펴보기 위해서 지금 우리가 무엇을 말하고 있는지에 대해 확실한 이해가 필요하기 때문이다.

일상적인 용어로 표현하자면 세상은 우리 주변의 모든 것이다. 그것은 지구 행성일 수도 있고, 우리가 볼 수 있는 모든 것일 수도 있고, 우리가 살아가고 있는 곳이기도 하다. 그러면 우리는 그것에 대해 어떻게 알 수 있을까? 바로 이 지점이 논쟁의 시작이다. 대부분의 사람들에게 이는 문제가 되지 않는다. 우리는 보고, 듣고, 만지고, 냄새 맡고, 맛보는 것을 통해 세계를 인식한다. 이는 우리 스스로 할 수도 있고 다른 사람의 보고를 통해서도 가능하다. 이러한 세계관은 마음, 두뇌, 그리고 결정적으로 컴퓨터에 대한 관심이 인지과학이라 불리는 분야로 수렴되기 시작한 20세기 중반까지 지배적이었다.

그렇다면 뇌나 머리가 아니라면 세계는 어디에 있나? 활성주의자들(예: Thompson, 2007; Stewart, Gapenne, & Di Paolo, 2010)은 추상적인 '내부'를 들여다보는 것보다 구체화된 관점(embodied view)을 취하는 것이 좋은 방식이라 생각한다. 그들은 정신과 육체를 분리시키려고 하기보다는 그것을 하나로 모아 그 결과를 사람이라고 부르고, 그 사람이 다른 사람을 포함한 세상과 어떻게 상호작용하는지 살펴보는 것을 선호한다. 관찰의 대상이 되는 사람의 경험이 주요한 관심사이다. 단순한 인지 과정의 부산물이 아닌 1인칭(a first person) 시점의 현상학(Merleau-Ponty, 1945)이라 할 수 있다. 활성주의(enactivism)와 해결중심치료는 내담자의 경험에 대해 매우 진지한 입장을 취한다. 물론 뇌 손상이나 질병이 있는 사람의 경우, 부러진 삽이 땅파기를 방해하는 것처럼 상호작용에 영향이 있을 수 있음을 인정해야 한다.

다행스럽게도 이러한 관점을 취하는 오랜 전통이 이미 존재하는데, 이는 새롭게 관심을 받고 있는 관점으로 세계를 상호작용의 가능성으로 보며, 독일어로는 '움벨트(Umwelt)'라고 하며, '주변 세계'를 뜻한다.

움벨트(Umwelt)-상호작용의 가능성으로서 세계를 이해하기

야콥 폰 웩스컬(Jakob von Uexküll)은 20세기 초반에 활동한 독일의 생물학자였다. 그는 유기체가 환경과 어떻게 상호작용하거나 상호작용해야 하는지를 어떻게 알게 되는지에 관심을 가졌다. 움벨트(Umwelt; von Uexküll, 1920)는 그가 제안한 아이디어로, 이는 각(species-specific) 생물체에게 상호작용 기회의 '중요도'를 알 수 있도록 구성된 특수한 주관적 참조틀을 의미한다. 그는 동물의 피를 빨아 먹는 진드기의 예를 제시했다. 진드기는 풀잎 위로 기어올라 갈 수 있도록 도움이 되는 빛과 개와 같은 털 포유류가 발산하는 부티르산(butyric acid) '냄새', 그리고 주변에 적당한 생물체가 있는지를 알려 주는 온기에 민감하다. 이것이 진드기의 세계를 구성하는 것으로, 이들은 1년 단위의 시간이나 주식 시장에는 전혀 관심이 없다.

이러한 주장은 미국의 심리학자인 깁슨(J. J. Gibson)에 의해 확장되었는데, 그는 인간을 포함한 생명체가 세계를 상호작용의 기회, 즉 어포던스(affordances)를 중심으로 보며, 이는 행동과 참여의 가능성으로 이해할 수 있다. 깁슨(1977)은 지각이 중립적인 감각 수집 활동이 아닌 행동의 핵심임을 주장했다. 예컨대 우리는 카페에 있는 나무 의자를 나무를 쪄서 흥미롭게 비튼 후 니스로 코팅해 만든 구조물이 아닌 앉을 수 있는 장소로 인식한다. 물론 마르셀 뒤샹(Marcel Duchamp)이 소변기를 미술관에 배치하고 이를 '분수'라 부르며 그것에 대한 새로운 관점을 '강요'했던 것과 같은 방식으로 의자에 대해서도 새로운 시각을 적용할 수도 있다. 이것은 생물 종에 따라 다를 수 있다. 내 사무실로 날아드는 작은 새가 스탠드에 기대 놓은 기타를 앉을 장소로 볼 수 있는 반면, 나는 그것을 좌석이 아닌 음악을 만들 수 있는 기회로 본다. 나는 이러한 관점이 인간의 행동에 대한 설명을 넘어서는 것이어서 더 흥미를 느낀다. 나는 이것이 의사소통의 원리를 가능한 한 광범하게 적용해 보고자 했던 베이트슨의 관심과도 연결되는 것으로 본다.

진드기의 움벨트는 매우 작고 집중되어 있다. 인간으로서 우리는 최소한 진드기가 가지지 못한 두 가지 핵심 도구인 기억과 언어를 보유하고 있는데 이는 우리의 어포던스 범위를 확장하는 데 사용할 수 있다. 진드기는 즉각적으로 근처에 있는 따뜻한 털에 반응하는 반면, 우리는 지금-여기에 존재하지 않는 많은 것들을 기억할 수 있다. 나는 배가 고파 사과를 먹고 싶을 때 부엌에 가야 함을 알고 있다. 그렇다고 내가 많은 동물에게 어느 정도의 기억력이 있다는 사실에 이의를 제기하는 것은 아니다. 그러나 언어에 관한 한 인간이 다른 어떤 종보다 훨씬 앞서 있는 것은 사실이다. 우리는 언어를 통해 악어와 같은 존재에 대해 말할 수 있고, 언어를 통해 정보를 배우고 전달할 수 있으며, 언어를 통해 조정하고 협력할 수 있다.

언어, 기억과 더불어 어포던스와 움벨트는 인간을 광범한 종으로서의 존재에서 개별적인 특성(문화적 · 사회적 요소 포함)을 가진 존재로 볼 수 있게 해 준다. 우리는 같은 장면이라고 생각되는 것을 서로 다르게 인식한다. 식물학자, 예술가, 생존주의자가 함께 숲을 걷는다고 상상해 보자. 식물학자는 다양한 식물을 관찰하고, 식물이 어떻게 자라고 번식하는지, 그리고 일반적으로 어디에서 발견되는지에 대해 이야기할 것이다. 예술가는 빛, 색상, 모양 등에 주목하며 이러한 것들을 새롭게 표현할 수 있는 작품을 만들어 낼 수 있다. 생존주의자는 무엇을 먹을 수 있는지, 무엇이 독인지, 주변에 있는 것을 이용해 끈이나 해먹과 같은 생존에 필요한 물건을 만드는 방법을 알고 있다. '동일한' 숲을 보는 세 가지 다른 움벨트이다.

세계-'어포던스의 장'

세계를 움벨트(Umwelts)와 어포던스(affordances)로 보는 관점이 활성인지 패러다임에 관한 관심이 높아지면서 다시금 주목받고 있다(예를 들어, Varela, Thompson, & Rosch 1991; Chemero 2009; Hutto & Myin 2013). 뇌를 컴퓨터로 인식하는 일반적인 인지 패러다임과는 대조적으로, 인지에 대한 활성 관점은 뇌를 훨씬 더 광범위한 행동과 지각 과정에서 중요한 역할을 하는 연결 기관으로 본다. 앤서니 케메로(Anthony Chemero)의 연구는 지난 10년간 유기체에서 일어나는 학습의 측면에서 우리의 어포던스가 상대적으로 빠르게 발전했지만, 진화적인 측면에서는 매우 느린 것임을 분명히 했다. 예를 들어, 두 엄지 손가락을 이용해 스마트폰을 타이핑하는 것은 21세기 이전에는 알려지지 않았지만, 이제는 많은 사람이 이를 사용하여 의사소통을 한다. 인식에서 어포던스가 하는 중요한 역할에 대한 깁슨(Gibson)의 아이디어는 드 한(Sanneke de Haan)과 동료들(2013)에 의해 어포던스의 '풍경(landscapes)'과 '장(fields)'에 관한 아이디어로 더욱 확장되었다.

어포던스는 유기체와 환경 사이의 상호작용에서 나타난다. 따라서 어포던스를 단순히 환경의 '저기' 또는 유기체 내의 '여기'로 말하는 것은 의미가 없다. 우리에게는 둘 다 필요하다. 의자는 인간에게 앉을 기회를 제공할 수 있지만, 고양이에게는 잠자리를, 나방에게는 먹이를, 개에게 씹을 거리를 제공한다. 드 한과 동료들(2013)은 '어포던스의 풍경(landscape)'에 관한 아이디어를 '생명체에 열려 있는 모든 행동의 가능성'(p. 7)으로 제시했다. 전체 가능성은 생명체가 사용할 수 있는 능력에 따라 달라진다. 가능성은 인간, 개, 진드기에게 모두 열려 있다. 연구자들은 좀 더 구체적인 상황에서 특정한 개인이 반응하는 관련 행동 가능성을 설명하기 위해 '어포던스의 장(field)' 개념을 제안한다.

이 어포던스의 장은 개인의 '세계', 즉 눈에 띄고 사용 가능한 상호작용의 기회에 해당한다. 물론 이것은 인간에게 가능한 모든 상호작용의 집합인 어포던스의 풍경에서 나온 것이다. 예를 들어, 내 사무실에는 내가 출입할 때 사용하는 크고 두툼한 문틀이 있다. 등반 애호가인 내 친구 데이비드(David)는 그것을 손가락 강화 연습에 이용한다. 실제로 그의 세계는 손잡이, 등정 선, 체조를 위한 기회로 가득 차 있다. 이것이 그가 나보다 훨씬 마른 이유일 것이다. 물론 그도 문틀을 통해 드나들기는 한다.

사람들은 우울증에 걸린 사람의 세계는 가능성이 많지 않고 변화의 기회가 거의 없는 작은 세상일 것이고, 강박장애 환자의 세계는 손을 씻거나 가스를 확인하는 일로 지배될 것이라고 쉽게 생각할 수 있다.

정신 건강-어디를 볼 것인가

내 생각에 드 한과 동료들의 연구는 모든 종류의 임상 작업에 대한 큰 가능성을 열며, 이제 막 영향을 미치기 시작한 것으로 보인다. 드 한 자신도 자신의 작업을 정신의학의 영역으로 확장하기 시작했다(de Haan, 2020). 여기에서 나는 이를 다른 방식으로 살펴보고자 하는데, 실천을 이론적 · 개념적으로 확장하는 방식이다.

정신질환을 어떻게 설명할 것인가는 지난 수십 년간의 논쟁거리였다. 어떤 사람들은 뇌질환만 존재한다고 주장하며 뇌와 마음/정신을 혼동하는 실수를 저지른다. 물론 뇌 질환과 그러한 상태는 실제로 존재하며, 환자에게 힘든 결과를 초래하고 치료가 필요하다. 알츠하이머, 파킨슨, 뇌전증 등이 그 예이다. 뇌질환은 일반적으로 '정신(mental)'의 문제로 분류되지 않는다. 이는 해결중심치료자로서 알츠하이머병 환자가 더 나은 삶을 살 수 있도록 도울 수 없다는 것이 아니다. 해결중심치료는 그들이 더 나은 삶을 살 수 있도록 도울 수 있다.

그러나 우울증과 같은 상태는 뇌질환이 아니다. 영국 NHS에 따르면 이에 대한 신뢰할 수 있는 물리적 증거가 없다(NHS, 2020). 미국 국립정신건강연구소(NIMH)는 '뇌스캔만으로는 자폐증, 불안, 우울증, 조현병, 양극성 장애 등의 정신질환을 진단할 수 없다.'고 밝혔다(NIMH, 2020, p. 2). '우울증은 뇌의 일부를 손상시킬 수 있다.'(Schmaal et al., 2016)는 말도 있지만, 이는 뇌를 우울증의 적극적인 원인이라기보다는 오히려 피해자로 보는 것이다.

정신과는 정신장애를 다루는 의학 분야이다. 정신과에서는 정신장애를 신체 질환과 마찬가지의 진단 방식으로 분류하고 연구를 통해 최선의 치료 방법을 확립하는 다른 의료 분야를 모델로 삼았다. 그러나 그 결과는 지금까지 그다지 밝지 않았다. DSM(APA, 2013)은 1952년 이후 주요한 다섯 번의 개정을 거쳐 점점 더 확대되었고, 범위는 130페이지에서 991페이지로, 장애 수는 108개에서 354개로 계속해서 증가해 왔다(Khoury, Langer, & Pagnini, 2014). 안타깝게도 이에 대해 무엇을 어떻게 해야 할지에 대한 명확성은 오히려 점차 줄어들고 있다. 이러한 진단이 제약회사가 삶의 정상적인 기복을 상업화하는 데 이용하는 기반을 제공하고 있다는 비난이 제기되는 이유이다(Frances, 2013).

최근 수십 년간 발전한 더욱 유망한 접근 방식은 조지 엥겔(George Engel, 1977)이 제안한 정신건강의 생리심리사회 모델(biopsychosocial)이다. 이 다원주의 모델은 치료적 접근에 생리적, 심리적, 그리고 사회적 영역의 요소를 포함하고자 하며, 과학의 엄격한 객관성과는 약간의 거리를 두고 있다. 이는 사회적 요소와 더불어 가족 관계 및 상황과 함께 자존감, 그리고 기질 등과 같은 심리적 개념을 포함하여 특정 상황에서의 개인에 대한 더 많은 관심을 포함시키기 시작했다. 그러나 그것은 여전히 답이 아니다. 초점을 넓히는 것은 환영할 일이지만 단순히 '모든 것'이 관련될 수 있다고 말하는 것은 실제로 무엇을 해야 할지 파악하는 데에는 도움이 되지 않는다.

활성화 관점 – 조화롭지 못한 내담자의 '세계'

다소 간과되어 왔으나 원래 현상학에 기초하며 최근에는 활성주의자들에 의해 확장된 오랜 전통으로 정신질환을 환자/내담자 내부의 무엇인가로 보는 대신 내담자의 삶에서 그 존재 방식(way of being)이 방해받는 것으로 보는 관점이 있다. 독일의 정신과 의사인 토마스 푸크(Thomas Fuchs)는 활성주의와 정신질환에 대한 흥미로운 방식의 논의를 제시했다. 그는 연구(Fuchs, 2013)에서 우울증을 내적이고 개인적인 불만이 아니라 '정서를 공유하도록 중재하는 공명의 존재(resonant body)가 조화롭지 못하거나 방해받는 것'으로 보았다. 독일어 Verstimmung은 불쾌한 음조 불일치를 말한다. 푸크는 현상학자이자 정신과 의사인 밴 덴 버그(Jan Hendrick van den Berg)의 간결한 격언(van den Berg, 1972)을 인용했다.

> 환자가 아프다. 그의 세계가 아픈 것이다.

이에 대한 푸크의 입장은 아래와 같다.

> 이런 의미에서 질병은 환자 안에 있는 것이 아니라, 말하자면 환자가 질병 안에 있는 것이다. 정신질환은 머릿속의 상태가 아니라 존재 방식의 변화이다.
> (Fuchs, 2013, p. 222)

'환자의 세계가 아프다.'라는 말을 받아들일 때 환자의 세계가 그들의 머릿속에 있다는 인지주의적 이해로 돌아가기 쉽다. 활성주의 관점에서 볼 때, 내담자의 세계는 내담자와 세계의 상호작용이 일어나고 있는 '바로 여기'이다. 드 한(de Haan, 2020)은 생리적, 경험적, 사회문화적, 그리고 실존적 측면의 상호 연결을 통해 정신의학의 세계를 더욱 포괄적으로 넓혔다. 활성주의 관점은 이러한 네 가지 영역을 모두 다룬다. 드 한은 정신질환을 맥락적 이해(sense-making)에 생긴 어려움으로 정의하며, 세계를 경험하고, 이에 접근하는 방식으로 개인의 현상학적 경험의 중요성을 언급했다. 나는 해결중심치료가 이를 수행할 수 있는 적절한 방식으로 본다.

'환자의 세계'는 환자의 어포던스의 장이다. 이는 환자의 삶의 형태에 열려 있는 모든 어포던스 풍경의 일부임을 기억해야 한다. 이는 단기적 학습과 장기적 진화를 포함해 여러 수준에서 매우 역동적이다. 따라서 우리가 정신질환을 뇌질환이 아닌 사람의 상태로 간주하면 이러한 형태의 정신질환을 다음과 같이 잠정적으로 정의할 수 있다.

• 어포던스의 한 영역(장)에 대한 지속적인 방해 또는 부조화(detuning)

이 용어는 신중하게 선택된 것이다.

지속적(persistent): 그다지 일시적이지 않음을 의미한다. 우리 모두는 살아가는 세계에서 일시적인 혼란을 겪지만 이를 일상적인 행동으로 처리한다. 예를 들어, 우리는 약간의 우울을 느낄 때 산책을 나가 친구들을 만나기로 한다. 이는 삶의 흔한 기복이며, 대부분의 경우 일상적으로 처리된다. 무언가를 다루는 '일상적인' 방법이 효과적이지 않은 경우에만 우리는 질병의 관점에서 생각하기 시작한다. 독자들은 1장에서 살펴본 것처럼 지속성의 필요가 1970년대 팰로앨토 MRI의 위클랜드와 동료들에 의해 처음으로 제기되었음을 기억할 것이다(Watzlawick, Weakland, & Fisch, 1974; Weakland, Fisch, Watzlawick, & Bodin, 1974). 이 개념은 여전히 굳건하다.

부조화(Verstimmung): 이것은 영어로 완전히 요약하기 어려운 여러 의미를 가진 독일어이다. 여기에는 방해, 부조화, 그리고 나쁜 기분 등이 포함된다. 그러나 이것은 파손되었음을 의미하는 것이 아닌데, 이러한 부조화는 수정될 수 있다는 의미를 포함한다. 물론 이것은 질병에 '수반되는' 나쁜 기분만을 의미하는 것이 아니다. 부조화는 전체를 이해할 수 있는 핵심이다.

영역, 장(Field): 이는 해당 맥락에 존재하는 사람과 관련된 어포던스의 영역을 의미한다. 이는 필연적으로 1인칭 관점의 행동을 유발한다. 사람마다 다른 어포던스의 영역을 가지는 것은 자연스러운 것이며, 특히 실천가와 내담자의 어포던스는 서로 다르다.

어포던스(Affordances): 이는 개인도 환경도 아닌 둘 사이의 관계로 행동과 참여의 가능성이다.

'세계 확장'으로서 해결중심치료

심리치료는 '두 사람이 이야기를 나누며 둘 중 한 사람이 도대체 무엇을 원하는지 알아내려고 노력하는 것'으로 알려졌다. 또, 그렇게 희화화되기도 했다. 대화의 주제는 접근 방식에 따라 크게 다르지만, 모든 대화치료에는 대화라는 최소한의 공통적 요소가 있다. 우리는 또한 모든 대화 치료의 결과가 유사한 정도의 효과성을 보인다는 웜폴드(Wampold, 2001)의 연구에 주목할 수 있다.

내가 아는 한 대화치료를 내담자의 어포던스 영역을 확장하고 변화시키는 방식으로 이해하고자 했던 노력은 지금까지 없었다. 이를 바탕으로 이해할 때 어린 시절의 트라우마와 가족 관계와 같이 오랫동안 지속된 인과관계에 초점을 맞춰 정신적 고통을 해결하고자 하는 치료법은 그 효과를 발휘하는 데 오랜 시간이 걸릴 것으로 예상되며, 즉각적인 결과를 가져오기는 어려울 수 있다. 그러나 더 나은 미래의 모습에 초점을 두는 접근은 좀 더 빠른 진전을 가져올 것으로 예상할 수 있으며, 해결중심치료가 바로 그러한 접근 중 하나이다.

나아지기 위한 유용한 방식으로서의 대화치료를 내담자의 어포던스의 영역을 확장하는 데 도움이 되는 것으로 보려면 다음의 사항이 필요하다.

- 실천가는 내담자를 공동 과정의 적극적인 참여자로 봄.
- 실천가는 내담자의 1인칭 관점과 설명을 진지하게 받아들임.
- 실천가는 문제의 원인을 찾기보다는 과거, 현재, 그리고 미래의 진행 상

황에 대한 대화를 구축하고자 함.

- '더 나은 세상'에 대한 디테일에 초점을 맞춘 대화는 상황이 개선되고 있다는 신호임.

어포던스 분야의 이러한 확장은 때로는 명확하지만 때로는 너저분하고, 때로는 선명하지만 때로는 혼란스러운 특성을 가질 수 있다. 어포던스의 영역을 확장하는 것은 내담자가 취해야 할 다음 단계의 행동을 지시하는 것과는 근본적으로 다르다. 그런데 이러한 치료법이 효과적일 수 있을까? 이것이 바로 우리가 지금까지 이 책에서 다룬 차세대 해결중심치료의 핵심이다.

해결중심치료가 세계를 확장하는 방법

우리가 내담자의 진전을 알 수 있는 작은 신호, 기적의 상황, 상황이 더 나아지고 있는 모습, 그리고 척도의 점수가 10에 가까워졌다는 것을 알 수 있도록 자세히 묘사하는 대화를 나눌 때 내담자에게 어떤 일이 일어날까? 우리는 내담자가 '그들의 세계를 확장할 수 있도록' 새로운, 또는 적어도 새롭게 관련 있고 중요한 어포던스를 만들 수 있도록 돕는 것이다. 내담자는 '더 나음'을 다음과 같은 측면에서 묘사한다.

- 자신의 언어로
- 미래, 과거 및/또는 현재에서
- 일상의 용어로
- 상세히
- 특히, '알아차림'과 '신호'

이러한 작업에는 '작은 신호'와 이를 '알아차리기(noticing)'와 같은 언어가 적절하다. 대화를 나눌 때 신호나 행동 측면에서 새롭게 상세한 정보가 등장하며 이는 잠재적인 어포던스가 될 수 있다. 그렇다고 모든 어포던스가 잠재적으로 중요한 것은 아니다. 이는 내담자가 회기를 마친 후 자신의 삶에서 확장된 세계를 직접 경험할 때 비로소 분명해진다.

사례: 제인, 새 과제를 붙이고 싶어요

제인은 16세의 학생으로, 특히 중요한 시험이 코앞으로 다가와 시험에서 취약성을 보였던 학생을 염려하는 학교가 의뢰한 사례이다. 학교 측은 해당 실천가에게 학생이 이전에 자해 경험이 있다는 사실도 함께 알렸다. 내담자가 바라는 최선의 희망(이는 제9장에서 더 자세히 다룰 것)은 대체로 기분이 좋아지고, 자신감이 커지고, 시험에 제대로 집중해서 응시하고, 그리고 수업에 더 많이 참여할 수 있게 되는 것이었다.

다음 사례는 이러한 희망이 이루어진 뒤 수업에 참여하는 것에 관한 기적질문 후 관련된 미래 대화의 부분에서 발췌한 것이고, 오른쪽에 설명이 추가되었다. 대화에서 내담자가 만들어 낸 상호작용의 새로운 가능성이 어떻게 나타나는지 주목해 보자. 이러한 새로운 가능성이 바로 내담자의 세계를 확장하기 때문이다. 이것은 미래관(future gallery), 즉 원하는 미래의 모습에 관한 대화이다. 이러한 대화는 과거와 현재에 관해서도 동일한 방식으로 진행될 수 있다.

대화	코멘트
상담자(상): 그걸 보고 가장 놀랄 선생님은 누구일까? 수업에 들어가 눈을 마주쳤을 때 볼 수 있는?	일반적으로 말하기보다는 구체적인 맥락을 찾는 것
내담자(내): 음…… 아마 수학 선생님이실 것 같아요.	
상: 그래, 선생님 성함이 뭐야?	
내: S 선생님이요.	
상: 좋아. 그러면 S 선생님이 놀라셨다는 것을 어떻게 알 수 있을까?	
내: 그냥 짧은 아침 인사를 나누고 제자리에 앉기보다 아마도 진짜 대화를 나눌 것 같아요.	여기에서 상세하고 구체적인 설명이 구축되기 시작
상: 그렇구나…… 진짜 대화를 나누고…… 그러면 대화를 시작하는 사람은 누굴까?	실천가는 더 자세한 세부 사항을 알고 싶어함
내: 아마도 선생님이요…….	
상: 좋아.	
내: 왜냐하면 선생님이 수업에 들어가는 모든 학생들에게 '좋은 아침'이라고 말씀하시거든요…….	
상: 그렇구나.	실천가는 서두르지 않고 더 자세한 내용이 나오길 가다림.

내: 그리고 만약…… 어떤 학생이 대화에 관심을 보이면, 선생님은 '오, 주말은 잘 보냈어?'라고 물어보실 거예요. 수업 전 그런 작은 대화를 나누는 정도요……. 만일 제가 '네.'라고만 하면 선생님은 더 이상 말을 시키지 않으시겠죠.	내담자로부터 이러한 세부적인 정보를 얻을 수 있는 것은 매우 좋은 일임. 내담자의 설명이 생생하게 구현되기 시작함.
상: 좋아. 그러면 선생님이 너와 대화를 시작하시겠네. 왜냐하면 네가 관심을 갖고 눈을 마주치기 때문이지. 그러면 선생님이 주말에 대해 물어보실 수도 있겠네…….	실천가는 내담자에게 눈맞춤에 대한 이야기를 하고 있음을 상기시킴.
내: 네, 그냥 아무거나요.	
상: 그러면 너는 그것에 어떻게 반응할까? 자신감도 커지고, 자신에 대한 믿음도 커진 것을 고려할 때…….	내담자와 교사 간 일어날 상호작용에 대한 묘사를 일련의 반응으로 구축하기 시작함.
내: 긍정적으로요.	
상: 그래…… 그렇구나…… 그러한 대화가 선생님께는 어떤 영향을 미칠까? 교실에 들어가면서 선생님에게 관심을 보이고, 눈을 맞추고, 반응을 보이고, 그리고 선생님의 질문에 긍정적으로 대답을 할 때……	교사의 관점으로 돌아감.
내: 음…… 제가 반응을 보인다는 것이…… 좋겠죠.	내담자는 그것에 대해 아직 생각을 하고 있음.
상: 그렇구나.	
내: 네, 그럴 것 같아요.	

상: 그러면…… 좀 궁금한데, 왜냐하면 교실에 걸어 들어가 그런 대화를 나누는 것이 아주 짧은 시간이잖아, 그렇지? 그럼, 그게 나머지 수업에는 어떻게 영향을 미칠까? 자신감을 갖고 걸어 들어가고, 눈을 맞추고, 대화를 함께 나누는 것이…….

실천가는 이 작은 순간을 더 큰 수업의 장면에 연결하고자 함.

내: 수업에 좀 더 자신감이 생길 것 같아요.

상: 그렇구나……. 그러면 S 선생님은 네가 더 자신감이 생겼다는 것을 어떻게 아실까? 그게 어떻게 나타날까?

'자신감'이라는 추상적인 단어를 좀 더 상세하게 표현할 수 있도록 함.

내: 손을 들 것 같아요……. 아니면, 만일 제게 질문을 하시거나, 왜냐하면 '네가 대답해 볼래?' 이렇게 물어보시기도 하거든요.

'손을 들 것 같아요.'

상: 그렇구나.

내: 아마…… 뭐라고 답할지 알고, 버벅거리지도 않고요.

상: 좋아. 그러면, 버벅거리는 대신 어떻게 할 것 같아?

내: 제 생각을 좀 더 정리해서 대답할 수 있을 것 같아요.

'생각을 좀 더 정리해서'

상: 그렇구나.

내: 조용히 앉아 있지 않고 더 큰 소리로 대답할 것 같아요.

'더 큰 소리로'

이제 S 교사의 수업에 들어가는 순간에 더 중요한 가능성이 생겼고, 이를 수행하는 다양한 방법이 있으며, 그것은 내담자가 스스로 만든 것임이 분명해졌다. 내담자의 세계는 확장되었다. 즉, 더 많은 가능성, 더 많은 어포던스, 새롭게 만들어진 관련된 어포던스가 있음을 알게 되었다. 이러한 것이 이전에도 불가능했던 것은 아니었지만, 이제는 내담자에게 새로운 역할과 잠재적인 중요성을 갖게 되었다. 교사를 만나는 순간은 이제 더 나은 삶에 대한 희망이라는 삶의 더 큰 맥락 속에 자리 잡게 되었다.

'변화'나 '재구축' 대신 세계를 '확장'하는 이유

여러 가지 이유로 '확장'이라는 개념이 이 상황에 특히 더 적절하다.

- 확장에는 내담자의 노력이 필요하다. 기적질문에 대한 첫 번째 반응이 '으흠'이라면 이는 내담자가 어떤 일을 하게 될 것이라는 좋은 신호이다! 새로운 생각에는 흔히 시간과 노력이 필요하다. 내담자가 고민도 없이 단순히 대답만 한다면 이는 내담자가 아직 새로운 영역에 들어오지 않았다는 신호이므로, 실천가는 좀 더 상세한 세부 정보를 찾도록 해야 한다.
- 늘어난 것은 원래의 크기로 다소 돌아가는 경향이 있다. 새롭게 확장된 세계가 얼마나 지속될지는 알 수 없으며, 회기가 끝난 후 원래대로 돌아갈 수도 있을 것이다. 그것은 기다려 봐야 알 수 있다.
- 변화는 회기 후에도 계속된다. 내담자는 이미 자신의 세계가 확장된 채 상담실을 떠나 새로운 세계를 살아가게 될 것이다. 그 영향은 시간이 지남에 따라 나타날 것이다.
- 후속 회기에서 '무엇이 더 좋아졌나요?'라고 묻는 질문은 새로 확장된 세계가 내담자에게 어떻게 적합한지, 내담자가 이를 어떻게 경험하고 있는

지, 또 무엇을 해야 하는지 묻는 것으로 볼 수 있다. 이러한 대화는 세계-확장 패러다임(the world-stretching paradigm)에 잘 맞는다.

결론

우리는 해결중심치료자들이 내담자와 그들의 언어에 충실히 집중하는 것을 방해할 수 있다는 걱정으로 '이론'에 대한 논의를 꺼리는 여러 이유를 살펴보며 이 장을 시작했다. 우리는 내담자와 그들의 언어에 긴밀히 초점을 유지한 채 실용적인 의미(우리가 하는 일을 알려 줌)와 개념적 의미(그것이 내담자에게 어떻게 도움이 될 수 있는지 이해하는 데 도움이 됨) 모두에서 이해할 수 있는 이론을 다루었다. 이러한 대화가 일반적인 이해의 방식으로 '정신'을 들여다보는 것은 아니지만, 활성 관점은 이러한 개념을 더 확장하는 것에 도움이 된다.

주요 요점

- 해결중심치료자들은 원칙적인 이유로 우리의 작업을 설명할 수 있는 이론을 거부해 왔다. 여기에는 주의가 산만해지지 않고 내담자에게 집중하며 그들에게 무슨 일이 일어나고 있는지 궁금해하는 '알지 못함의 자세'를 유지하고자 하는 바람도 포함된다.
- 이는 어떤 면에서는 도움이 되지만, 외부인과 동료 전문가들이 우리가 하는 일을 이해하고 참여하는 것에는 방해가 되기도 한다. 좀 더 유용한 내러티브가 우리 분야에 도움이 될 수 있다.
- 정신질환에 대한 이론과 설명은 뇌과학부터 의학, 생리심리사회적(biopsychosocial) 내러티브에 이르기까지 넓게 확장되고 있다.

- 활성주의 관점은 '정신'을 내면의 이야기에서 상호작용적인 것으로 다시 볼 수 있도록 한다. 내담자의 세계(움벨트)는 그들의 어포던스이자 상호작용의 가능성이다.
- '정신질환'에 관한 잠재적 정의 중 하나는 '지속적인 부조화'이다.
- 해결중심치료는 작은 상호작용적 상세함을 기반으로 하는 치료적 대화를 통해 내담자의 '세계를 확장'하는 것이다.

참고문헌

American Psychiatric Association. (2013). *Diagnostic and Statistical Manual of Mental Disorders* (5th ed.). https://doi.org/10.1176/appi.books.9780890425596.

British Association for Behavioural and Cognitive Psychotherapies (BABCP). (2020). *What Is CBT?* Retrieved from www.babcp.com/files/Public/what-is-cbt-web.pdf.

Chemero, A. (2009). *Radical Embodied Cognitive Science*. Cambridge, MA: MIT Press.

de Haan, S. (2020). *Enactive Psychiatry*. Cambridge: Cambridge University Press.

de Haan, S., Rietveld, E., Stokhof, M., & Denys, D. (2013). The phenomenology of deep brain stimulation-induced changes in OCD: An enactive affordance-based model. *Frontiers in Human Neuroscience*, 7, 653. Retrieved from www.frontiersin.org/articles/10.3389/fnhum.2013.00653/full.

de Shazer, S. (1991). *Putting Difference to Work*. New York, NY: W. W. Norton.

de Shazer, S., & Berg, I. K. (1994). *From Problem to Solution, Part 1* (Audio). Retrieved from https://youtu.be/7a71M1b7YOU. 16 July 2020, 22 minutes into the recording.

de Shazer, S., Dolan, Y., Korman, H., McCollum, E., Trepper, T., & Berg, I. K. (2007). *More Than Miracles: The State of the Art of Solution-Focused Brief Therapy*. Philadelphia, PA: Haworth Press.

de Shazer, S., & Varga von Kibed, M. (2003). *Conversations about Wittgenstein*.

Recording from the Plenary at the 2003 SFBTA conference. Santa Fe, NM: SFBTA.

Engel, G. (1977). The need for a new medical model: A challenge for biomedical science. *Science*, *196*, 126-129.

Erickson, M. H., & Rossi, E. (1979). *Hypnotherapy: An Exploratory Casebook*. New York, NY: Irvington Publishers.

Frances, A. (2013). *Saving Normal: An Insider's Revolt against Out-of-Control Psychiatric Diagnosis, DSM-5, Big Pharma, and the Medicalization of Ordinary Life*. New York, NY: William Morrow. 92 Building descriptions, stretching worlds.

Fuchs, T. (2013). Depression, intercorporeality, and interaffectivity. *Journal of Consciousness Studies*, *20*(7-8), 219-238.

Gibson, J. J. (1977). The theory of affordances. In R. Shaw & J. Brnasford (Eds.), *Perceiving, Acting, and Knowing*. Mahwah, NJ: Lawrence Erlbaum Associates Publishers.

Harre, R. (2002). *Cognitive Science: A Philosophical Introduction*. London: Sage Publications. Hutto, D. D., & Myin, E. (2013). *Radicalizing Enactivism: Basic Minds without Content*. Boston, MA: MIT Press.

Khoury, B., Langer, E. J., & Pagnini, F. (2014). The DSM: Mindful science or mindless power? A critical review. *Frontiers in Psychology*, 5, 602. doi:10.3389/fpsyg.2014.00602.

Malinen, T. (2004). The wisdom of not-knowing: A conversation with Harlene Anderson. *Journal of Systemic Therapies*, *23*(2), 68-77.

Merleau-Ponty, M. (1945). *Phénoménologie de la perception (Phenomenology of Perception)*. Paris, France: Editions Gallimard.

Monk, R. (1990). *Ludwig Wittgenstein: The Duty of Genius*. New York, NY: Free Press.

NHS. (2020). *Clinical Depression*. Retrieved from www.nhs.uk/conditions/clinical-depression/diagnosis/.

NIMH. (2020). *Neuroimaging and Mental Illness*. Retrieved from www.naminys.

org/images/uploads/pdfs/Neuroimaging%20(FAQ).pdf.

O'Hanlon, W. H., & Beadle, S. (1994). *A Field Guide to Possibility-Land*. Omaha, NE: Possibility Press.

Rogers, C. (1951). *Client-Centered Therapy: Its Current Practice, Implications and Theory*. London: Constable.

Schmaal, L., Veltman, D., van Erp, T., et al. (2016). Subcortical brain alterations in major depressive disorder: Findings from the ENIGMA major depressive disorder working group. *Molecular Psychiatry*, *21*, 806-812. https://doi.org/10.1038/mp.2015.69.

Stewart, J., Gapenne, O., & Di Paolo, E. A. (Eds.). (2010). *Enaction: Toward a New Paradigm for Cognitive Science*. Cambridge, MA: MIT Press.

Suzuki, S. (1970). *Zen Mind, Beginner's Mind*. New York: Weatherhill.

Thompson, E. (2007). *Mind and Life: Biology, Phenomenology and the Sciences of Mind*. Cambridge, MA: Harvard University Press.

van den Berg, H. (1972). *A Different Existence: Principles of Phenomenological Psychopathology*. Pittsburgh, PA: Duquesne University Press.

Varela, F., Thompson, E., & Rosch, E. (1991). *The Embodied Mind: Cognitive Science and Human Experience*. Cambridge, MA: MIT Press.

von Uexkull, J. (1920). *Theoretische Biologie*. Berlin: Paetel.

Wampold, B. E. (2001). *The Great Psychotherapy Debate: Models, Methods, and Findings*. Mahwah, NJ: Lawrence Erlbaum Associates Publishers.

Watzlawick, P., Weakland, J. H., & Fisch, R. (1974). *Change: Problem Formation and Problem Resolution*. New York, NY: W. W. Norton.

Weakland, J. H., Fisch, R., Watzlawick, P., & Bodin, A. M. (1974). Brief therapy: Focused problem resolution. *Family Process*, *13*(2), 141-168.

Wittgenstein, L. (1953). *Philosophical Investigations* (Trans. G.E.M. Anscombe). New York, NY: Macmilllan.

World Health Organisation (WHO). (2020). *WHO Model Lists of Essential Medicines*. Retrieved from www.who.int/medicines/publications/essentialmedicines/en/.

제6장

실천가의 역할

해결중심치료에서 실천가의 역할은 정확히 무엇일까? 지난 30년간 해결중심치료자들이 하는 일에는 상당한 변화가 있었다. 1장과 2장에서 보았듯이 처음에 실천가들은 내담자가 계속 좋아지는 데 도움이 될 수 있는 과제의 구축에 도움이 되는 대화에 참여했다. 이는 내담자가 언급한 것 중 일반적인 문제 패턴에 대한 '예외'였거나, 내담자의 강점, 지식, 그리고 기술 등 도움이 되는 사건을 더 많이 알아차리는 것을 의미했다.

물론 이러한 대화가 과제 없이도 내담자에게 직접적인 영향을 미쳤을 수도 있고, 실제로 그럴 가능성도 높다. 그러나 4장에서 살펴보았듯이 과제가 아닌 대화의 영향력은 21세기에 만들어진 핵심적인 성과로 볼 수 있다. 5장에서 나는 해결중심대화의 기능이 내담자에게 열려 있는 가능성의 확장, 즉 그들의 세계를 넓히는 것임을 제안했다. 이 장에서는 그러한 실천가의 역할을 구체적으로 탐색할 것이다. 즉, 세계의 확장은 어떻게 일어나는가? 이에 대한 대답은 '어떤 부분은 더 많이, 어떤 부분은 더 적게' 함으로써일 텐데, 이에 대해 함께 살펴보고자 한다.

세계 확장자로서의 실천가

최근 일어난 해결중심치료의 주요한 발전 중 하나는 내담자의 묘사가 더욱 상세해지도록 실천가가 추구하는 세부 수준의 정도가 증가했다는 것이다. 즉, 어떤 일이 일어날 것인지뿐만 아니라 그것이 정확히 무엇일지, 다른 사람들이 알아볼 수 있는 첫 신호는 무엇인지, 그것이 어떤 차이를 만들 것인지, 다음에 일어날 일은 무엇인지 등에 관한 것이다. 내담자와 함께 아주 상세한 내용을 공동으로 구축하는 과정에서 이제 실천가는 개입(과제)을 준비하는 것이 아니라, 오히려 이미 개입 과정에 있는 것으로 보아야 한다.

대화에 기반한 상세함(디테일)의 점진적인 축적(이 장 후반의 미시분석 부분에서 살펴보겠지만)은 어포던스로서 내담자의 인식에 새로운 행동 가능성을 높인다. 그러나 이러한 새로운 가능성이 이전에는 내담자에게 정확히 사용할 수 없었던 것도, 또 어포던스의 풍경으로 표현할 수 있는 가능성의 범위를 벗어난 것도 아니었음을 주목할 필요가 있다. 대화는 더 나은 삶과 관련된 것으로 내담자의 어포던스가 확장될 수 있도록 돕는다. 한 내담자 부부는 기적이 일어난 다음 날 오렌지 주스를 평소와는 다른 방식으로 만들겠다고 했다. 그들은 이미 신선한 오렌지 주스를 마셔 왔지만, 이제 그것은 그들의 하루, 그리고 삶의 구성에서 이전과 다른 역할을 하게 된 것이다.

또한 해결중심 대화의 모든 것은 누군가의 관점, 즉 내담자, 주변 사람들, 때로는 요약이나 칭찬과 같은 실천가의 관점에서 발생한다는 점도 주목할 필요가 있다. 여기서의 규칙(문법)은 구체적으로 명명된 사람들이 함께, 서로를 위해 특정한 일을 하는 것에 관한 것이다. 이는 일반화된 표현이 아니며, 과학과 의학의 언어로 수행되지도 않는다(Harré, 2002). 이것은 특정한 사람들이 자신과 서로에 대해 무엇을 알아볼 것인지에 관한 것이다. 이것이 해결중심치료가 아직까지 과학과 의학 분야에서 주요한 접근으로 활용되고 있지 못한 이유 중 하나일 수 있다. 과학과 의학 분야의 참여 조건은 이와 매우 다르다. 심리학을 포함한 과학은 많은 사람에게 적용될 수 있는 일반적인 진리와 신뢰할 수 있는 지식을 찾는 데 더 관심이 있다. 해결중심치료는 늘 특정한 사람과 특정한 맥락에 관한 것이었다.

명심해야 할 한 가지는 치료 대화가 진행되는 동안 내담자와 실천가 그 어느 쪽도 대화가 어디로 향하며, 무엇이 나타날지에 대해 모른다는 것이다. 마찬가지로, 내담자가 대화를 마치고 돌아갈 때 무슨 일이 일어날지 우리는 결코 알 수 없다. 내담자의 세계는 이미 확장되어 있다. 하지만 새로운 관점에서 자신의 삶을 살아가는 내담자에게 이것이 어떤 의미를 가질지는 확실하지 않다. 우리는 어떤 일이 벌어질지 기다리며 관찰해야 한다. 내담자가 상담을 계속하기를 원하며 돌아왔을 때 실천가는 '무엇이 더 좋아졌나요?'라는 질문으로 시작한다. 즉, 내담자가 새롭고 더 나은 일을 하고 그것을 발견할 수 있었던 방식을 이야기하도록 초대하는 것이다.

한 가지 흥미로운 가능성은 이러한 세계 확장의 과정이 전통적인 심리치료보다는 근력의 형성과 운동에 도움을 주는 물리치료와 더 유사하다는 것이다. 심리치료에서는 일반적으로 특정 실천가와 내담자가 관계를 구축하는 '치료적 동맹'이 중요하다. 일반적인 상황에서 이것은 내담자와 관련이 있는데, 불행한 과거에 대한 자세한 내용을 밝힐 수 있으려면 실천가를 신뢰해야 하기 때문이다. 그러나 더 나은 미래, 현재, 그리고 과거의 상세함에 초점을 맞추는 해결중심치료에서는 아마도 그러한 관계가 덜 필요하거나 전혀 필요하지 않을 수 있다. 질문은 실천가가 아니라 내담자를 위한 것이기 때문에 유사한 훈련과 지향을 가진 다른 실천가도 계속 이어서 할 수 있다. 해결중심치료자의 상황이 여의치 않아 다른 실천가로 바뀌었을 때 내담자가 이에 대해 크게 우려하지 않았다는 보고(BFTC 포함)가 있다. 그렇다고 이런 일이 일어나야 함을 제안하는 것은 아니지만, 내담자를 대화의 공동 구축가로서 주요한 참여자로 보는 이러한 관점에는 가능성이 내재되어 있다.

묘사의 구축

회기 종료 과제(an end-of-session task)를 제안할 필요가 없다면 실천가는 이를 구축하기 위한 정보를 수집할 필요도 없다. 실천가는 내담자의 문제 상황을 이해하여, 그러한 상황이 없어지거나 다른 것으로 대체되도록 과제를 고안하기 위해 경청하는 것이 아니다. 이해하고 반응을 준비하기 위한 경청은 우리에게 너무 자연스럽고 일상적이기 때문에 이를 수행하는 다른 방법을 생각하기는 사실상 쉽지 않다. 합리적이고 관련성이 높으며 도움이 되는 말을 하기 위한 경청은 우리에게 매우 익숙하다. 하지만 이는 해결중심치료와는 다른 치료적 형태의 실천방식이기 때문에 여기에서는 다루지 않기로 하겠다.

해결중심치료자는 내담자가 과거, 현재, 그리고 미래의 도움이 되는 시간이나 장면에 대한 묘사를 확장하도록 돕기 위해 경청한다. 이는 내담자가 말하는 일반적인 의미보다는 내담자가 사용하는 실제 단어에 섬세한 주의를 기울이는 매우 집중된 다른 종류의 경청이다. 그런 다음 실천가는 내담자가 말한 내용 중 일부를 선택하여 이를 더욱 확장하고 정교화할 수 있도록 돌려준다.

이러한 섬세한 경청과 참여는 해결중심치료의 시작부터 계속된 전통이다. 그러나 최근의 발전은 실천가가 내담자의 언어에 더욱 한결같이 집중하는 데 도움이 된다. 물론 실천가는 내담자가 제시하는 광범한 이슈를 따라야 한다. 내담자나 다른 사람의 안전이 위험에 처한 경우 이에 따른 조치를 취해야 할 때에는 더욱 그렇다. 그러나 우리가 실천가의 주된 역할을 상세한 묘사가 전개될 수 있도록 하며 내담자로 하여금 그 차이를 알아차릴 수 있도록 하는 것으로 여긴다면, 해결중심치료는 실용적이고 개념적인 측면에서 새로운 전환을 맞을 수 있다. 이 장에서는 그러한 전환의 실제적인 결과를 살펴볼 것이다.

묘사

> 우리는 모든 설명(explanation)을 없애고 묘사(description)만이 그 자리를 대신할 수 있도록 해야 한다.
>
> 『Philosophical Investigations』(Wittgenstein, 1953, p. 109)

이러한 비트겐슈타인의 주장은 다양한 종류의 치료적 대화에 내재된 (그의 관점에서) 혼란을 보여 주기 위해 사용될 수 있다. 그러나 대신 우리가 무엇을 할 수 있는지 보여 주기 위해 더 유용한 방식으로도 활용될 수 있다. 즉, 묘사의 구축이다. 실제로 비트겐슈타인과 드 세이저는 내담자의 삶과 우리의 실천에 관해 설명하는 것을 경계했다.

내담자와의 실천에 관한 한, 우리는 그들이 어떻게 문제가 그러한 상태에 이르렀는지에 대한 묘사(자세한 시각적 표현)를 요구하지 않는다. 그러한 상세함은 '문제의 세계'에 있는 것이다. 우울하다고 말하는 내담자를 예로 들어 보자. 아주 다양한 수준에서 설명이 가능한데, 뇌의 화학물질, 신체 생리학, 신경계, 생활사, 직장 내 갈등, 가족 관계, 어린 시절의 트라우마, 경제적 박탈, 정치적 억압, 심지어 섭생과 운동까지도 이에 포함될 수 있다. 대부분의 분야에서는 이러한 영역 중 하나를 선택적으로 집중한다. 해결중심치료를 통해 우리는 이러한 선택을 넘어 내담자 스스로 결론을 도출할 수 있는 미래, 현재, 그리고 과거의 더 나은 생활에 대한 묘사로 가득 찬 '해결의 세계'에 초점을 둘 수 있도록 돕는다. 우리는 '인과관계를 통해' 문제를 이해하려 하지 않는다.

바로 이것이 기적질문이 출발점으로서 효과적인 이유이다. 이 질문에서 실천가는 내담자가 잠을 자고 있는 사이에 갑작스럽고 설명할 수 없는 사건인 기적이 일어났다고 가정한다. 내담자는 기적이 일어난 다음 날의 장면을 묘사함으로써 뒤늦게 기적이 일어났다는 사실을 알게 된다. 그들은 변화가 일어난 (가상의) 순간을 볼 수 없고, 그래서 그것이 어떻게 일어났는지 알 수 없다. 따라서 갑작스럽고 설명할 순 없지만 도움이 되는 이유 없이 발생한 사건과도 같은 기적의 특성은 내담자가 기적 이후의 삶의 경험을 묘사하는 것과 그곳에 어떻게 도달했는지를 설명하도록 하는 행위를 분리하도록 돕는다.

선호하는 미래(preferred future)와 '어떻게 그곳에 갈 것인가'를 분리해 온 것은 오랫동안 해결중심치료의 좋은 실천 방식이었다. 실제로 이는 비즈니스 및 자조(self-help) 분야에서 볼 수 있는 목표–계획–행동–성공에 대한 일반적인 패턴과의 주요한 차이점으로 볼 수 있다. 앞 장에서 살펴본 최근 주목받는 해결중심치료의 이론에서는 목표나 계획, 그리고 행동에 대한 논의를 거의 하지 않는다. 대신 실천가의 도움을 받아 내담자는 최선의 희망(best hopes)이라는 주제를 중심으로 묘사를 구축한다. 실천가는 내담자가 묘사를 시작하는 데 도움이 되는 아마도 기적이나 척도질문과 같은 질문을 한 다음 그것을 확장하기 위해 훨씬 더 작은 질문을 통해 내담자와 협력한다. 이러한 일관된 묘사의 구축은 내담자가 경험한 힘든 일을 이해하고자 하는 것이 아니기 때문에 비트겐슈타인이 지적한 혼란을 더 쉽게 피할 수 있다.

그런 다음 회기가 진행됨에 따라 내담자는 일종의 인식의 전환을 경험하여 대화가 끝날 때쯤 다음에 무엇을 해야 할지에 대해 알게 된다. 미래, 과거, 그리고 현재에 대한 상세함은 내담자 세계의 풍경(landscape)과 행동의 가능성을 넓혀 준다. 이는 즉각적인 해결의 문을 여는 깨달음의 섬광과도 같은 '아하'의 순간을 기다리는 것과 대조된다. 나는 적어도 25년 전에는, 이것이 해결중심치료의 목표라고 생각하곤 했다. 가끔 그런 일이 일어나는 것을 보기도 했고, 실제로 그런 일이 일어나면 그것은 환영할 만한 일이다. 내담자에게 도움이 되는 학습이나 깨달음도 마찬가지이다. 그러나 나는 우리의 작업이 점진적인 것이며, 대화가 끝날 때 내담자가 뭔가 다름을 알게 되는 것임을 깨달았다. 이것은 힘들게 한 발 한 발 산에 오르고 마침내 돌아서서 처음에는 없었던 놀라운 경치를 볼 수 있는 것과 유사하다.

지금까지 우리는 실천가는 질문을 하고 내담자는 이에 대답하는 형태의 대화에 대해 생각해 왔다. 그러나 최근 발전한 대화에 관한 미시분석은 두 참여자 모두 우리가 생각했던 것보다 훨씬 더 많이 서로에게 관여하며 영향을 미침을 보여 준다.

미시분석을 통한 발전

해결중심치료는 처음부터 실제 사례에 대한 면밀한 검토를 통해 발전해 왔다. 드 세이저와 김인수, 그리고 그들과 함께 한 동료들은 밀워키 BFTC의 거실 계단에 앉아 회기를 관찰하고, 토론했으며, 교육에도 실제 상담에서 얻은 축어록과 녹화 테이프를 광범하게 사용했다. 묘사의 구축(description building)과 관련된 최근의 발전도 많은 경우 실용적이며 초점적인 성찰(focused reflection)을 통해 이루어진 것이다.

이러한 과정은 아마도 미시분석을 통해 더 잘 보여질 수 있을 것이다. 우리는 이 책의 1장에서 1967년에 『Pragmatics of Human Communication』(Watzlawick, Bavelas, & Jackson, 1967)의 공동 저자인 바블라스를 처음 만났다. 의사소통과 대화 연구 분야에서 뛰어난 업적을 쌓은 후 바블라스 박사는 2000년대 초반 치료적 의사소통의 분야로 관심을 돌려 실제 대화에 관한 획기적인 연구를 주도했다. 그녀는 '커뮤니케이션 이론은 실제 커뮤니케이션은 제외하고 거의 모든 것을 연구해 왔다…….'라고 비판하며 상세한 초점으로 해결중심치료의 회기를 연구하고 이를 다른 상담 접근과 비교했다.

이는 풍부하고 상세하며 흥미를 끄는 분야임에 틀림없다. 여기에서는 공간의 제약으로 몇 가지 중요한 성과를 중심으로 설명하고자 한다. 다행스럽게도 바블라스의 연구는 그녀의 개인 웹사이트에 보관되어 있고, 자유롭게 탐색할 수 있도록 설정되어 있다(Bavelas, 2020).

질문과 재진술

해결중심치료의 회기와 내담자중심치료의 회기를 비교한 초기 연구에서 바블라스와 토모리(Bavelas & Tomori, 2007)는 두 가지 주요한 측면을 살폈다. 연구결과는 실천가의 대화 참여는 기본적으로 질문과 '재진술(formulations, 포뮬레이션으로 표현하기도 함)'의 형태로 나타남을 보여 주었다. 질문은 답변을 듣기 위해 명확하게 고안된 것인 반면, 재진술은 내담자가 말한 내용에 대한 반영, 요약, 그리고 실천가의 이해에 대한 진술 등이 포함된다. 둘 다 대화를 이끄는 방법이다. '둘 다(both)' 또는 '둘 다 아님(neither)'의 범주에 해당하는 질문과 재진술도 사용되었지만, 이에 대해서는 나중에 좀 더 자세히 설명할 것이다.

결과적으로 해결중심치료의 회기에서는 실천가가 거의 동일한 수의 질문과 재진술을 하는 것으로 나타났다. 반면에 내담자중심치료의 회기에서는 두 회기에 걸쳐 질문이 단 한 번뿐이었고, 거의 전적으로 재진술로 구성된 것으로 나타났다. 실제로 해결중심치료에서 상대적으로 더 높은 비율의 질문이 나타나는 것은 놀라운 발견은 아니지만, 그 차이가 극명함을 알 수 있었다.

긍정과 부정

같은 연구에서 연구자들은 실천가의 발언 중 얼마나 많은 것이 내담자의 희망과 성공에 연관된 긍정적 내용인지, 문제와 연결된 부정적 내용인지, 아니면 둘 다인지에 대해 살펴보았다. 해결중심치료의 회기에서는 긍정이 부정보다 약 6대 1로 많았다. 내담자중심치료의 회기에서는 부정적인 발언이 긍정적인 발언보다 약 4대 1로 많아, 두 연구에서 큰 차이를 발견할 수 있었다. 연구자는 의심할 여지없이 내담자중심의 실천가에게 내담자를 공감해 주고자 하는 욕구가 더 많음을 발견할 수 있었고, 이러한 결과가 의도적인 것이었는지 궁금해 했다. 그들은 또한 일련의 문제 중심적이고 부정적인 진술이 내담자에게 미치는 전반적인 영향이 어떠할지에 관한 예측 가능성을 주목하기도 했다.

이후의 연구에서 스목 조던, 프로어, 그리고 바블라스(Smock Jordan, Froerer & Bavelas, 2013)는 각 3회기의 인지행동치료(CBT)와 해결중심치료를 미시분석했다. 그들은 이 연구에서도 해결중심치료자들이 부정적인 언어보다 긍정적인 언어를 상당 정도 더 많이 사용함을 발견했다. 인지행동치료의 회기에서는 거의 동일한 균형을 보여 주었다. 두 경우 모두 내담자는 긍정적이든 부정적이든 실천가와 같은 맥락에서 반응할 가능성이 높음을 보여 주었다. 연구자들은 실천가들이 이러한 내담자의 답변을 자신의 진술 속에 지속시키는 경향이 있고, 그것으로 대화에서 다른 '경로'가 만들어짐에 주목했다.

재진술의 구축

2010년대 초반 수년에 걸쳐 바블라스는 숙련된 해결중심치료자인 코만(Harry Korman), 드 용(Peter De Jong)과 긴밀히 협력하며 해결중심치료가 실제적으로 매초 단위에서 세부적으로 어떻게 작동하는지 더욱 면밀히 관찰했다. 바블라스는 재진술이 '개방형' 또는 '폐쇄형'일 수 있다고 했다(Bavelas, 2011). 개방형 재진술은 질문은 아니지만 대답하는 사람의 응답을 촉진하기 위한 것이며, 이는 응답을 위해 말을 일시적으로 멈추거나, 말끝을 올리는 질문의 형태를 사용해 신호를 보낼 수 있다. 반면에 닫힌 재진술은 반응을 촉진하기 위한 것이 아니며, 실천가가 계속해서 말하거나 주제를 바꾸며 다른 신호를 보낼 때 사용된다. 이것은 단순히 말한 것 이상을 의미한다. 간단한 예를 들어 보자.

C: 산책을 하면 마음이 진정되는 것 같아요…….

P: 산책을 하면…… (억양 높이기, 일시 정지, 더 자세히 말하기 요청, 열린 재진술)

또는

P: 산책을 하시는군요. (뒤에서 낮아지는 억양, 정지하지 않음, 주제를 바꾸고자 함, 닫힌 재진술)

내담자의 언어를 그대로 쓰기

재진술의 다른 측면은 실천가가 내담자의 언어를 유지하는 정도이다. 코만, 바블라스, 그리고 드 용(Korman, Bavelas, & De Jong, 2013)은 이와 관련하여 해결중심치료, 인지행동치료 및 동기강화면담(MI)의 회기를 분석했다. 그들은 내담자의 언어가 실천가의 재진술에 얼마나 정확하게(있는 그대로) 또는 지시적으로('저것' 또는 '그것'과 같은 지시대명사로 요약해서 지칭), 또는 변경된 형태(일반적으로 동의어 또는 의역)로 유지(그대로 쓰임)되었는지를 살폈다. 그들은 또한 실천가가 자신의 말을 추가한 부분에도 주목했다.

이러한 결과는 해결중심치료로 진행된 두 사례의 발췌(Berg & Korman)에서 총계(각각 93% 및 86%)와 정확히 유지된 언어(38% 및 57%) 측면에서 내담자의 언어를 가장 높은 비율로 유지함을 보여 주었다. 이에 따라 이 두 회기에서는 실천가가 추가한 새로운 언어의 양이 더 적었다. 김인수는 7%, 코만은 14%였다. 다른 인지행동치료 및 동기강화치료의 회기에서는 새로운 언어가 37%, 5%, 그리고 43% 추가된 것으로 나타났다. 이러한 발견은 그동안 가능한 한 내담자의 언어를 유지하는 것에 분명한 그렇지만 다소 암묵적이었던 해결중심치료자의 선호를 확인시켜 주었다. 물론 내담자가 말하는 모든 것을 사용하는 것은 불가능하다. 무엇을 생략할지에 대해서도 결정해야 한다. 이는 다음 장에서 살펴보겠지만 해결중심치료자의 또 다른 기술이다.

개입으로서의 질문

공동 창작(co-creation)이나 공동 구축(co-construction)과 같은 문구는 요즘 다양한 방식으로 혼란스럽게 사용되는 경향이 있는데, 내담자를 의학적 치료 프로그램에 참여시키는 것부터 사회구성은 뭔가 놀랍지만, 난해하고, 모호한 것인 것처럼 표현되는 것까지 포함한다. 반면에 해결중심치료는 적어도 최근 몇 년간 대화와 상호작용에서 의미의 공동 구성이라는 개념에 대해 상대적으로 명확한 입장을 견지해 왔다. 한편으로 우리는 언어와 대화에 대해 MRI 창시자들이 인정할 수 있을 정도로 엄격하고 구체적인 연구를 진행하고 있고, 다른 한편으로 이러한 움직임은 실천가의 역할과 책임에 관한 다소 불편한 진실을 드러내기도 했다.

맥기, 델 벤토, 그리고 바블라스(McGee, Del Vento, & Bavelas, 2005)는 치료적 개입으로서 질문의 상호작용 모델에 관해 살펴보았다. 연구자들은 해결중심치료자가 정보수집의 목적을 가지고 질문하는 것보다(일반적으로 과제에 기반한 치료 모델에서 실천가는 질문을 통해 정보를 수집하고자 함) 새로운 가능성을 소개하고 새로운 의미를 공동으로 구축하기 위해 질문하는 방식에 주목했다. 이런 관점에서 실천가와 내담자는 단순히 내담자에 대한 정보를 서로 주고받는 것이 아니다. 그들의 대화는 내담자가 새로운 모습의 삶을 적극적으로 구축하게 만든다. 이것은 해결중심치료가 진화해 온 핵심 측면이다. 이는 새로운 아이디어는 아니었지만 연구를 통해 바블라스와 동료들은 질문과 답변 과정에서 이러한 현상이 어떻게 나타나는지 보여 주었다. 이들은 이러한 방향으로 이끌기 위해 질문을 어떻게 구성할 수 있는지에 대한 핵심 요소를 찾아냈다.

- 지향(orientation): 질문은 응답자가 경험의 특정 측면을 지향하도록 하기도 하고 제한하기도 한다.
- 현장 검토(on-the-spot reviewing): 질문에 답하기 위해 답변자는 자신의 경

험(또는 경험에 기초한 상상력)을 통해 요청된 세부 요소를 찾으며 상당 정도의 현장 검토 작업을 수행해야 한다.

- 내재된 전제(embedded presuppositions): 질문에는 일반적으로 응답자가 말없이 받아들인 내재된 전제(가정)가 포함될 수 있지만, 그것이 유용하지 않은 것으로 판명되면 변경 가능하며, 실천가는 이를 수정할 수 있다.
- 수용(acceptance): 질문에 답할 때 응답자는 내재된 전제를 암묵적인 공통의 기반(common ground)으로 받아들이며, 자신의 답변을 '소유(own)'하게 되고, 이 시점에서 주도권은 다시 질문자에게로 넘어간다.

아래의 짧은 예가 다소 추상적인 이러한 개념이 실제로 어떻게 활용되는지 이해하는 데 도움이 될 것이다. 내담자는 기적이 일어난 날에 집에 가만히 앉아 있는 대신 어떻게 취업 면접에 갈 것인지에 대해 이야기하고 있다.

내담자: 안톤(Anton)의 등교를 돕기 위해 집을 나설 때 좀 더 꾸미고 나가려구요.

실천가: 기적이 일어난 후 오늘 아침, 어떻게 좀 더 꾸미고 나가실까요?

내담자: 머리가 산발하지 않도록 하고…… 그리고 바닥에 굴러다니던 옷을 주워 입은 것 같지 않은 옷을 입을 거예요.

내담자는 '더 꾸밈'이라는 단어를 제공했다. 이것이 대화의 특정한 지향이다. 실천가는 그 단어를 이용해 내담자가 어떻게 더 꾸미고 나갈 것인지 묻는다. 여기에는 두 가지 전제가 있다.

1. 그녀는 자신이 어떻게 하면 더 꾸민 것처럼 보일지 알 것이고,
2. 기적이 이미 일어났다는 것이다.

두 번째 전제가 내담자에게 의심 없이 받아들여졌다는 점에 주목할 필요가 있다. 그것은 얼마 전 기적질문의 일부로 내담자에게 이미 소개되었고, 지금은 대화의 일부가 되었다. 첫 번째 부분에 답하기 위해 내담자는 바로 그 자리(현장)에서 자신의 경험을 검토하고 답해야 한다. 내담자는 흔히 그렇듯 이 작업을 신속하게 한다. 내담자는 자신이 이미 답을 알고 있고, 이제 자신이 그 답을 소유하고 있다는 전제를 받아들였다. 이제 실천가는 계속해서 관련된 묘사를 구축할 수 있다.

'더 꾸미는 것'에 대한 자기인식을 전제하지 않을 때 상황은 달라질 수 있다.

내담자: 안톤(Anton)의 등교를 돕기 위해 집을 나설 때 좀 더 꾸미고 나가려구요.

실천가: 기적이 일어난 후 오늘 아침, 당신의 모습을 어떻게 더 꾸밀지 알고 계실까요?

내담자: 음…… 아니요.

위에서 실천가는 내담자가 답을 알고 있다고 가정하지 않고 대신 그녀가 알고 있는지에 대해 분명하게 물었다. 이는 개방형의 '어떻게' 질문이 아닌 예/아니오 유형의 질문이며, 내담자에게 '아니오'로 답할 수 있는 선택을 제공한다. 일단 그러한 선택이 내담자에게 주어지면 일반적으로 내담자는 그것을 받아들인다. 우리는 질문의 아주 작고 섬세한 변화가 어떻게 완전히 다른 개입으로 바뀔 수 있는지 보았다. 이 책의 뒷부분에서 상세한 대화를 살펴볼 것이다.

의미의 공동 구축

연구에 따르면 해결구축의 실천은 단순한 질문과 답변의 과정보다 훨씬 더 복잡하며, 서로 얽혀 있는 것으로 나타났다. 또 다른 중요한 연구에서 드 용,

바블라스, 그리고 코만(De Jong, Bavelas, & Korman, 2013)은 내담자가 생성한 상세한 정보가 양측에서 어떻게 받아들여지는지 그 과정을 보여 주었다. 심리언어학자인 허버트 클락(Herbert H. Clark, 1996)의 작업을 기반으로 하며 자신들의 사례를 바탕으로 바블라스팀은 이러한 수용이 어떻게 발생했고, 대화가 진행됨에 따라 어떻게 새로운 의미가 확보되었는지에 대한 확고한 견해를 제시했다. 이후 연구(Bavelas, Gerwing, & Healing, 2017; De Jong, Smock Jordan, Healing, & Gerwing, 2020)에서는 이 세 부분으로 구성된 과정을 '세밀한 수정(calibration, 눈금 측정)'의 과정으로 보며 보다 정교한 프레임을 제공했다.

가장 간단한 형태의 토대 구축 과정(grounding, 이후 그라운딩으로 표현)의 순서는 해당되는 특정 순간에 정보를 제공하는 사람과 그 대상이 되는 사람을 포함하는 다음의 세 단계로 구성된다.

1. 화자(the speaker)가 정보를 제공한다.
2. 청자(the addressee)는 그것을 이해했다고 표시한다.
3. 화자는 청자의 이해 표시를 확인한다.

화자가 내담자인 경우가 많지만 이 과정은 어느 곳에서도 일어날 수 있다. 간단한 예를 들기 위해 호텔 접객담당자(concierge)가 손님으로부터 레스토랑 전화번호를 요청받았다고 가정해 보자.

담당자: 552 8262 입니다.
손님: 552 8262
담당자: 네, 맞습니다.

이들 사이에서 손님과 담당자는 전화번호가 552 8262라는 사실을 토대로 삼았다. 물론 사람들이 이 과정을 더욱 단축하며 원활하게 소통할 수 있는 방법이 있을 수 있다. 예를 들면, 담당자가 '네, 맞습니다.'라고 말하기보다는 '네.'라고 짧게 대답하며 고개를 끄덕일 수도 있다. 손님은 전체 내용을 반복하는 대신 숫자를 적어 두고 '8262'라고 짧게 응답할 수도 있다. 두 번째와 세 번째 단계에 '(고개를 끄덕이며) …… 그러면 오늘 밤에 영업을 하나요?'와 같은 후속 질문과 재진술이 포함될 수도 있다. 그렇지만 분명한 것은 세 번째 단계가 어떤 식으로든 전혀 없다면 이상하고 불편한 일일 것인데, 문제가 아직 해결되지 않은 상태이기 때문이다.

이것은 복잡한 영역이지만 주요한 결론은 의외로 단순하고 명확하다. 의미를 구성하는 것에는 두 사람이 필요하다. 실천가와 내담자는 대화와 의미의 구성에 함께하는 공동 참여자이다. 이는 자신의 '중립성'과 '내담자 중심'에 자부심을 갖고 있는 일부 실천가들에게 충격적인 소식일 수 있다. 미시분석은 상담 장면에서 중립적인 단어는 없으며, 의사소통을 할 때 서로에게 영향을 미치지 않을 방법은 없음을 보여 준다. 이는 반세기 전에 베이트슨이 대화의 상호작용을 상세하게 다루며 개념화한 아이디어였다.

물론 실제 생활에서는 이 터무니없이 간단한 예보다 훨씬 더 상황이 복잡하다. 그라운딩 순서는 중복되며, 전체 설명이 아닌 작은 응답으로도 이루어질 수도 있다. 바블라스, 드 용, 스목 조던, 그리고 코만(Bavelas, De Jong, Smock Jordan, & Korman, 2014)은 치료 사례를 살펴보기 위해 드 세이저의 인터뷰를 분석했다(〈표 6-1〉 참조). 드 세이저는 내담자에게 '무슨 일로 상담에 오시게 되었나요?'라고 물었고 여기서부터 분석이 시작된다.

표 6-1 그라운딩(grounding-토대의 구축 과정)과 언어적 선택(lexical choice)을 보여 주는 미시분석의 예

	축어록	그라운딩 순서 (Grounding sequence)	겹치는 부분 (Overlapping sequences)
#1	내: '글쎄요, 저는 지금 음주 문제를 겪고 있습니다.'	1a: 새로운 정보의 제공	
#2	드 세이저: '으-흠.'	1b: 최소의 반응으로 이해했음을 표현함.	
#3	내: '네.' (아주 차분한 목소리로)	1c: 최소의 반응으로 이해했음을 표현한 것을 확인해 줌. 1: 현재 내담자가 음주 문제를 겪고 있음에 대한 토대가 형성됨.	
#4	(드 세이저 아래를 내려보며 잠깐 멈추고 받아 적으며, '좋아요, 어.'라고 한 후 다시 잠깐 멈춤)		[드 세이저의 두 번째 멈춤에서(#5) 내담자가 말하기 시작하나 드 세이저가 말하기 시작하며(#6), 내담자의 말이 중단되었고, 두 사람은 #6에서 다시 동시에 말함.]
#5	내: '어떤 때 저는 술을 마시고-.'		
#6	드 세이저: '(강조하며) 조금 전 "지금."이라고 말씀하셨네요.'	1b′: 내담자가 #1에서 말한 것에 대해 두 번째 이해를 표현하며, 이번에는 좀 더 분명하게 말함.	

#7	내: '글쎄요, 그걸 겪고 있죠-.'	1c': 내담자는 #6에서 '지금'이 의미하는 정보를 제공하기 시작함으로써 실천가가 표현한 이해를 확인해 줌. 1': 그가 그것을 "지금" 겪고 있음의 근거가 확립됨.	2a: 새로운 정보를 제공함.
#8	드 세이저 (겹치며): '으-흠.'		2b: 이해했음을 표현
#9	내(계속해서): '그렇지만 저는 지금 제 인생에서 그것을 다룰 시간이라고 느껴요. 그것에 대해 뭔가 해야만 해요.'	3a: 새로운 정보를 제공함.	2c: 이 주제를 계속 다룸으로써 드 세이저의 표현이 정확함을 확인해 줌. 2: 내담자가 (그의 음주 문제)를 '다뤄 왔음.'에 대한 근거가 마련됨.

출처: Bavelas, De Jong, Smock Jordan, & Korman (2014) pp. 17-18

이 모든 과정은 단 17초만에 이루어진 것이다. 이는 우리와 함께 있었지만 실제로는 눈에 띄지 않았던 몇 가지 측면을 명확하게 보여 준다.

- 대화에는 단순히 질문과 답변을 교환하는 것 이상이 존재함.
- 공유된 정보에 대한 근거를 확인하는 것은 내담자와 실천가 사이의 공동 활동임.
- 실천가는 내담자가 사용하는 실제 단어에 매우 세심한 주의를 기울임.
- '으-흠'과 같은 최소한의 응답과 단어의 반복 및 재사용을 통해 토대가 만들어짐.
- 의미를 구성하는 과정은 대화에 관련된 모든 사람을 포함하는 연속적인 과정임.

최소한의 응답과 공동의 협력 과정을 활용하는 이러한 그라운딩 과정의 요소는 해결중심치료에만 국한된 것은 아니다. 실제로 이러한 과정은 거의 모든 대화의 일부이다. 그러나 우리가 해결중심치료의 관점을 묘사의 구축(description-building)으로 본다면, 이는 내담자의 말을 토대로 그것을 확장할 수 있도록 하는 데 매우 유용하다.

분명히 말하자면, 이 공동의 창작 과정은 화자가 말하는 내용을 청자가 인정하는 단순한 커뮤니케이션의 '백 채널(backchannel)' 그 이상이다. 고개를 끄덕이고, 미소 짓고, 격려의 소리('으-흠')를 내고, 관심을 보이며 몸을 앞으로 기울이고, 내용을 노트에 적는 등 여러 종류의 활동이 포함되지만, 바블라스와 동료들은 이러한 활동이 순서대로 진행되기보다는 양측 모두가 참여하는 지속적인 과정으로 간주한다. 이는 우리가 의미의 구축에 도움이 되는 실천가의 이러한 작은 기여에 더 큰 관심을 가져야 함을 말한다.

물론 실천가가 소개한 단어에 대한 그라운딩 과정도 있을 수 있으며, 이 또한 양측 모두가 포함된다. 해결중심치료에서 이런 일이 발생하면 이는 흔히 강점, 유용한 자질, 그리고 내담자가 칭찬받을 만한 것에 관한 것이다. 다른 형태의 치료에서도 실천가가 자신의 모델에 관한 기술적인 단어를 소개하고 내담자가 이를 이해할 수 있도록 하는 그라운딩 과정을 가질 수 있다. 후속 장에서는 실제 회기의 한 부분을 제시하고 이에 대한 설명을 추가함으로써 이것이 언제 어떻게 발생하는지 살펴볼 것이다.

핵심어의 선택

바블라스와 동료들은 해결중심치료의 대화에 대한 미시분석에서 주요한 세 가지의 요소를 발견했다. (긍정 및 가정적) 질문 및 재진술과 함께 실천가는 내담자의 말에서 (만일 있다면) 어떤 단어를 포함할지, 어떤 단어를 추가할지 결정하는 '언어적 선택(lexical choice)'에 참여한다. 친구를 만나 커피를 마시거나 저녁 식사를 하면서 이야기를 나누는 것과 같은 평범한 일상 대화에서 이것은 우리가 생각 없이 하는 거의 무의식적인 방식에 가깝다. 그러나 치료적 대화는 일상적이지 않다. 이는 누군가가 자신의 상황에 대해 새로운 방식으로 이야기할 수 있도록 만들어진 목적을 가진 숙련된 활동이다.

앞서 드 세이저의 상담에서 발췌한 내용을 다시 살펴보자. 내담자는 드 세이저의 첫 질문에 다음과 같이 대답한다.

내담자: 글쎄요, 지금 저는 음주 문제를 겪고 있습니다.

대부분의 사람들은 이 발언에서 '음주 문제'의 부분을 선택하며, "음주 문제를 겪은 지 얼마나 되었습니까?" 또는 간단히 "음주 문제요?"와 같은 말을 하게 될 것이다. 반면에 드 세이저는 내담자가 한 응답의 다른 요소를 선택했다.

드 세이저: (강조하며) 조금 전 "지금"이라고 말씀하셨네요.

드 세이저는 자신의 음주 문제를 확장하기 위해 '가끔 술을 마십니다.'라는 내담자의 시도에 대해서도 간단한 방식으로 반응한다. 그러나 드 세이저가 음주 문제에 대한 내담자의 언어를 거부하거나 부정하는 것은 아니다. 실제로 그는 바로 그 주제에 대한 그라운딩 과정에 참여했다. 그리고 그는 '지금'이라는 단어를 선택해 대화의 다음 부분으로 진행했다. 이러한 단어들은 대화의 표면에 존재한다. 드 세이저가 그러한 단어들을 간과할 수도 있었지만 그렇게 하지 않았다. 이것을 단지 하나의 기술로 표현할 수도 있지만, 이것은 해결중심실천가들이 반드시 배워야 할 기술이다.

내담자의 언어에 충실하게 머물기

여러분은 아마도 내담자의 말을 듣고 그것을 사용하는 것의 중요성을 이미 알고 있을 것이다. 그럼에도 이는 면밀한 주의를 요한다. 이 초점은 우리가 내담자를 '이해'하거나 전통적 의미에서 해석하려고 하지 않는다는 사실을 고려할 때 도움이 된다. 내담자의 언어를 듣고, 핵심이 되는 단어를 선택하고, 그 단어가 확장될 수 있도록 도와야 한다. 이는 두 가지 이유, 즉 실용적이고 윤리적인 측면에서 중요하다.

실용적인 의미는 『Encounters with Steve de Shazer and Insoo Kim Berg』(Wolf, 2015)라는 책에서 저자 중 한 명인 볼프가 쓴 글에 잘 설명되어 있다. 볼프는 오스트리아에서 드 세이저가 내담자와 상담을 하면서 그 상담이 내담자에게 어떻게 도움이 될지에 대해 물었고, 내담자는 "나는 prwldbdl[1] 할 겁니다."라고 대답했다. 드 세이저는 "만약 당신이 한동안 prwldbdl할 수 있다면, 그것이 당신에게 어떤 변화를 가져올까요?"라고 물었다. 그것에 대한 대답을 통해 대화가 계속되고, 다양한 가능성이 검토되었고, 마침내 상담이 끝나고 드 세이저가 상담실과 연결된 관찰실로 들어와서 "'prwldbdl'이 도대체 뭔가요?"라고 물었다. 볼프는 드 세이저가 이 '단어'가 무엇을 의미하는지 알 필요 없이 대화를 진전시키는 것에만 이 '단어'를 사용했음을 관찰했다. 회기의 진행에 상당히 만족했던 내담자는 그것이 무엇을 의미하는지 아는 것 같았고, 그것만으로도 충분했다.

이것이 왜 그렇게 중요한지에 대한 윤리적 이유는, 적어도 나에게는 독일의 철학자인 하버마스(Jürgen Habermas)의 작업에서 비롯된다. 1971년에 나온 그의 저서인 『Knowledge and Human Interests』(Habermas, 1971)에서 그는 폭력

1) 역자 주: 원어 그대로 표현함

은 '체계적으로 왜곡된 의사소통'임을 주장했다. 우리가 내담자의 언어를 바꿀 때 어쩌면 우리는 그들에게 폭력을 가하는 것일 수도 있다. 나는 해결중심치료에서 내담자의 언어를 존중하는 관행을 윤리적인 측면으로 보게 되었다. 만약 우리가 '더 나은' 단어를 제안함으로써 내담자의 언어를 직접 바꾸려고 한다면, 우리는 내담자가 자신을 표현하는 방식에 대한 그들의 통제권을 빼앗는 것과 같다. 나에게 이것은 좀 과격하게 표현하자면 그들을 납치해서 알 수 없는 곳에 남겨 두고 그것이 그들에게 최선이었다고 주장하는 것과 마찬가지로 보인다.

그리고 드 세이저도 물론 이 사실을 잘 알고 있었다. 그의 논문 「Radical Acceptance」(de Shazer, 1997)에서 그는 다음과 같이 썼다.

> 내담자는 우리가 기대하는 것보다 더 합리적이며, 일단 우리가 그들의 관점을 받아들일 때 내담자는 자신의 견해를 수정할 수도 있다. 그러나 실천가가 내담자의 기적에 관한 그림이 비현실적이라는 점을 지적하거나 척도에서의 그들의 평가가 다소 '잘못'되었다고 말하는 경우 그러한 자발적 수정은 거의 일어나지 않는다. 내담자의 답변은 완전히 있는 그대로 받아들여져야 한다. 바로 이때가 이 접근이 빛을 발하는 순간이다.
>
> (de Shazer, 1997, p. 378)

이것은 간단할 수도 있지만 드 세이저가 논문에서 말했듯이 많은 사람에게 결코 쉽지 않다! 내담자가 말하는 것을 자신의 경험으로 해석하지 않기 위해 '자신의 머리를 비우는 기술'과 동시에 내담자의 말 뒤에 무엇인가 숨겨져 있을 것이라 가정하지 않도록 '내담자의 머리 밖에 머무는 기술'은 어려운 요청이다. 이에 익숙해지는 것에는 많은 시간과 노력이 필요하다.

묘사의 구축을 핵심 과정으로 보고자 하는 가치와 앞서 논의한 미시분석의 통찰력은 이러한 전적인 수용이 끝이 아니라 어떻게 시작인지에 대한 훨씬 더 큰 그림을 제공한다. 내담자는 첫마디에 자신은 괜찮다고 말할 수 있다. 하지만 거기에는 언제나 더 많은 표현의 가능성이 존재한다.

실천가의 역할

실천가가 해결중심치료에서 무엇을 하고, 무엇을 하지 않은지에 대한 다양한 관점을 살펴본 후 다음과 같이 요약할 수 있다. 실천가의 역할은 치료적 대화에서 작은 상호작용의 상세함을 기반으로 내담자의 세계를 확장하는 것이다.

- 내담자의 문제 상황 인정하기(더 추가하지는 않기)
- 내담자가 좋아짐을 어떻게 알 수 있을 것인지에 대해 많은 관심 갖기
- 내담자가 함께 할 작업의 '주제'인 최선의 희망을 명확하게 표현할 수 있도록 돕기
- 내담자가 자신과 다른 사람의 관점에서 미래, 현재, 그리고 과거에 실현된 최선의 희망으로 일상 생활의 다양한 장면을 묘사할 수 있도록 돕기
- 내담자가 기적질문, 척도질문 등과 같은 비교적 '큰' 질문에 대해 답함으로써 묘사를 시작할 수 있도록 돕기(첫 번째 수준)
- 내담자에게 '그렇게 하면 어떤 차이(변화)가 생길까요?' '[X]가 알아차릴 첫 번째 작은 신호는 무엇일까요?' 등과 같은 '작은' 질문을 사용하여 이러한 묘사에 구체적이고, 관찰 가능하며, 작은 디테일을 추가할 수 있도록 돕기(두 번째 수준)
- 내담자와 함께 대화에 참여하고, 고개를 끄덕이고, 미소 짓고, 받아 적고, 몸을 앞으로 기울이고, 내담자가 말할 때 '으-흠'과 같은 말을 자주 하고, 질문하고 재진술하는 등의 작은 협력적 행동을 통해 계속해서 더 많은 것을 탐색하기(세 번째 수준)

- 질문, 재진술, 그리고 언어의 선택을 통해 내담자가 희망과 유용한 경험에 연결된 진술에 집중할 수 있도록 하고, 문제와 정체에 관련된 언어에 초점 두지 않기

이것은 꽤 긴 목록이다. 다행스럽게도 우리는 후속 장에서 이 모든 것이 실제로 어떻게 작동하는지 검토할 것이며, 이러한 점들이 실제로 어떻게 활용되는지 확인하는 데 도움이 될 수 있도록 실제의 치료적 대화가 설명과 함께 제시될 것이다. 명확성을 위해 다시 한번 말하자면, 다음은 일반적으로 해결중심치료자의 역할이 아니다.

- 내담자가 동의하는 경우라도, 내담자의 문제를 '진단'하기
- 내담자에게 다음에 무엇을 해야 하는지 구체적으로 말해 주기
- 내담자의 불행의 원인에 대한 설명 제공하기
- 내담자가 아닌 자신의 경험과 지식에서 나온 전문적인 말과 생각을 소개하기
- 묘사의 과정을 내담자가 스스로 알 수 있도록 돕기보다는 다른 모델에 따라 내담자의 상황을 해석하기

이 장에서는 실천가의 역할에 대해 자세히 살펴보았다. 이는 듣기, 질문하기, 그리고 묘사의 구축 및 요약과 관련된 전문성을 요하는 것이다.

주요 요점

- 실천가의 역할은 과제 제공자에서 다양한 단계를 거쳐 묘사 구축 및 세계 확장자에 이르기까지 지난 수년에 걸쳐 발전해 왔다.

- 여기에는 내담자의 말을 매우 주의 깊게 경청하는 것이 포함된다.
- 내담자와 그들의 경험 및 희망에 대해 '알지 못함' 또는 초보자의 마음 자세를 취하는 것이 핵심이다.
- 묘사의 구축은 비트겐슈타인이 말한 혼란과 잠재적인 설명의 폐해를 피할 수 있는 실용적인 방법을 제공한다.
- 해결중심치료의 회기를 미시분석한 최근의 연구들은 질문과 재진술에서 내담자가 한 말 중 긍정적인 요소를 유지하는 것의 중요함을 보여 주었다.
- 치료 회기를 공동으로 구성하는 과정은 명쾌한 질문과 답변 과정이기보다는 참여적인 몸짓과 격려를 통해 양 당사자가 지속적으로 협력한 결과이다.
- 내담자의 언어에 대한 '급진적 수용'은 실용적이며 동시에 윤리적인 측면의 가치가 있다.

참고문헌

Bavelas, J. B. (2011). Connecting the lab to the therapy room: Microanalysis, co-construction, and solution-focused therapy. In C. Franklin, T. Trepper, W. J. Gingerich, & E. McCollum (Eds.), *Solution-Focused Brief Therapy: From Practice to Evidence-Informed Practice* (pp. 144-162). Oxford: Oxford University Press.

Bavelas, J. B. (2020). *Webpage of Janet Beavin Bavelas*. Retrieved from http://web.uvic.ca/psyc/bavelas/.

Bavelas, J. B., De Jong, P., Smock Jordan, S., & Korman, H. (2014). The theoretical and research basis of co-constructing meaning in dialogue. *Journal of Solution-Focused Brief Therapy*, *2*(2), 1-24.

Bavelas, J. B., Gerwing, J., & Healing, S. (2017). Doing mutual understanding:

Calibrating with micro-sequences in face-to-face dialogue. *Journal of Pragmatics*, *121*, 91-112. Retrieved from http://web.uvic.ca/psyc/bavelas/2017%20Calibration.pdf.

Bavelas, J. B., & Tomori, C. (2007). Using microanalysis of communication to compare solution-focused and client-centered therapies. *Journal of Family Psychotherapy*, *18*(3), 25-43. doi:10.1300/J085vI8n03-03.

Clark. H. H. (1996). *Using Language*. Cambridge: Cambridge University Press.

De Jong, P., Bavelas, J. B., & Korman, H. (2013). An introduction to using microanalysis to observe co-construction in psychotherapy. *Journal of Systemic Therapies*, *32*, 18-31.

De Jong, P., Smock Jordan, S., Healing, S., & Gerwing, J. (2020). Building miracles in dialogue: Observing co-construction through micro-analysis of calibration sequences. *Journal of Systemic Therapies*, *39*(2), 85-109.

de Shazer, S. (1997). Radical acceptance: A commentary. *Families, Systems & Health*, *15*(4), 375-378.

Habermas, J. (1971). *Knowledge and Human Interests* (Trans. Jeremy J. Shapiro). Boston: Beacon Press.

Harre, R. (2002). *Cognitive Science: A Philosophical Introduction*. London: Sage Publications.

Korman, H., Bavelas, J. B., & De Jong, P. (2013). Microanalysis of formulations in solution focused brief therapy, cognitive behavioural therapy and motivational interviewing. *Journal of Systemic Therapies*, *32*(3), 31-45.

McGee, D. R., Del Vento, A., & Bavelas, J. B. (2005). An interactional model of questions as therapeutic interventions. *Journal of Marital and Family Therapy*, *31*, 371-384.

Smock Jordan, S., Froerer, A., & Bavelas, J. B. (2013). Microanalysis of positive and negative content in solution-focused brief therapy and cognitive behavioral therapy expert sessions. *Journal of Systemic Therapies*, *32*, 47-60.

Watzlawick, P., Bavelas, J. B., & Jackson, D. (1967). *Pragmatics of Human Communication: A Study of Interactional Patterns, Pathologies and Paradoxes*.

New York, NY: W. W. Norton.

Wittgenstein, L. (1953). *Philosophical Investigations* (Trans. G. E. M. Anscombe). New York, NY: Macmillan.

Wolf, F. (2015). Three episodes with Steve de Shazer: Personal and professional. In M. Vogt, F. Wolf, P. Sundman, & H. N. Dreesen (Eds.), *Encounters with Steve de Shazer and Insoo Kim Berg: Inside Stories of Solution-Focused Brief Therapy* (pp. 183-186). London: Solutions Books.

제3부 | 차세대 해결중심치료

THE NEXT GENERATION OF SOLUTION FOCUSED PRACTICE

제7장

해결중심 갤러리 모델의 소개

해결중심치료는 언제나 매우 유연한 작업이다. 이를 교육하는 사람들은 훈련생들이 이 점을 이해하도록 돕는 것에 어려움을 겪는다. 예를 들어 치료적 대화의 구축 과정을 보여 주기 위해 대화의 매 순간에 초점을 둔 교육 방식은 회기 전체의 구조(아마도 한 시간 정도)를 이해하는 것에는 크게 도움이 되지 않는다.

대신 묘사의 구축에 초점을 맞출 때 이는 우리에게 도움이 될 수 있는 높은 수준의 메타포(비유)의 활용을 가능케 한다. 회기가 진행됨에 따라 실천가는 내담자가 미래(기적 이후, 그들의 희망과 관련해 상황이 더 좋아진 상태) 또는 더 나은 미래를 뒷받침하는 과거와 현재의 에피소드에 관한 일련의 묘사를 구축할 수 있도록 돕는다. 이런 식으로 내담자는 다양한 시간 속에서 자신의 경험을 살핀 후 상담실을 나설 것이다. 이를 보는 한 가지 방법은 해결중심치료를 전시 주제에 따른 다양한 예술 작품을 보고자 미술관 또는 갤러리를 방문하는 과정에 비유하는 것이다.

개별 질문에서 '공간(방)'과 '도구'로의 변화

질문은 항상 해결중심치료의 핵심이었다. 실제로 BFTC에서 제작한 드 세이저와 김인수의 실천을 담은 교육용 비디오에는 시청자가 회기 중 무슨 일이 일어나고 있는지 확인할 수 있도록 돕고자 자막이 추가되어 있다. 그러한 자막은 '기적질문' '척도질문' 등으로 표시되는데 초점이 주로 질문에 맞춰져 있다. 나아가 이제는 질문만으로도 '해결중심'이 될 수 있는 것처럼 수많은 '해결중심 질문'(예: Bannink, 2010)을 모아 놓은 서적도 등장했다. 모든 질문은 다양한 방식으로 사용될 수 있다. 그러나 그중 해결중심적일 수 있는 것은 일부뿐이다.

물론 질문은 해결중심 실천의 중요한 요소이다. 그러나 이러한 질문의 요점은 단순히 물어보는 것에 있는 것이 아니라 회기의 한 부분을 시작하거나 구축하는 것에 있다. 기적질문과 그에 대한 응답이 약간의 진전을 만들 순 있지만, 진짜 중요한 것은 다음에 일어날 일, 즉 내담자의 답변을 대화 속에서 상세한 묘사로 확장하는 것이다. 따라서 질문 자체를 개별적인 요소로 보기보다는 큰 주제에 관한 대화를 나눌 수 있는 도구로 이해하는 것이 합리적이다.

따라서 '더 나은 미래(better future)'에 관한 대화를 위해 기적질문이 그 시작을 알리는 질문이 될 수 있다. 더 중요한 것은 이에 더해 기적이 일어났다는 것을 알 수 있는 첫 번째 작은 신호, 누가 알아차릴 수 있는지, 그들은 무엇을 주목할 것인지, 다음에 무슨 일이 일어날지, 어떤 차이가 있는지 등의 후속 질문이다. 그리고 대화를 시작하고 이에 근거해 내담자를 격려하는 작은 반응으로 '으-흠', 끄덕임, 그리고 몸짓 등을 활용할 수 있다. 물론 이러한 것은 항상 해결중심치료의 일부였다. 이제 우리는 완전히 새로운 대화의 시작을 알리는 이러한 큰 질문 사이의 '작은' 질문과 답변에 훨씬 더 집중해야 함을 알 수 있다.

갤러리 모델

아이브슨(Chris Iveson)과 동료들은 일찍이 치료 대화를 '갤러리'에 비유했다. 아이브슨은 이에 관한 자신의 기여를 말하는 것에 겸손해하지만, 그의 이러한 비유는 코니(Elliott Connie, 2015), 프로어(Adam Froerer, 2017)와 프로어, 폰 지프카-버그스, 김, 그리고 코니(Froerer, von Sziffra-Bergs, Kim, & Connie, 2018) 등에 의해 더 알려지고 있다(McKergow, 2016). 이 아이디어는 이후 뢰릭과 슈나이넥커((Peter Röhrig & Martina Scheinecker, 2019)에 의해 사용되기도 했다. 일반적으로 갤러리에는 다양한 볼거리와 예술 작품을 전시하는 전시실이 있고, 다음과 같은 방식으로 구성된다([그림 7-1] 참조).

- 매표소: 매표소에서는 내담자가 생각하는 최선의 희망(best hopes)이 무엇인지 알아보고, 계속된 작업의 진행을 위한 '티켓'을 구매한다.
- 미래관(Future Gallery): 미래관에서는 내담자가 생각하는 더 나은 미래에 대한 일련의 묘사와 최선의 희망이 이루어진 모습을 구축한다.
- 예시관(Instances Gallery): 예시관에서는 선호하는 미래(1~10의 척도를 사용하여 구성 가능)와 연결되는 과거 또는 현재의 예시(인스턴스)를 확인한다.
- 기념품 가게(Gift Shop): 마지막으로 들릴 곳은 기념품 가게로 갤러리 방문을 기념하며 선물로 가져갈 수 있는 N+1(1점 더 좋아진 상태로 진전이 만들어지고 있음을 알 수 있게 하는 작은 기념품)과 관련된 이미지를 확인한다. 여기에서 갤러리의 관람을 멈출지 또는 계속할지는 내담자의 선택에 달렸다!

이러한 갤러리 외에도 프로어(Adam Froerer)는 내담자의 삶에서 수집된 다양한 자원을 품고 있는 '보물 창고(Resources room)'(Froerer, 2017)와 같은 비유를 소개하기도 했다. 이러한 비유의 요점은 '티켓'이나 '프로젝트'를 통해 갤러리에 입장하면 순서에 관계없이 각 전시실을 방문할 수 있으며, 각 전시실에서 보내는 시간은 서로 다를 수 있다는 것이다. 비록 입구에서 출구까지의 이동 방향이 있지만 회기의 진행 중 내담자와 실천가는 다른 전시실보다 특정한 전시실에서 더 많은 시간을 보낼 수도 있고, 특정 전시실을 재방문할 수도 있고, 이를 통해 이전에 미처 알지 못했던 다른 것을 발견할 수도 있다. 이것은 따라야만 하는 노선도가 아니라 개인의 여행에서 필요한 사항을 안내하는 일종의 가이드와 같다.

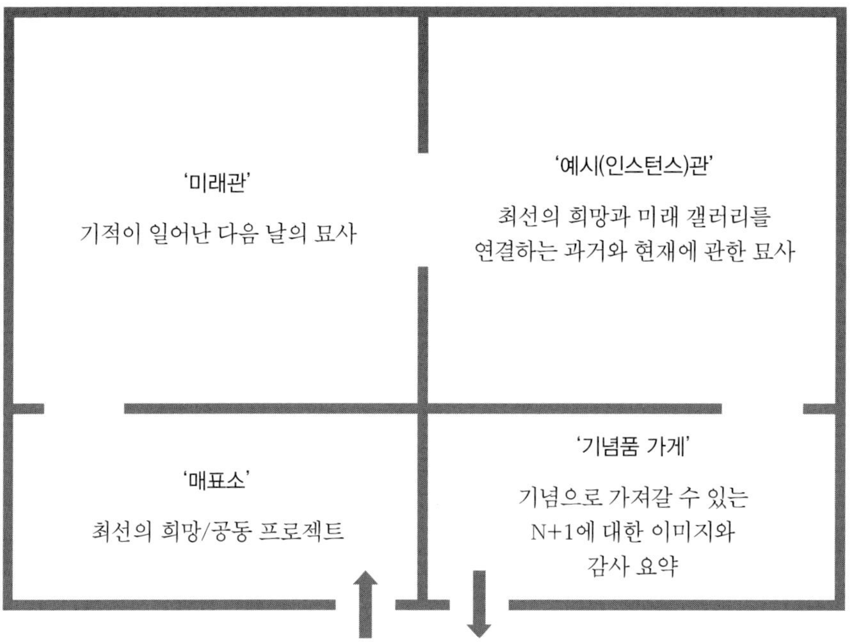

[그림 7-1] 해결중심 갤러리 모델

이러한 '전시실들'은 실천가가 자신이 어디에 있고, 대화의 내용이 무엇인지를 이해하는 데 도움이 된다. 일반적으로 한 전시실에서 다른 전시실로 급하게 이동하기보다는 한 전시실에서 한동안 머무르는 것이 바람직하다. 미래에 관한 대화 중 흥미롭고 관련된 '예시'가 나타날 때 실천가는 즉시 그것을 보기 위해 방향을 전환함으로써 선호하는 미래에 관한 대화의 실마리를 놓치기보다는 일단 그것을 기록해 놓고 나중에 다시 방문할 수도 있음을 기억할 필요가 있다. 실천가와 내담자는 필요한 경우 역추적의 방식으로 다른 전시실로 함께 이동할 수도 있다. 여기서 중요한 차이점은 전시실 사이를 뛰어다니기보다 (모든 아이디어를 즉시 적용하고 싶어 하는 해결중심치료의 많은 초보자에게서 관찰되는 경향이다.) 각 전시실이나 단계를 최대한 활용하는 것이다(전시에 등장하는 다양한 작품의 세부 사항을 면밀하게 관찰하기).

이러한 발전은 '해결의 도구'에 관한 잭슨과 맥커고우(Jackson & McKergow, 2002/2007)의 작업에서 다루어진 바 있다. 이 역시 초보 실천가와 코치가 추적할 수 있도록 질문/답변보다 더 큰 대화의 단위를 찾으려는 시도였다. 잭슨과 맥커고우는 완벽한 미래(Future Perfect-선호하는 미래) 및 카운터(Counters-예외와 관련 자원을 포함하는 개념)와 같은 간결한 명칭을 부여하고자 시도하기도 했다.

잭슨과 맥커고우의 용어가 다른 언어로 항상 잘 번역될 수 있는 것은 아니지만, 지난 20년간 세계 도처의 실천가들은 유혹이 있을 때마다 다른 대화로 달려가는 대신 (그것을 고수함으로써) 그들이 하고 있는 대화를 최대한 활용할 수 있도록 돕는 데 도움이 됨을 보고했다. '도구'의 개념은 특정 요소를 강요하지 않는다는 장점도 있는데, 사용할 도구의 '올바른 순서'를 강요하기보다는 사용하기 쉬운 프레임 안에서 실천가에게 도구(질문 등)를 유연하게 활용할 수 있는 장점을 제공한다.

실천가는 다음 단계로 넘어가기 전 '감사 요약(appreciative summaries)'을 전달하는 방식으로 각 장면과 각 전시실에서의 대화를 정리할 수 있다. 이는 내담자의 핵심 단어를 활용하며, 새로운 묘사를 통합하고, 직간접으로 칭찬을 제공할 수 있는 기회이다. 이제 우리는 이 네 개의 주요한 전시실을 모두 둘러볼 것이다.

주요 요점

- 최근의 발전에 의하면 우리의 관심은 해결중심치료의 '큰 질문'(기적, 척도 등)에서 이러한 질문에 따라 전개되는 대화로 옮겨졌다.
- 이러한 대화의 전개 방식은 내담자의 묘사를 주제를 중심으로 찾아보고 감상할 수 있는 갤러리의 전시실에 비유될 수 있다.
- 해결중심 갤러리의 주요 구성에는 다음의 전시실이 포함된다(그러나 이에 국한될 필요는 없다).
  - 매표소: 내담자가 생각하는 최선의 희망(best hopes)과 작업을 계속 진행할 수 있는 '티켓'의 구매
  - 미래관(Future Gallery): 내담자가 생각하는 더 나은 미래에 관한 일련의 묘사와 최선의 희망이 이루어진 모습
  - 예시관(Instances Gallery): 선호하는 미래와 연결되는 과거 또는 현재의 예시 또는 인스턴스에 관한 이미지 세트(1~10의 척도를 사용하여 구성 가능)
  - 기념품 가게(Gift Shop): 마지막 전시실로 N+1(1점 더 좋아진)과 관련된 일련의 이미지나 진행 과정에서 가져갈 수 있는 작은 기념품(작은 신호의 특징을 가짐)을 알아봄.
- 더 상세한 묘사를 구축할 수 있는 질문을 통해 각 전시실에 대한 개별적인 묘사를 작성할 수 있다.
- 감사 요약은 다음 전시실로 이동하기 전에 한 전시실에서의 대화를 마무리할 수 있는 유용한 방법이다.

참고문헌

Bannink, F. (2010). *1001 Solution-Focused Questions*. New York, NY: W. W. Norton.

Connie, E. (2015). *3 Things to Make Using SFBT Easier*. Retrieved from www.elliottconnie.com/3-things-to-make-using-sfbt-easier/.

Froerer, A. (2017, March 31). *The Power of Solution Focused Language*. Presentation at the Solution Focused Safari Conference, Johannesburg, South Africa.

Froerer, A., von Sziffra Bergs, J., Kim, J. S., & Connie, E. (Eds.). (2018). *Solution-Focused Brief Therapy with Clients Managing Trauma*. Oxford: Oxford University Press.

Jackson, P. Z., & McKergow, M. (2002/2007). *The Solutions Focus: The SIMPLE Way to Positive Change*. London: Nicholas Brealey Publishing.

McKergow, M. (2016). SFBT 2.0: The next generation of Solution Focused Brief Therapy has already arrived. *Journal of Solution Focused Brief Therapy*, *2*(2), 1-17.

Rohrig, P., & Scheinecker, M. (2019). *Lösungsfokussiertes Konflikt-Management in Organisationen*. Bonn, Germany: managerSeminare Verlags.

제8장

매표소: 시작을 위한 입장권 구하기

갤러리 모델에서 우리는 매표소에서 내담자를 만난다. 우리는 내담자가 삶의 일부 측면에서 원하는 변화를 '프로젝트(project)'라 칭하며, 이를 함께 할 수 있는지 확인하기 위한 '입장권 구하기'로 시작한다. 이것은 내담자의 세계 확장을 위한 대화 구축의 첫 번째 단계이며, 이는 해결중심치료의 특징적 부분이다. 어떤 프로젝트를 수행할 것인지에 대한 결정은 내담자에게 있다. 물론 우리가 이에 대해 열린 마음으로 솔직하게 말할 수 있고, 이는 내담자에게 때로 도움이 되기도 한다. 그러나 궁극적으로 작업의 내용을 결정하고 참여 방법을 선택하는 것은 내담자 자신이다.

이는 실천가가 무엇이 잘못되었고, 무엇을 해야 하는지에 대해 지시하는 전문가의 진단과는 거리가 멀다. 물론 내담자는 다른 전문가의 조언이 담긴 의료 모델의 상담을 기대할 수도 있다. 해결중심치료를 올바른 방식으로 시작하는 것이 아마도 이 접근에서 가장 중요한 부분이라 할 수 있는데, 함께 할 수 있는 프로젝트를 정하고, 내담자가 스스로 그것에 참여할 때 작업의 다른 요소들도 자연스럽게 시작될 수 있다.

여기에서 독자들에게 고백할 말이 있다. 2002년에 잭슨(Paul Z. Jackson)과 함께 『The Solutions Focus』를 썼을 때(Jackson & McKergow, 2002), 나는 이 부분이 상대적으로 쉽다는 생각을 했고, 그다지 큰 관심을 두지 않았었다. 그렇지만 지금 생각하면 내가 틀렸음을 고백한다. 나는 이것이 해결중심치료의 핵심이라는 것을 몇 년 후에 깨닫게 되었다. 프로젝트가 협상되면 다른 모든 것이 제자리를 잡는다. 프로젝트가 모호하게 정의되거나 지나치게 단순화되면 후속 작업이 혼란스러워질 수 있다. 처음부터 탄탄한 기반을 확보하는 것이 아마도 내담자와 함께 해결을 구축함에 있어 가장 중요한 단계일 것이다. 그렇지만 프로젝트는 때때로 진행 과정에서 변하기도 한다.

공통 프로젝트의 정의

내담자를 만날 때 우리는 대개 그들이 무엇을 원하는지 전혀 알지 못한다. 물론 그들이 어떻게 우리에게 의뢰되었는지에 대한 정보가 있을 수도 있고, 문제가 있는 상황에 대해 어느 정도 짐작할 수도 있다. 우리는 아마도 동료들로부터 그들에 대한 이야기나, 현재 얼마나 어려움을 겪고 있는지, 다른 사람들이 그들을 얼마나 어렵게 느꼈는지에 대한 이야기를 들었을 수도 있다. 이때 첫 번째 해야 할 일은 그 모든 정보를 제쳐 두는 것이다. 우리는 문제나 진단이 아닌 사람으로서 내담자를 만나야 한다. 적어도 내담자에 대해서는 열린 '초심자의 마음'으로 시작하는 것이 핵심이다.

내담자로부터 이름, 주소, 연령, 상황, 의뢰자, 그리고 의료 정보 등 몇 가지 기본 정보를 수집해야 할 수도 있다. 어떤 사람들은 이것이 내담자의 더 나은 삶에 관한 치료적 대화의 일부가 아니라는 점을 강조하기 위해 별도의 공간에서, 심지어 다른 상담자에게 내담자의 세부 정보를 기록하도록 한다.

입장권 구매하기

우리는 내담자가 더 나은 삶을 원한다는 사실, 우리의 협력 작업이 내담자(그리고 아마도 다른 사람들)에게 유용한 변화를 가져올 수 있기를 희망한다는 것, 그리고 그것이 함께 상담을 시작하는 데 충분히 중요하다는 사실을 확인하고자 한다. 해결중심치료의 이전 형태에서는 처음에 내담자와 실천가의 관계를 고객형, 불평형, 그리고 방문형으로 나누고, 그 관계의 유형을 확인하고자 하는 실험이 있었음을 기억할 것이다. 고객형의 내담자는 실천가의 전반적인 기준을 만족시키고, 불평형 내담자는 문제가 있음을 알지만 그 문제를 해결하는 데 자신의 역할이 없다고 생각하며, 방문형 내담자는 문제가 없고 변화가 전혀 필요하지 않다고 생각하는 경향을 보였다(de Shazer, 1988).

요즘 우리는 모든 사람이 무언가의 고객이라고 가정한다. 그들은 자신이 원하는 것이 무엇인지 즉시 알지 못할 수도 있다. 따라서 그들과 함께 앉아 그것에 대해 생각하도록 격려하는 것이 실천가로서 우리의 역할이다. 이는 때로 매우 간단할 수도 있지만, 때로는 상당한 시간과 기술이 필요한 작업일 수 있다.

'입장권(티켓)'은 우리에게 작업의 주제인 '공통 프로젝트(common project)'가 무엇인지를 알려 줄 것이다(Korman, 2004). 마치 해결중심 갤러리의 전시 제목처럼 온갖 이미지를 하나로 묶는 주제를 의미한다. 이는 내담자가 그간 '서로 연결되지 않았던 지점을 연결'하고, 결론을 이끌고 영감을 얻는 방식의 대화가 될 수 있도록 중요한 역할을 한다. 내담자는 결국 전문적인 치료나 의학 용어가 아닌 자신의 언어로 이를 정의하게 될 것이다. 우리는 전문가로서 내담자의 상황에 대해 어떻게 생각하는지 그들에게 가르치고자 하는 대신, 내담자의 언어를 확장하고 새로운 가능성을 열 수 있도록 내담자가 그것에 대해 생각해 볼 수 있기를 원한다. 또한 실천가가 내담자에 대해, 내담자를 위한 결정을 내리고, 또 그들이 원하는 그림 속으로 바로 들어가기를 바라기보다, 내담자가 처음부터 자신의 언어와 판단을 가능한 한 더 신뢰하기를 원한다.

프로젝트와 목표의 차이

우리는 이전 장에서 해결중심치료에서 목표의 역할이 지난 수년에 걸쳐 어떻게 변했는지 살펴보았다. 목표 중심 치료라는 용어는 이미 처음부터 '단순한' 새로운 행동이 아닌 통찰력을 구축하려는 전통적인 목표와 거리가 먼 것이었다. 단기치료의 전통은 과거를 발굴할 필요 없이 바로 지금-여기에서 변화는 일어나고 있으며, 이를 어떻게 더 진전시킬 수 있는지에 관한 관점을 취한다. 해결중심치료의 목표는 일반적으로 작고 행동적이며 구체적인데, 이는 크고, 추상적이며, 감정과 정서 등을 다루는 전통적인 목표와 다르다. 해결중심치료의 목표는 치료의 초기 단계에서부터 다루어진다.

그렇다면 목표의 목적은 무엇일까? 내가 몸담고 있는 조직 분야에서는 목표가 행동을 유발하고 성공을 결정하는 데 필요하다고 본다. 예를 들어, 올해 말까지 1,000개의 물건을 판매하거나, 10년 내에 인간이 달에 착륙하기를 원한다는 목표에 동의하고 그것을 위해 계속 진행한다. 이에는 명확한 성공 기준이 있으며, 거기에 도달할지의 여부는 우리가 알게 될 것이다. 여기에 시간적 요소는 매우 중요하다. 미국의 한 유명한 컨설턴트가 말했듯, 마감기한이 없다면 그것은 단지 꿈에 지나지 않는다.

그러나 나의 경험으로는 해결중심치료의 목표가 실제로 그런 식으로 작동한 적은 한 번도 없었던 것 같다. 목표는 내담자에게 종착점이 아니라 치료가 올바른 방향으로 진행되고 있으며, 종료될 시점이 가까워지고 있다는 신호이다. 그것은 우리의 많은 방법이 그러하듯 방향을 설정하고, 원하는 것을 더 작고, 가깝게 만드는 방식의 일부이다. 또 성공 여부를 결정하는 데에도 거의 사용되지 않는다. 이는 당시의 내담자에게 달려 있다. 목표는 더 나은 것을 향한 길로 나가는 이정표로 사용될 가능성이 높다.

또 다른, 그리고 더 명확한 질문은 공통 프로젝트(common project)가 목표인지의 여부이다. 나의 답은 "그렇지 않다."이다. 내담자의 삶에는 목표가 있을 수 있으며, 이는 우리가 수행하는 실천 맥락의 일부를 형성한다. 우리는 이후에 등장하는 사례에서 학교에서 피할 수 없고, 꼭 성공하기를 원하는 중요한 시험이 다가오는 상황에 있는 내담자와의 회기를 보게 될 것이다. 이 작업은 시험의 합격 여부(목표)에 관한 것이 아니라, 내담자가 학교생활에서 보다 효과적으로 행동할 수 있고, 또 자해에서 벗어날 수 있는 준비를 돕는 것이다. 목표는 작업의 핵심 요소라기보다는 배경의 일부이다.

당신이 바라는 '최선의 희망'은 무엇인가요

위의 모든 절차를 수행한 후 회기가 시작된다. 우리에게는 내담자에게 이 시점에서 물어볼 수 있는 여러 가지 질문이 있으며, 그 모든 것에는 어떤 형태로든 기대나 전제가 담겨 있다. 그러나 다음과 같은 몇 가지 질문은 여기서 제외된다.

- 문제가 무엇인가요?: 이 질문은 내담자가 또는 아마도 다른 사람이 내담자에게 잘못되었다고 생각하는 것이 무엇인지에 관한 것이며, 우리는 그러한 것에 관심을 두지 않는다.
- 제가 어떻게 도와드릴까요?: 이 질문은 실천가가 도움을 줄 것이라는 점을 분명히 암시한다. 반면, 우리는 내담자가 많은 일을 할 것이라는 점을 알리는 것에 더 관심이 있다.
- 무슨 문제로 여기에 오셨나요?: 이는 문제에 관한 것으로 해석될 가능성이 높다.

우리는 내담자가 과거가 아닌 미래, 더 나은 미래를 향할 수 있는 시작을 원한다. 이를 잘 수행할 수 있는 질문 중 하나는 다음과 같다.

• 우리가 함께하는 공동 작업에서 당신이 바라는 최선의 희망은 무엇입니까?

이 질문의 전제를 보라. 우리는 함께 일할 것이며, 그것은 협력을 위한 관계의 토대를 마련하는 것이다. 당신이 바라는 최선의 희망은 무엇입니까? 옥스포드 사전은 희망을 명사로 정의한다.

> 특정한 일이 일어나길 기대하고 바라는 느낌

따라서 어떤 것이 희망이 되려면 바람직하고 또 어느 정도 실현 가능해야 한다. 이것은 매우 미묘(subtle)한 차이다. 예를 들자면, 사고로 팔을 잃은 내담자를 생각해 보자. 그들은 자신의 팔이 다시 복구되기를 '바랄(wish)' 수도 있지만, 실제로 그렇게 되리라고 '희망(hope)'할 수는 없다. 물론 의학과 사이보그 과학의 극적인 발전은 다른 이야기가 될 수 있겠지만…….

희망은 좋은 출발 지점이다. '최선의 희망'은 내담자에게 가능한 한 최대로 크게 생각하도록 요청한다. 해결중심치료의 핵심 요소 중 하나는 큰 생각과 작은 디테일, 그리고 작은 신호를 결합하는 것이나, 적어도 이 지점에서는 내담자가 최대한 크게 생각하도록 격려한다. 여기서 '최선의 희망'이 적어도 독일어, 스페인어, 핀란드어를 포함한 다른 언어로 번역하는 것이 용이하지 않음을 인정한다. 이를 위한 연구가 필요하다.

최선의 희망에 대한 가능한 답변

흔히 내담자는 자신이 바라는 것에 대해 명쾌하게 설명할 수 있다. 그 시점에서 우리는 그것을 받아들이고 '그것이 당신에게 어떤 차이를 가져올까요?' 등과 같은 작은 질문으로 그것을 확장하기 시작한다. 하지만 때로는 그런 일이 일어나지 않는다.

'……'(생각에 잠겨 있거나 당황스러운 침묵을 이어 감)

이럴 때에는 당황하지 말고 아무 말도 하지 말아야 한다! 이것은 다소 특이한 질문이므로 내담자에게는 생각할 시간이 필요하다. 기다리며, 주의를 기울여야 한다. 내담자를 방해하지 않고, 스스로 작업할 수 있도록 해야 한다. 일부 실천가들은 침묵을 불안해하며, '잘못된' 질문을 한 것이 틀림없다고 생각하기도 한다. 그렇지만 그렇지 않다. 여러분의 내담자는 단지 생각을 하고 있을 뿐이다. 그러니 좀 더 기다리기를 바란다.

'모르겠습니다……'

때로는 사려 깊은 침묵에 이어 '모르겠습니다.'나 유사한 반응이 뒤따를 수 있다. 아직 모르는 것은 당연하다. 그것은 생각할 시간이 필요한 질문이다. 내담자가 계속 생각할 수 있도록 하라. 천천히 고개를 끄덕이며, '예, 어려운 질문입니다…….'와 같은 말을 하라. 적어도 한동안은 주제를 바꾸지 말아야 한다.

'내 문제는……'

때로 사람들은 어쨌든 자신의 문제와 어려움에 대해 실천가에게 말하고 싶어 할 것이다. 아마도 내담자는 그것에 관한 질문을 받을 것으로 예상할 것이다. 아마도 그들은 당신을 만나러 오는 길에도 그것에 관한 연습을 하고 있었을지 모른다. 어쨌든 그런 일은 가끔 일어난다. 다시 한번 말하지만, 당황하지 말라. 해결중심치료에서 문제대화(problem talk)를 나눌 시간과 필요가 있다면 그것은 바로 지금일 것이다. 열심히 듣고, 그들의 말을 인정하며, 동시에, 최선의 희망으로 돌아갈 기회를 찾아야 한다. 지금은 인정과 진전(progress)의 원(서클)을 활용하기에 좋은 시기이다.

인정과 진전의 원

내 자신의 실천을 성찰해 보거나 강의할 때 내가 사용하는 간단한 모델 중 하나는 인정과 진전의 원(서클)이다. 이 또한 일종의 비유이다. 바닥에 두 개의 원을 그리고 그것에 인정과 진전의 원이라 이름을 붙인다. 아래와 같은 그림을 상상해 볼 수 있다([그림 8-1] 참조). 여러분은 각 원에 한 발씩 디디고 서 있다.

해결중심치료자로서 여러분은 인정의 질문과 재진술, 그리고 진전의 질문과 재진술 사이의 균형을 찾고자 할 것이다. 따라서 여러분은 각 원에 한 발씩 서 있다고 생각할 수 있다. 일이 잘 진행되고 내담자가 '더 나아졌다.'고 말할 때 진전 쪽에 서있는 발에 체중을 실을 수 있다. '더 나은' 무엇인가를 확장하기 위한 질문을 하게 될 것이다. 그러나 여러분은 내담자의 어려운 상황, 대처, 어려움을 인정할 기회도 찾고 있기 때문에 여전히 '인정'의 원에 있는 발도 단단히 유지한다. 해결중심의 실천은 '더 나은' 모습에 관한 더 많은 질문으로 이루어질 것이다.

그러나 내담자가 그 작업을 힘들어하거나 어렵게 생각한다면 '인정'의 원에 더 많은 무게를 두고자 할 것이다. 속도를 늦추고, 지금은 내담자가 어려움을 겪고 있다는 점을 인정해야 한다. 제6장에서 짧은 미시분석의 예에서 드 세이저가 했던 것처럼 '으-흠' 정도의 작은 단위로 이를 수행할 수 있다. 이는 문제에 중심을 두는 것이 아니라 내담자를 진지하게 대하는 것이다. 흔히 내담자는 우리가 그들의 어려움을 듣지 못했거나 인식하지 못했다고 생각할 때 그런 말을 반복하고 싶어 하며, 이는 진전에 대한 질문에 답하고자 하는 의지를 약화시킨다.

여기서 중요한 점은 우리가 어느 원과도 접촉을 잃지 않아야 한다는 것이다. 항상 내담자의 힘듦을 인정할 기회가 있을 것이고, 진전으로 이어질 수 있는 단서도 마찬가지이다. 체중을 한 발에서 다른 발로 옮겨도 두 발은 항상 바닥에

[그림 8-1] 인정과 진전의 원

붙어 있다. 진전만 추구한다면 내담자보다 더 빨리 나갈 위험이 있다. 그렇지만 우리가 인정만 하려고 한다면 상황이 느려지거나 심지어 멈출 수도 있다.

매표소 대화의 시작 단계에서 우리는 문제와 어려움을 인정하는 동시에 내담자의 반응에서 더 나은 미래와 연결될 수 있는 모든 것을 찾아야 한다. 예를 들면 다음과 같다.

내담자: 정말 끔찍했어요. …… 저는 집에 틀어박혀서 밖으로 나가기가 두려웠고, 몇 주 동안 아무도 만나질 못했습니다. 언니를 볼 수만 있었다면…….

실천가: 아, 힘드셨겠어요. (인정) 그러면, …… 언니를 보고 싶으셨나요? (내담자가 한 말을 따라 진행된다.)

최선의 희망을 확장하기

내담자가 미래에 대한 희망에 대해 말하기 시작하면 우리는 그 희망을 토대로 이야기를 시작할 수 있다. 이때 내담자의 핵심어를 주의 깊게 경청해야 한다. 우리는 존중, 실용성, 그리고 효율성의 정신과 더불어 내담자의 언어를 최대한 보존하려고 노력해야 함을 기억해야 한다.

흔히 내담자는 문제이기도 하지만 더 큰 그림의 일부인 희망을 말하며 시작할 수도 있다. 예를 들면 다음과 같다.

- 취업을 하고 싶어요.
- 연애를 하고 싶어요.
- 학교로 돌아가고 싶어요.

이 모두 무엇인가를 향한 단계이다. 목표처럼 보이지만, 이는 다른 것으로 향하는 경로에 더 가깝다. 이를 통해 우리가 더 큰 주제를 탐색하는 방향으로 즉시 나갈 수 있는 방법이 있다.

그것이 어떤 차이를 만들까요

이 질문은 우리가 다음의 몇 장에서 계속해서 보게 될 질문이다. 이는 내담자가 자신이 한 말을 더 넓은 맥락에서 살피고, 상황이 어떻게 전개되기를 원하는지 생각하며, 변화의 장점을 연결하기 시작하도록 한다. 그러나 '차이가 무엇인지'는 긍정적인 답변과 부정적인 답변을 모두 허용하는 중립에 가까운 질문이라는 점에 유의해야 한다. 그렇지만 실제에서는 내담자가 미래에 대한 희망을 생각하고 있다면 그 차이는 대개는 긍정적일 것이다. 부정적인 답변이

나오더라도 걱정할 필요는 없다. 이는 모두 어느 쪽이 더 무거운지, 가벼운지를 살펴보는 과정의 일부이다.

또 누가 그러한 차이를 알아볼까요? 그들은 어떤 차이점을 발견할까요

이는 적어도 관심이 있는 사람들의 입장에서 다른 사람들을 프로젝트에 참여시키기 위한 과정의 일부이다. 해결중심치료의 실천에서는 모든 것이 누군가의 관점에서 일어난다는 것을 기억할 필요가 있다. 따라서 희망이 실현되기 시작할 때 차이점을 정확히 알아볼 수 있는 사람이 누구인지 확인하는 것이 중요하다. 내담자가 그들을 지칭하는 방식으로 그들의 이름과 관계를 알아보는 것이 유용하다. 가장 친한 친구 잭키, 헬스 트레이너 롭, 헤어 디자이너 로나, 그림스데일 사장님 등이 예가 될 수 있다. 우리는 다음 장에서 미래에 대한 묘사를 진행할 때 이 전략을 더욱 많이 사용할 것이다.

또 뭐가 있나요

어떤 사람들은 이것이 해결중심치료의 가장 특징적인 질문으로 본다. 내담자가 더 나은 미래에 대한 요소나 묘사, 과거의 사례와 어떤 방식으로든 연결되는 항목을 말하기 시작하면 이는 확실히 많은 상황에서 사용될 수 있다. 하지만 그들이 자신의 문제에 대해 말할 때는 이 질문을 삼가해야 한다. 한 초보 실천가는 자신이 이 질문을 했을 때 내담자가 얼마나 많은 문제를 말할 수 있는지에 대해 놀랐던 적이 있다고 했다.

프로젝트의 명칭 정하기

최선의 희망(best hopes)에 일종의 코드명을 붙이는 것은 해결중심치료의 회기가 잘 진행되기 위한 질문을 만드는 것에 유용하다. 때로는 내담자의 말을 통해 이를 직접 알 수 있는데 이는 좋은 선택이 될 수 있다. 때로는 상황이 더 복잡해지고 길어질 수 있으며, 여기에는 다양한 측면과 관련된 사람들이 포함될 수 있다. 그런 경우에는 내담자에게 프로젝트에 대한 좋은 명칭을 제안해 달라고 요청하는 것도 좋은 방법이다. 나는 벤 퍼먼(Ben Furman)에게서 얻은 이 아이디어를 실천에서 많이 사용한다.

여기에는 여러 가지 유용한 기능이 있다. 지금까지의 대화를 요약하여 다음 단계로 넘어가기 전에 이 부분을 마무리하는 느낌을 줄 수 있다. 이는 내담자에게 자신의 생각으로 명칭을 생각해 낼 수 있는 기회를 제공하여 이에 대한 애착과 노력의 의지를 느낄 수 있도록 한다. 그리고 그 명칭은 명쾌하고 효과적인 방식으로 향후 질문의 일부로 활용될 수도 있다. 명시적인 명칭을 정하든 그렇지 않든, 여러분은 공통의 프로젝트, 내담자의 희망, 그리고 그 희망이 가져올 차이 및 기타 모든 것을 언급하는 데 사용할 수 있는 일종의 '문구'(바람직하게는 내담자로부터)를 원할 것이다. 명칭은 짧고 사용하기 쉬운 형태로, 단어나 짧은 문구로 정하는 것이 가장 좋다.

실천가: 그러면, (x, y와 z)에 대한 당신의 희망에 명칭을 짓는다면 뭐가 좋을까요?

내담자: (잠시 멈춤) '활기찬 건강'은 어떨까요?

실천가: (받아 적으며) 활기찬 건강 …… 좋은데요!

내 경험상 프로젝트에 명칭을 부여하는 것은 생각보다 더 큰 차이를 만든다. 그것은 내담자가 참여했던 대화의 한 부분을 요약하고, 질문에도 사용될 수 있으며, 내담자가 치료 과정을 자신이 정의하고 주도적인 역할을 하는 것으로 생각하도록 돕는다. 명칭을 정하는 것에는 아주 잠깐의 시간이 필요할 뿐이다.

드 세이저는 후기의 실천에서 회기의 이 시점에서 내담자에게 긍정의 고갯짓이나 반응을 기대하며 '(결과를) 장담할 수는 없지만, 저는 상담의 과정에서 최선을 다할 것을 약속하며, 당신도 그러기를 바랍니다.'라는 말을 자주 하곤 했다. 이는 내담자에게 우리의 대화가 적극적인 과정이 될 것임을 명확히 하고, 작업에 참여시키는 확실한 효과가 있다.

사례: 메리, 자유롭게 날고 싶어요

아래에서는 실제 해결중심치료의 회기에서 발췌한 내용을 다룬다. 이는 있는 그대로의 기록이므로 자연스러운 실수, '음'이나 '어'와 같은 사소한 단어와 작은 소음 등이 포함될 것이다. 우리는 7장에서 대화의 이러한 작은 부분조차도 참여자 사이에서 말하는 내용을 굳건하게 하기도, 또 조정의 역할을 하기도 한다는 것을 보았다. 물론 이러한 대화는 그 순간 즉흥적으로 이루어졌기 때문에 완벽하지는 않다. 해결중심치료의 원칙에서 말하는 단순화와는 반대로 실제의 실천 장면은 불완전하며, 또 그것이 실제 실천의 모습이기도 하다.

이 사례는 입장권 대화가 얼마나 짧을 수 있는지를 보여 준다. 이 사례는 런던의 BRIEF에서 상담을 받은 40대 중반의 여성인 메리에 관한 것이다. 그녀는 우울증을 겪은 후 주치의의 의뢰로 상담을 받게 되었으며, 주치의는 그녀의 자살 위험을 우려했다. 우리는 메리를 9장 '미래관'에서 다시 만나게 될 것이다. 아래의 기록에서 상담자는 '상', 내담자는 '내'로 표시한다.

대화	코멘트
(회기는 해결중심치료와 그 과정에 관한 짧은 설명으로 시작되었다.)	메리는 다른 종류의 치료방식에 대해 익숙하며, 해결중심치료에 대해서도 알고 있음.
상: 좋아요, 그러면 그것을 통해 바라는 당신의 최선의 희망은 무엇인가요? 만일 상담이 당신에게 효과가 있다면, 무엇을 하실……?	'그것'은 치료과정을 말하며, 조금 전 추상적으로 다룬 것임.
내: 글쎄요, 제가 방금 말씀드린 것처럼 더 이상…… 저는 과거로 빨려 들어가 텅 빈 것처럼 느껴지고, 그것이 지금의 저를 완전히 압도하고 있어요. 제 존재의 모든 것에 영향을 미치죠.	내담자의 첫 대답은 흔히 그렇듯 자신에게 무엇이 잘못되었는지에 관한 것이며, 아직 자신이 가장 소망하는 것에 대한 것은 아니지만…… 그럼에도 이는 아직 시작으로 볼 수 있음.
상: 그렇군요.	실천가는 내담자의 경험을 인정하며 핵심어를 경청하고자 함.
내: 저는 아무것도 할 수가 없어요…… 말하자면, 제가 원하는 것은…… 저는 항상…… 저는 제 자신을 나비에 비유해 왔어요. 저는 어떤 사이클에 갇혀 있고, 아무것도 할 수가 없어요…… 바보같이 들리겠지만 저는 그냥 자유롭게 날고 싶어요. 제 말이 이해가 되세요?	
상: 만일 그럴 수 있다면, 그건 당신에게 어떤 차이를 만들까요?	첫 '구축' 질문의 등장
내: 저는…… 제겐 아주 단순하고, 순수하게, 그것을 바라보는 방식이 있어요. 그건 지금의 저를 받아들일 수 있는 방법을 찾는 거죠.	

대화	해설
상: 좋아요.	
내: 말하자면, 내가 어디에서 왔는지를 받아들일 수 있고, 또 어디로 가고 싶은지, 그리고 그것에 좀 더 초점을 맞추는 거죠.	'내가 어디에서 왔는지를 받아들일 수 있고, 또 어디로 가고 싶은지'
상: 그래서 만일 당신이 어디로 가고자 하는지에 대해 좀 더 알게 되고, 과거가 당신의 미래에 더 이상 나쁜 영향을 미치지 않게 된다면 당신의 삶에서 어떤 차이가 나타나길 원하시나요?	실천가는 '당신의 삶에서 어떤 차이가 나타나길 원하시나요?'와 같이 작은 범위의 변화에 초점을 둠.
내: 제 생각엔 정서적으로 좀 더 균형이 맞을 것 같아요. 지금의 저와 저의 존재에 대해 좀 더 일관적일 수 있을 것 같아요. 왜냐하면 제가 원했던 것은…… 저는 하루에도 긍정적이고 희망으로 가득 찼다가 갑자기 우울해지고, 부정적이고, 두려워지기도 하거든요. 그럴 때마다 지금의 저는 없어지고, 그것이 저를 집어삼켜요. 마치 자석처럼 저를 끌어당겨요.	
상: 그렇군요.	이제 내담자와 실천가는 함께 할 수 있는 프로젝트에 점점 다가서고 있음.
내: 제가 이해가 안 되는 말을 하고 있죠, 그렇죠?	
상: 잠깐만요. 제가 질문을 하나 드리고 싶어요. 만일 오늘 밤 당신이 잠든 사이에 기적이 일어나요. 그 기적이 당신의 모든 과거를 없애 주진 못하지만, 당신의 미래가 망가지는 것을 멈추게 했어요. 그렇지만 당신은 잠들어	실천가는 내담자를 경청하고자 애를 썼고, 그가 들은 내담자의 최선의 희망을 '그 기적이 당신의 모든 과거를 없애 주진 못하지만, 당신의 미래가 망가지는 것을 멈추게 했어요.'라고 과감하게 요

있었고, 그런 일이 일어났을 때 그것을 알 수 없었죠. 내일 아침 일어나 당신이 말하는 평화와 수용의 느낌을 알 수 있는 첫 번째 신호는 무엇일까요?	약한 후 이를 기적질문 형식으로 만들어 다음 단계로 나아갈 수 있도록 함.

이 대화는 채 1~2분도 걸리지 않았다. 이 대화를 보고 사람들은 실천가가 프로젝트에 대해 내담자와 좀 더 확실한 대화를 나누었어야 했다고 말할 수도 있을 것이다. 실천가는 내담자의 말을 경청하고, 이를 진지하게 받아들였다. 다음 장에서 이 상황이 어떻게 전개되는지 더 살펴볼 것이다.

사례: 제인, 새 과제를 붙이고 싶어요(계속)

내담자는 학교에서 의뢰된 16세의 여학생으로, 중요한 시험이 앞으로 다가왔고 학교는 그동안 학생이 보였던 시험에 대한 취약성을 걱정했다. 학교 측은 해당 실천가에게 내담자가 이전에 자해를 했었다는 사실도 알렸다. 우리는 제5장에서 기적이 일어난 후 교실에 들어가는 과정에 관한 탐색 부분에서 이 내담자의 예를 든 적이 있었다.

아래는 매표소 대화의 예로 꽤 긴 대화를 포함한다. 이는 대화를 계속 진행하며 프로젝트를 시작하기 위한 입장권으로 발전시키는 데 필요한 실천가의 인내심과 기술을 보여 준다.

대화	코멘트
(대화의 첫 부분에서는 필요한 문서를 작성하는 등의 과정이 있었으며 이는 여기서 생략한다.)	
상: 그러면 우리가 함께 할 시간에서 네가 바라는 최선의 희망은 뭘까? 우리가 한 여섯 번 정도 함께 할 수 있을 것 같은데…… 음…… 그것을 통해 무엇을 얻고 싶어? 6회기에서 네가 바라는 최선의 희망은 뭐야?	시작하자마자 바라는 최선의 희망에 대해 물음.
내: 어…… 저 자신에 대해 더 좋게 느끼는 거요. **상**: 좋아.	이것은 아주 정상적이며 작업해 볼 만한 대답임. 아직 조금 모호하지만 이 단계에서는 괜찮으며, 그것에 기초해 구축하고 탐색할 수 있음.
내: 정말요?	내담자는 조금 긴장한 것처럼 보임……. 실천가는 내담자가 편하게 느낄 수 있도록 도움.
상: 그럼, 틀린 대답은 없어. 정말…… 모두 옳지……. 그러면 자신에 대해 더 좋게 느끼고 싶다고……. 그러면, 만일 네가 그것을 이룰 수 있고, 그래서 너 자신에 대해 더 좋게 느끼기 시작할 수 있다면, 그것이 어떤 차이를 만들 것 같아?	처음 나온 대답을 '어떤 차이를 만들까'라는 묘사 구축 질문을 통해 확장하기 시작.
내: 좀 더 자신감이 생길 것 같아요…….	(이곳에서 실천가는 '자신감' 같은 핵심어를 적음.) 실천가는 내담자에게 계속하라고 격려함.

상: 으 흠.

내: 그리고 실패자처럼 느끼지 않을 것 같아요.

~처럼 느끼지 않을 것은 '부정적' 표현. 실천가는 해결중심적 관점에서 훨씬 더 흥미로운 '대신'을 활용해 어떤 일이 벌어질지 찾아내고자 작업을 시작.

상: 그러면 더 커진 자신감과 실패자처럼 느끼지 않는 것. 그러면 대신 어떤 생각을 하고 또 느끼게 될까? 만일 네가 실패자라고 느끼지 않는다면, 무엇이 그것을 대체하게 될까?

내: 사실…… 사실은…… 전 잘 하고 있다는 거예요. 제 마음이 그렇게 생각하게 하도록 상황이 그렇게 나쁘지는 않아요.

상: 그러면, 사실은 네가 잘 하고 있고, 또 상황이 그렇게 나쁘지는 않구나…….

실천가는 이러한 유용한 단어를 반영해 줌으로써 내담자가 계속하도록 격려-이는 칼로저스의 변형으로 볼 수 있음.

내: 제 마음이 그렇게 생각하는 거죠…… 저는 항상 실제로 그렇지 않을 때에도 실패하고 있다고 생각해요.

상: 그러면, 더 좋게 느끼기 시작할 것이고, 그것이 더 큰 자신감으로 이어질 것이고, 또, 너의 마음이 네가 실패자라고 말하며 나쁘게 느끼는 것 대신 사실은 잘하고 있다고 생각하는 것…… 좋아…… 또 뭐가 있을까? 더 좋게 느끼고, 자신감이 생길

실천가는 내담자가 원하는 것에 대해 지금까지 한 말을 내담자가 실제 사용한 말로 요약하고, '또 뭐가 있을까(what else)?'를 활용해 계속하기를 격려함.

때 또 어떤 일이 일어날까?

내: 제가 공황을 느끼지도 않고요. 수험장에도 잘 들어갈 수 있을 거예요.

아하, 내담자의 관점에서 본 새로운 시각이 등장함.

상: 좋아…… 수험장에도 잘 들어가고…… 어…… 그것은 네게 어떤 모습으로 나타날까?

실천가는 묘사를 더 분명하게 하고자 함.

내: 공황발작을 일으켜 수험장에서 실려 나오는 대신 수험장에서 잘 있는 거죠.

상: 좋아…….

내: 실제 시험에서는 그렇게 할 수 없기 때문이에요.

(내담자는 '모의' 시험을 말하며, 이는 실제 시험 전에 치르는 것으로 실제 시험은 대화의 뒷부분에 등장함.)

상: 그러면, 수험장에서 잘 있고…… 네가 바라는 최선의 희망에 대해서 말이야…… '수험장에 잘 머문다.'고 했을 때 그것이 시험을 치르는 시간 전체를 말하는 거니, 아니면 절반 정도?

실천가는 이것을 희망과 연결하며 분명하게 하고자 함.

내: 시험 전체요.

상: 시험 전체, 좋아…….

내: 왜냐하면 어떤 때는 그렇게 할 수 있는데…… 만약 제가 공황을 느끼게 되면, 그럴 수가 없어요.

'어떤 때는 그렇게 할 수 있는데'

상: 그렇구나.

내: 마치…… 어떤 때는 발작을 일으키지만, 또 괜찮을 때도 있어요. 시험 도중에 저를 차분하게 가라앉히고, 그러다가도 숨을 쉴 수가 없게 될 때 감독관이 저를 불러내죠.

내담자는 여기에서 많은 말을 했는데 이는 잠재적으로 유용함. 실천가는 이를 인정하고 희망에 관한 대화로 전환하고자 하는 기회를 찾고자 함.

상: 그러면 어떤 때는 너 스스로 차분하게 가라앉힐 수도 있구나……. 시험을 보면서도 말이야? 너 스스로 그렇게 할 수 있었던 적이 언제가 마지막이었어?

실천가는 내담자가 전에 했던 말 중에 '어떤 때는'에 주목하기를 원함. 예시(인스턴스)를 찾기에는 좀 이른 감이 있으나 여기에서는 '공황'에서 '차분'으로 대화의 바꾸는 계기로 활용함.

내: 지난주 모의시험 때요.

상: 지난주 모의시험 때…… 좋아……. 지난주 모의시험은 어떤 시험이었어?

여기에서 실천가는 상세한 부분에 관심이 있음을 표현함—후에 활용될 수 있는 상황으로 더 나았던 특정한 예가 있는 것으로 보임.

내: 그냥 시험이었어요.

상: 그냥 시험, 좋아…….

실천가는 '변형된 로저스의 방식'으로 반영하여 내담자가 계속 말을 할 수 있도록 함. 사실 그렇게 큰 변형은 아니지만, 내담자가 계속해서 말할 수 있도록 하는 좋은 실천 방식임. 이것은 미시분석에서 보았듯 대화의 당사자가 다음 대화의 요소를 함께 만들어 가는 것으로 볼 수 있음.

내: 왜, 진짜 시험 보기 전에 연습해 보는 그런 시험이요.

상: 좋아, 지난주에 대강 몇 번 정도 그렇게 할 수 있었던 것 같아? 정확하지 않아도 돼…….

[두 사람은 지난주 시험에서 내담자가 어떻게 차분하게 견딜 수 있었는지에 대해 짧게 탐색했다. 그러한 활동은 적절했으며 실천가는 이러한 묘사의 토태를 확립(ground)하고자 했으며, 이는 아마도 나중에 더 활용될 수 있을 것이다.]

상: 오케이, 좋아…… 좋아……. 우리 잠깐 네가 바라는 최선의 희망으로 돌아가보자. 지금까지 네 자신에 대해 좀 더 좋게 느끼기 시작하는 것에 대해 얘기했는데, 그게 너의 자신감을 증가시킬 것이고, 또 너는 이미 잘 하고 있고, 수험장에도 '잘' 들어갈 수 있을 것임을 알고 있어…….	실천가는 내담자가 바라는 최선의 희망으로 다시 돌아가야 함을 알고 있었음. 함께 할 수 있는 프로젝트의 '입장권(티켓)'이 아직 분명하지 않음. 지금까지 알 수 있었던 것에 대해 요약함.
이 '잘' 들어가는 것과 수험장에 머물 수 있다는 생각과…… 어…… 또 뭐가 있을 수 있을까……. 우리가 함께 할 여섯 번의 만남에서 네가 얻을 수 있는 것에 대해서 말이야……. 이것에 대해서 알 수 있는 한 가지 방법은…… 만일 우리가 한 주의 시간을 앞당겨서, 한 주가 지났다고 미리 생각해 보면, 어…… 그리고 네가 그 한 주를 돌아보면서, 우리의 대화가 너에게 도움이 되었다는 것을 어떻게 알 수 있을까? 도움이 되었다는 것을 말이야…….	'또 뭐가 있을까' 대신 '또 뭐가 있을 수 있을까?'를 묻는 것은 미세한 차이가 있는데 이곳에서 할 수 있는 좋은 질문임. 무엇인가가 더 있을 것이라는 것을 전제하지 않음으로써 전자보다 내담자에 대해 덜 전제적이지만 여전히 다른 관점에 대한 가능성을 열어 둘 수 있음. 한 주 안에 볼 수 있는 진전의 신호에 대해 묻는 것은 가능한 한 작은 디테일과 신호에 관한 관심으로 큰 프로젝트와 연결될 수 있는 또 다른 방식임.
내: 제 생각엔 그게……. 만일 저에 대해 좀 더 좋게 느낄 수 있다면…… 음…… 어……	이것이 처음으로 내담자로부터 자해에 대해 듣는 것임. 실천가가 내담자에게 그것에 대

자해를 하고 싶어지지 않을 것 같아요.	해 말하게 하려고 유도했다고 보이지는 않으나, 실천가의 디테일에 대한 관심을 통해 등장할 수 있었음. 두 사람은 이를 원하지 않는 것에 대한 맥락에서 다루었으며, 이는 해결중심 관점에서 유용한 방향임.
상: 좋아, 그러면 네가 자해를 하고 싶어지지 않을 것이고…… 그러면 뭐가…….	
내: 왜냐하면…….	
상: 그래 계속 말해…….	
내: 왜냐하면 제가 실패자라고 느낄 때 그걸 하기 때문이에요.	
상: 아하, 좋아…… 좋아……. 그렇게 생각하는구나. 만일 네가 실제로 잘 하고 있다고 생각하기 시작하고… 시험장에 머물 수 있고, 자신감이 더 커지면, 그게 자해를 하는 것에서 뭔가 다른 행동으로 이어질까? 그게 너에게 어떤 차이를 만들까?	실천가는 내담자의 말을 재진술(formulation)함. 이는 자해의 대안에 관한 질문으로 이어짐. '어떤 차이를 만들까'는 좋은 시작이며, 이것은 뭔가 유용한 일이 일어날 수 있음을 알리는 강력한 질문이 됨.
내: 글쎄요, 제 자신을 더 믿기 때문에 그렇게 할 필요를 느끼지 못할 것 같아요.	
상: 좋아……. 그러면 자해를 하는 대신 무엇을 하고 싶을까? 대신 무슨 일이 일어나길 원해?	실천가는 자해를 '대신'할 것에 관해 탐색하고 있음. 내담자는 이에 대해 이미 언급했으며, 이는 뒤에서 다시 주목을 받게 됨.
내: 무슨 말씀인지…….	
상: 어……. 그래서 만일…… 만일 네가 자해	

를 하지 않는다면…… 대신 뭘 할 것 같아? 내가 잘못 이해했으면 알려 줘. 네 말은 너의 자해 행위가 실패자라는 느낌과 연결되어 있다는 거지…….

내: 저 자신에 대해 더 당당해지고 싶어요.

내담자는 이미 '저 자신을 좀 더 믿고 싶어요.'라고 말함. 여기에서 이것은 '자신에 대해 더 당당해지고 싶어요.'로 변형되어 표현됨.

상: 자신에 대해 더 당당해지고 싶고, 그래 좋아……. 그러면 누가… 그런 변화를 처음으로 알아볼 사람은 누구일까?

실천가는 이제 '자신을 믿고'와 '더 당당해지고 싶어요.'를 중심으로 이를 다른 관점으로 확장하고자 함. 이를 위해 '누가 …알아볼까?'와 같은 큰 열린 질문(wide-open question)으로 묻기 시작함.

내: 저 말고요?

상: 그래, 그래, 누가 알아보게 될까?

첫 대답을 바로 취하기보다는 반영하며 그 질문에 좀 더 머물기를 선택함. 부모님에 대해서는 언제든 다시 물을 수 있음.

내: 어, 부모님이요…….

상: 부모님…….

내: 그리고 저랑 얘기를 나누는 선생님들이요.

선생님이 등장함. 내담자의 관점에 대해 더 탐색해 볼 필요가 있음.

상: 그래…… 그러면 어떤 선생님들과 얘기를 나누니?

내: R선생님… 그리고 미술 선생님인 D쌤… 그리고 P쌤이요.

상: 좋아, 그럼 P쌤은 어떻게 알게 되었어?

내: 어, 작년에 역사과목 선생님이셨어요. 그렇지만 병가를 내셔서 올해 수업은 없었지만, 지금은 다시 돌아오셔서 가끔 얘기를 나눠요.	매우 유용한 관점으로 활용될 수 있음.
상: 그렇구나.	
내: 선생님이 작년에 저를 많이 도와주셨거든요.	
상: 그래……. 우리 다른 얘기를 나누기 전에, 어…… 부모님에 대해서 말이야, 두 분은 네가 스스로에 대해 더 떳떳하게 느끼기 시작하고, 자신감을 가지게 되고, 스스로를 믿을 수 있게 되었을 때 너에 대해 뭐가 다르다고 말씀하실까? …… 부모님은 너에 대해 다른 무엇을 알아보시게 될까?	실천가는 이전에 부모님에 대한 이야기가 나왔을 때 이를 기록해 놓았고, 이제 그들의 관점을 탐색하고자 함.
내: 저 자신을 과소평가하지 않아요.	
상: 좋아, 너를 과소평가하는 대신 어떻게 할까?	'대신'이 다시 활용됨.
내: 제가 한 과제를 구석에 처박아 놓지 않아요.	
상: 아, 네 과제를 구석에 처박아 놓지 않는다고, 그러면 대신 그것을 어떻게 할까?	다시 '대신'이 등장함.

내: 아마도 그것을 학교에 제출하거나…… 어딘가에 걸어 놓겠죠, 만약 제가 한 일이 자랑스럽다면 제 방 어디인가에 그것을 걸어 놓겠죠.

아하–이것은 내담자가 자신의 과제로 뭔가를 할 수 있다는 것이므로 더 유용함.

상: 아…….

내: 그렇지만 대개는 그렇게 하지 않아요, 별로 자랑스럽지 않거든요.

상: 좋아, 그러면 너의 부모님이 아실 수 있는 방법은 너의 자신감과 믿음이 커지고, 네가 과제를 방에 걸거나 제출하는 거네. 구겨서 구석에 던지는 대신…….

실천가는 과제를 구겨서 던지는 것을 인정함과 더불어 과제를 방에 걸거나 제출하는 것에 초점을 두며 여기에서 내담자의 말을 아주 좋은 방식으로 구축함. 구겨져 던져지는 것이 마지막에 언급된 것이 인상적임.

내: 결국엔 제출해야 하겠죠. 지금은 그렇게 하기 전에 쓰레기가 너무 많아요.

상: 좋아…… 좋아……. 그러면 너의 선생님들은? 네가 이 믿음과 자신감을 갖기 시작할 때 선생님들은 너에 대해 어떤 다른 점을 보시게 될까?

교사의 관점으로 이동. 전에 나왔던 믿음과 자신감을 다시 언급함.

내: 수업에서 더 참여하게 될 것 같아요.

상: 아하.

내: 왜냐하면 그게 P쌤이 저를 돕기 시작한 이유인데요, 제가 (질문이나 대답을 하기 위해) 손을 들질 않았거든요…….

이는 정말 '아하'의 순간임–이것은 뭔가 유용한 일이 벌어지고 있음을 말해 주는 새로운 신호–'티켓'이나 공통 프로젝트를 구축함에 유용함.

상: 아…….

내: 쌤은 제가 한 수업에서 적어도 한 번씩은 손을 들 수 있도록 돕기를 원한다고 하셨어요.

상: 그래.

내: 처음에는…… 엄마가 쌤에게 말씀하셨듯, 제가 그런 것에 어려움이 좀 있었거든요.

상: 좋아.

내: 그래서 쌤이 제가 그걸 할 수 있도록 도와주셨어요.

상: 그렇게 해 올 수 있었다고? 수업에서 더 자주 손을 들 수 있었던거네?

내: 가끔은요…… 한 수업에서 적어도 한 번은 그렇게 할 수 있도록 노력해요.

상: 좋아…… 우리 지금까지 아주 긴 목록을 만들었구나! 더 쓸 곳이 없어서 미안하네. 어, 그래서…… 네가 그런 것들을 보게 된다면 스스로에 대해 더 만족하게 될까? 수업에서 더 많이 발표를 하는 너를 보게 된다면 말이야?

실천가는 '예시(인스턴스)'를 슬쩍 들여다봄…. '얼마나 자주 그렇게 할 수 있었어?'라고 물었다면 내담자의 능력에 대한 전제가 더 담긴 질문이 될 수 있었으나, 이는 시기적으로 너무 이를 수 있으며 만일 그렇게 물었다 해도 이 실천가가 했던 질문과 큰 차이를 만들지는 못했을 것. 실천가는 프로젝트를 요약하며 정리하기 시작함.

내: 네.

상: 그게 네가 스스로에 대해 더 보고 싶은 것이구나…… 방에 과제를 걸어 놓고, 좀 더 자신 있게 그것을 제출하고…….

내: 제 방에 걸어 놓은 것들은 제가 열 네 살 때 했던 것 들이에요.

상: 정말, 그래 좋아, 몇 년 되지 않았는데!

내: 네…… 그것들을 다 싹 치워 버릴 수 있었으면 좋겠어요……

내담자가 뭔가 새로운 것을 시도할 수 있는 준비가 되어 있음을 인정하는 말을 함.

상: 그래…… 네 방에 붙어 있는 것들을 싹 치워버리고 좀 더 최근 것으로 걸어 놓는 것…… 너무 좋은데…… 그래, 기분이 훨씬 좋아질 것 같네, 그러면 정리를 좀 하자면…… 우리가 함께 하는 시간이 도움이 된다면, 네가 너 자신에 대해 더 좋게 느끼고, 자신감이 커지고, 자신에 대한 믿음이 생기고, 수험장에 잘 들어가 시험을 잘 치르고, 너 자신에 대해 더 자랑스럽게 느끼기 시작하고, 그것은 네 방에 새로운 과제를 걸어 놓을 수 있게 하고, 수업에서 더 자주 손을 들어 발표를 할 수 있게 되는 것으로 나타날 것이라고 한 것 같은데. 어떠니?

실천가는 여기에서 지금까지 프로젝트와 관련해서 어떤 이야기를 나누었는지 요약함. 긴 목록을 정리하는 과정에서 실천가의 노력이 돋보임. 목록에 내담자의 언어가 잘 녹아 있음.

내: [끄덕임]	
상: 좋아…… 혹시 여기에서 내가 놓친 게 있을까, 아니면 다른 것이 더 있을까?	'또 뭐가 있을까?'보다는 한 부분을 정리할 수 있도록 '다른 것이 더 있을까?'를 질문함. 내담자에게 '아뇨, 그 정도면 된 것 같아요.'라는 대답을 할 수 있는 기회를 제공함.
내: 아뇨, 그 정도면 된 것 같아요.	
상: 좋아, 좋아…… 음, 다음 질문은 좀 웃길 수도 있는데……(미래에 관한 묘사를 구축하기 위해 기적질문을 시작함).	이제 두 사람은 '입장권'을 확보함. 이 모든 것을 표현할 수 있는 프로젝트의 명칭을 붙였다면 더 유용했을 터이나, 이제 회기의 다음 부분으로 넘어갈 수 있게 되었고, 그것은 '미래관(Future Gallery)'이 될 것임.

성찰

이 회기의 발췌문은 실제로 실행할 수 있는 많은 모범 사례를 제공한다. 실천가는 내담자가 바라는 최선의 희망을 묻는 것으로 시작하고, 약 15분간 내담자의 말을 있는 그대로 받아들이며 일상생활에서 나타날 내담자의 차이점을 바탕으로 실행 가능한 프로젝트가 될 수 있도록 도왔다. 이 실천가는 내담자의 언어를 유지 및 확장하고, 이를 확인하기 위해 다시 제공하는 데 매우 능숙했다. 우리는 6장에서 언급된 세 부분으로 구성된 과정으로서 그라운딩(토대의 구축과정, grounding)이 실제로 어떻게 활용되는지(De Jong, Bavelas, & Korman, 2013) 볼 수 있었다. 이는 내담자가 새로운 요소를 처음 언급할 때 실천가가 이를 수용한 후, 최종적으로 내담자가 이를 확인해 주는 과정이다. 이것은 흔히 명확한 진술 없이 오히려 '으-흠' 등의 언어적 표현과 몸짓으로 이루어진다.

사실 미시분석의 기록은 매우 조밀해 이 정도 길이의 대화를 따라가는 것도 쉽지 않다.

실천가는 이미 내담자에게 일어나고 있는 더 나은 일의 몇 가지 예시에 내담자가 관심을 갖도록 한다. 이것이 '매표소' 대화의 요소는 아닐지라도 실천가는 이러한 사건을 기록하고 이를 재차 언급함으로써 내담자에게 잠재적으로 관련성이 있음을 알릴 수 있다. 내담자는 이후 이에 대한 더 자세한 대화에 다시 참여할 것이다.

기록이 끝나면 실천가는 프로젝트를 요약하고, 내담자는 이것이 자신이 원하는 작업임에 동의한다. 말하자면 입장표에 전시실을 관람할 수 있는 스탬프가 찍히고, 이는 본격적인 과정의 시작을 알린다. 물론 회기의 초기 단계도 이미 확실한 작업의 과정에 포함된다. 내담자는 앉아서 걱정만 하는 것보다 도움이 될 수 있는 대화의 시작이 얼마나 자신에게 동기를 부여하고 격려가 되는지에 대해 놀랄 수 있다. 이 대화에서 내담자가 무엇을 해야 할지에 대한 명시적인 논의가 없었음에도 불구하고 이미 자신과 상황에 관한 관점이 바뀌고 있음을 알 수 있다.

주요 요점

- 매표소는 내담자가 바라는 최선의 희망을 내담자와 실천가가 함께 탐색하는 해결중심 작업의 시작을 알린다.
- '입장표'는 공통 프로젝트에 대한 묘사이며, 갤러리에서 열릴 작품의 주제에 관한 것으로, 미래, 현재, 그리고 과거의 삶에 대한 관점을 보여 줄 수 있는 묘사를 포함한다.
- 실천가는 내담자가 미래에 자신과 다른 사람에게 가져올 최선의 희망과 변화에 관해 이야기를 할 수 있도록 격려한다.

- 실천가는 내담자의 언어를 사용하여 프로젝트를 구축하고 확장하도록 돕고, 과거와 현재에 내담자가 겪는 어려움을 인정하며, 원하는 미래에 대한 힌트를 제공하는 모든 표현을 면밀히 관찰한다.
- 내담자가 첫 질문부터 항상 대답할 수 있는 것은 아니므로 실천가에게는 인내심이 필요하다.
- 요약과 더불어 내담자가 선택한 프로젝트의 명칭으로 이 부분의 작업을 마무리하는 것은 주로 미래 또는 현재와 과거에 대한 묘사의 구축으로 넘어갈 수 있는 신호가 된다.

참고문헌

Bannink, F. (2010). *1001 Solution-Focused Questions*. New York, NY: W. W. Norton.

Connie, E. (2015). *3 Things to Make Using SFBT Easier*. Retrieved from www.elliottconnie.com/3-things-to-make-using-sfbt-easier/.

Froerer, A. (2017, March 31). *The Power of Solution Focused Language*. Presentation at the Solution Focused Safari Conference, Johannesburg, South Africa.

Froerer, A., von Sziffra Bergs, J., Kim, J. S., & Connie, E. (Eds.). (2018). *Solution-Focused Brief Therapy with Clients Managing Trauma*. Oxford: Oxford University Press.

Jackson, P. Z., & McKergow, M. (2002/2007). *The Solutions Focus: The SIMPLE Way to Positive Change*. London: Nicholas Brealey Publishing.

McKergow, M. (2016). SFBT 2.0: The next generation of Solution Focused Brief Therapy has already arrived. *Journal of Solution Focused Brief Therapy*, *2*(2), 1-17.

Rohrig, P., & Scheinecker, M. (2019). *Lösungsfokussiertes Konflikt-Management in Organisationen*. Bonn, Germany: managerSeminare Verlags.

제9장

미래관: 기적 그리고 평행 세계

해결중심치료는 흔히 '미래에 초점'을 둔 접근으로 설명된다. 이 장에서 살펴보겠지만 미래에 대한 논의는 해결중심치료에서 매우 중요한 역할을 한다. 이전 장에서 살펴본 것처럼 드 세이저의 저서 『Clues: Investigating Solutions in Brief Therapy』(de Shazer, 1988)가 출판되면서 해결중심 단기치료가 독특한 분야로 등장한 이후 지난 30년간 미래의 역할은 더욱 중요해졌다.

이전 장에서 우리는 공통 프로젝트에 대해 알아보았다. 이는 세계 확장의 대화(world stretching conversation)로 진행할 수 있는 입장권을 얻는 것과 같다. 여기에서는 내담자의 더 나은 미래, 즉 최선의 희망이 실현된 삶에 대한 상세한 묘사를 구축하는 방법을 검토할 것이다. 이런 종류의 대화는 해결중심치료에서 점점 더 큰 의미를 갖는 방향으로 변하고 있다.

초기 해결중심치료에서 이런 종류의 대화는 목표의 설정과 더불어 예외, 즉 문제가 발생해야 했지만 그렇지 않았거나 덜 일어났던 때를 탐색할 수 있는 준비 과정으로 간주되었다. 이는 내담자가 (아마도 의식하지 않은 채) 문제가 생기지 않았던 것에 도움이 된 행동을 했던 시간을 생각해 낼 수 있는 역할을 하며, 내담자에게 문제가 없는 삶을 향할 수 있도록 의식적으로 '더 많이 행동하도록' 하는 것이었다.

해결중심치료가 계속해서 발전함에 따라 실천가들은 더 나은 삶에 대한 이러한 묘사가 단순한 준비 이상의 것임을 발견했다. 그것은 그 자체로 중요한 치료적 목적을 갖는다. 그러한 대화가 끝나면 내담자는 이미 사소해 보였던 일상 사건에 대해 새롭게 깨닫거나, 새로운 이해나 프레임워크를 갖게 되는 경우가 많았다. 이는 상세한 묘사와 새로운 가능성의 확장을 통해 내담자의 '세계가 넓어지는 것'의 일부로 볼 수 있다. 차세대 해결중심치료에서 이는 개입(과제)을 위한 준비가 아닌 그 자체로 핵심적인 과정이다.

갤러리 모델에서 이곳은 내담자와 실천가가 매표소 다음으로 방문하는 두 번째 장소이다. 실천가는 종종 전시실 벽에 걸린 다양한 그림처럼 미래의 여러 장면에 대한 묘사를 구축하려고 노력할 것이다. 그러나 이곳이 반드시 가장 먼저 방문해야 할 곳은 아니다. 상황이 나았던 때에 대한 묘사가 포함된 예시관과 같은 곳을 먼저 방문할 수도 있다. 그러나 실천가들 사이에서는 좀 더 일찍 미래에 대한 묘사로 이동하는 것이 일반적인 실천 방식으로 알려져 있다. 아마도 미래는 과거보다 더 유연하고 협상이 가능한 시점이기 때문에 내담자가 창의적인 사고로 참여하기가 더 용이하기 때문일 것이다.

과거와 미래 사이의 인과관계 끊기

내담자는 자신의 과거 경험과 현재 상황이 계속된다면 앞으로 어떤 미래가 펼쳐질지에 대한 부담을 안고 상담실에 온다. 실천가는 기적질문을 통해 내담자가 과거의 걱정으로 인해 방해받지 않는 미래를 생각해 보길 권한다. 기적은 설명할 수 없는 것이다. 정의에 따르면 우리는 기적이 어떻게 일어나는지 모른다. 다만 그 결과만 볼 수 있다. 따라서 그러한 변화가 정확히 어떻게 일어나는지 궁금해하는 것은 불필요하고, 불가능하며, 관련도 없다. 드 세이저는 기적을 '원인 없는 결과(an effect without a cause)'라고 말하곤 했다. 그것은 신비한 원인이라기보다는 설명할 수 없는 사건으로, 어떻게 그런 일이 일어났는지 잠시라도 궁금해하는 것은 그 질문의 본질을 놓치는 것이다.

과거와의 인과적 연결이 끊어지면 내담자는 자신의 질병, 장애, 고통, 그리고 문제와 관련되지 않은 더 나은 미래에 존재하는 자신을 상상할 수 있게 된다. 이는 단순히 '문제를 해결하는 것'을 넘어, 문제가 없는 삶, 내담자의 최선의 희망이 실현된 '지금'을 생각하는 것이다. 이는 내담자, 가족, 친구, 동료, 심지어 반려동물의 일상생활의 여러 측면으로 확장될 수 있다. 많은 사람이 기적에 대한 묘사가 쌓일 때 마음이 가벼워지고 부담감이 덜해진다고 말하는 이유이다.

그러므로 기적질문에 대한 가장 일반적인 첫 반응이 '모르겠어요.'라는 것은 놀라운 일은 아니다. 이 광대하고 새로운 가능성의 세계를 순간적으로 알게 되었을 때, 내담자가 자신이 어디에 있는지 잠시 생각해 보고 싶은 것은 자연스러운 현상이다. 이 장의 뒷부분에서 살펴보겠지만, '으-흠.'이나 완전한 침묵 같은 반응은 실천가에게 매우 고무적인 신호이다. 문이 열리고 있으며, 내담자는 종종 새로운 빛에 눈이 적응할 시간을 원한다.

나는 해결중심치료를 처음 접하거나 탐색해 보는 실천가들 중 기적질문이 내담자에게 불가능한 기적이 실제로 일어날 수 있음을 암시하지는 않을까 걱정하는 모습을 본 적이 있다. 예를 들어, 절단 수술을 받은 사람은 신체의 일부가 제자리로 돌아오길 바랄 수 있고, 미망인은 남편이 다시 살아 돌아오길 기대할 수도 있다는 것이다. 여기에는 두 가지 고려되어야 할 사항이 있다. 첫째, 기적의 결과가 내담자의 '최선의 희망'에 기초한다면 이러한 현상이 발생할 가능성은 매우 적다. 둘째, 그런 일이 발생하더라도 그것은 문제가 되지 않는다. 실천가는 '그것이 당신에게 어떤 차이를 가져올까요?'라는 질문을 통해 내담자의 삶에서 일어나는 변화에 대한 탐색을 이어 갈 수 있다. 절단 수술을 받은 사람이 다시 스포츠를 즐기고, 친구들을 방문하고, 나아가 더 친밀한 부부생활을 즐기기를 원할 수도 있다. 이 모든 것들은 더 자세히 탐색될 필요가 있는 정당한 희망이다. 미망인은 대화나 교제, 또 쓰레기통을 치워 줄 사람을 원할 수 있다. 다시 말하지만, 이들은 모두 기적의 맥락에서 다룰 수 있는 것들이다. 그리고 물론, 실천가는 상황이 달라지기를 바라는 내담자의 욕구를 인정해야만 한다.

기적질문의 발전

지난 수년에 걸쳐 기적질문을 통해 좀 더 유용하고 상세한 답변을 얻을 수 있도록 하는 기술이 상당히 발전했다. 해결중심치료에 관련된 많은 책과 미국 해결중심치료학회의 치료 매뉴얼(SFBTA, 2013)은 기적이 내담자에게 아주 잠시일지라도 문제가 없어진 상황을 상상하는 것에 도움이 됨을 기술하고 있다. 최선의 희망을 바탕으로 한 프로젝트에 관한 기적질문을 다음과 같은 형식으로 물어볼 수 있다.

> "좀 이상한 질문을 하나 드리겠습니다.
> 이상한 질문은 이렇습니다.
> 대화를 마친 후 당신은 직장(집, 학교)으로 돌아가고, 남은 시간에 해야 할 필요가 있는 일을 하시겠지요. 예를 들면, 아이들 돌보기, 저녁 차리기, TV 시청, 아이들 목욕시키기 등이 될 수 있을 겁니다.
> 이제 잠자리에 들 시간이 됩니다.
> 그리고 모두가 잠자리에 듭니다.
> 그리고 곧 잠이 듭니다.
> 그리고 당신이 잠든 사이, 기적이 일어나 당신의 희망/프로젝트가 결실을 맺습니다!
> 그런데 이런 기적이 당신이 잠든 사이에 일어나기 때문에 당신은 기적이

일어났다는 사실을 알지 못합니다.
그렇다면 내일 아침에 일어났을 때 기적이 일어났다는 것을 처음으로 알려 줄 작은 신호는 무엇일까요?"

이전 장에서 언급된 형식과 비교하여 달라진 몇 가지의 사항에 주목할 필요가 있다.

- 질문과 기적의 출현에 대해 훨씬 더 긴 도입부가 있다. 실천가는 이것이 이상한 질문임을 알리고, 아마도 이 시점에서 내담자로부터 끄덕임이나 허락을 구하는 것으로 시작할 것이다. 때로 이것은 '창의적인' 질문으로 제안될 수도 있고, 내담자에게 대화에서 약간의 상상력을 발휘할 준비가 되었는지 물을 수도 있다.
- 도입은 회기가 끝난 후 직장이나 집으로 돌아가는 장면으로 계속되며, 모든 것은 정상적으로 진행될 것을 말한다. 내 경험상 이것은 내담자를 대화의 흐름에 끌어들이고, 모든 것을 받아들이는 표현을 관찰한다. 어떤 사람들은 이러한 일련의 끄덕임이나 '예'와 같은 응답이 내담자를 일종의 가벼운 최면(trance) 상태에 들 수 있도록 하는 데 도움이 된다고 말한다. 어쨌든 곧 다가올 창의적인 도약을 위해 그들을 준비시키는 것이다.
- 기적은 바로 오늘 밤에 일어난다. 미래의 어느 날 밤이 아니라 오늘 밤이다. 내 경험에 따르면 이는 내담자에게 이 모든 것이 매우 가깝게 있다는 것을 알리는 긍정적인 방식이다.
- 실천가는 기적의 영향을 높은 수준에서 말한다. 앞서 언급한 대로 내담자가 원하는 최선의 희망/프로젝트가 결실을 맺는 것이다. 이것은 매우 중요하다. 그러한 진술이 없으면 내담자는 기적으로부터 오래된 희망을 기대하고, 당면한 프로젝트에 집중하지 못할 수 있다. 기적질문에 대한 답으로 내담자가 복권에 당첨되어 삶의 모든 것이 완전히 바뀌었다는 막연

한 생각을 말한다면 아마도 기적의 영향에 대해 충분히 명확하게 설명하지 못했기 때문일 수도 있다.

- 질문의 마지막 부분은 기적이 일어났거나 최선의 희망이 실현되었다는 신호가 될 작은 변화를 알아차리는 것에 대해 매우 명확하게 설명하고 있다. 이전 버전에서는 '당신의 인생에서 무엇이 달라질까요?'라고 물었다. 여기서부터 우리는 내담자가 내일 일어났을 때 알아차릴 수 있는 것들에 대한 더욱 집중적인 대화를 진행할 수 있다.

이러한 모든 변화는 시간(내일)과 세부적 측면에서 문제가 사라진 미래를 내담자에게 더 가까이 다가갈 수 있도록 돕는 과정의 일부이다. 초기 해결중심치료에서는 기적질문이 주로 목표 설정에 도움이 되었지만, 이제는 이 대화가 '내담자의 세계 확장'을 위한 핵심임을 알 수 있다. 즉, 구체적이고 상호작용적인 용어로 더 나은 미래를 탐색하는 것인데, 이 과정 자체는 내담자에게 관찰 가능하고 나아가 잠재적인 행동으로 이어질 수 있는 주요한 가능성을 확장한다. 이제 이러한 새로운 관점에서 실제로 이것을 어떻게 실천할 수 있는지 살펴보고자 한다.

"가정해 보죠"…… 가장 중요한 단어

사람들은 흔히 '기적'이 기적질문의 가장 중요한 요소라고 생각한다. 내 생각은 조금 다르다. 나는 '가정'이라는 단어가 가장 중요하다고 생각한다. 이는 질문의 시작 부분에 나오며, 대화에서 곧 일어날 가장 중요한 변화를 나타낸다.

시작 부분에 등장하는 '가정'이라는 단어는 우리가 대화를 적어도 일상적인 대화의 측면에서 특이한 차원, 즉 가정의 세계로 옮기려고 함을 나타낸다. 말하자면 '가정의 세계(the world of suppose-land)'이다. 여러 면에서 내담자의 일상 세계와 매우 유사하지만 한 가지 눈에 띄는 차이점이 있다. 내담자의 최선의 희망인 프로젝트가 결실을 맺게 된 일이 일어난 것이다. 가정의 세계로 들어선 후, 내담자와 실천가는 그곳을 탐색하면서 이곳이 더 나은 세계임을 내담자에게 알려 주는 신호를 발견할 것이다.

여기서 실천가의 목표는 첫째로 내담자가 가정의 세계에 머물도록 돕는 것이고, 둘째는 내담자의 세계를 확장할 작은 세부 사항을 탐색하는 것이다. 첫 부분은 실천가의 능숙한 기술을 요한다. 내담자에게 약간의 창의성을 발휘할 준비가 되었는지, 이상하고 특이한 질문을 묻는 측면에서 기초를 준비하는 것이 큰 도움이 될 수 있다. 강력하고 명확한 프로젝트 명도 도움이 된다. 내담자가 시간을 내서 이것을 탐색하는 데 관심이 있다는 것을 어느 정도 확신할 수 있기 때문이다.

평행 세계로 가는 문

필립 풀먼(Phillip Pullman, 1997)의 3부작 소설인 『His Dark Materials』는 수많은 평행 우주가 중첩된 세계를 배경으로 한다. 이들은 모두 같은 '공간'을 차지하며 서로 얽혀 있다. 예를 들어, 옥스포드의 많은 부분이 같은 곳에 위치하는 것과 같다. 다중의 옥스퍼드는 모두 대학, 강, 교외 지역, 심지어 주변에 벤치가 있는 특별한 나무까지도 같은 모습이다. 이러한 평행 세계는 일반적으로 우리와 같은 보통 사람들에게는 보이지 않는다.

소설에는 한 세계에서 다른 세계로 이동할 수 있는 힘을 가진 칼이 등장한다. 이 칼을 쓰고 싶은 사람은 열고자 하는 세계를 찾기 위해 '현실'을 주의 깊게 탐색하며 한 세계에서 다른 세계로 이동할 수 있는 틈새를 찾아야 한다. 저편의 다른 세계에서는 같은 것도 있고 또 다른 것도 있을 수 있다. 소설의 주인공은 새로운 세계를 탐험하기 위해 떠날 수 있으며, 나중에 돌아올 수 있도록 틈새를 열어 둘 수도 있다.

기적질문은 이러한 '가상의 평행 세계'와 같은 방식으로 작동한다. 실천가는 기적질문과 유사한 방식으로 문을 연 후 내담자가 그 문을 통과하도록 초대한다. 일단 통과하면 원래 있던 세계를 언급하거나 우리가 그곳에 어떻게 도착했는지 궁금해하지 않고 잠시 동안 반대편의 평행 세계를 탐험하는 것이 우리의 목표이다. 반대편의 세계는 원래의 세계와 많은 유사점을 가지고 있다. 내담자는 동일한 가족과 같은 장소에 살며, 동일한 일을 (아마 새로운 방식으로) 많이 할 것이다. 풀먼의 책에 등장하는 주인공은 비슷하지만 다른 많은 옥스퍼드를 여행한다.

물론 이것은 모두 가상의 평행한 세계에 있다. 이는 심오하지만 내담자의 경험에 뿌리를 둔 창의적인 접근이다. 이러한 과정의 힘은 상세한 묘사를 통해 내담자가 세부적인 측면과 다른 관점에서 자신의 설명을 확장하도록 돕는 것에 있다. 우리가 이 방식을 유지할수록 내담자의 세계는 더욱 넓어진다. 기적은 내담자가 그러한 세계의 문턱을 넘도록 돕는 한 가지 방법이다. 이를 포함해 실천가가 선택할 수 있는 여러 가지 다른 방식이 있을 수 있다.

- 밤새 마법 같은 일이 일어났어요.
- 누군가가 마술 지팡이를 흔들었고 내일 아침에 일어나면…….
- 갑자기 당신은 척도의 10에 도달했다는 것을 알게 됩니다(척도의 기준이 이미 설정되어 있다고 가정).
- 갑자기 시간의 진동이 일어나, 당신은 모든 것이 놀라울 정도로 잘 발전한 미래에 존재하는 자신을 발견합니다.

가능한 다른 방식도 많으며, 실제로 내담자의 소통 방식에 맞는 방법을 찾는 것은 이 접근의 흥미로운 부분이다. 중요한 것은, 알 수는 없지만 우리가 내담자와 함께 최선의 희망이 실현된 세계로 들어가고 있다는 것이다.

묘사의 확장: 상세한 장면

가상의 평행 세계로 들어가는 문턱을 넘을 수 있도록 내담자를 도운 실천가는 내담자와 함께 걸으며 그들이 중요한 차이를 알아차리도록 돕고자 한다. 물론 이는 내담자가 해야 할 일이지만 내담자가 묘사를 확장할 수 있도록 실천가가 사용할 수 있는 작지만 중요한 몇 가지 질문이 있다. 다음은 이러한 확장 질문의 예이다.

- 그러면 어떤 차이가 생길까요?
- 그것이 [M]에게 어떤 변화를 가져올까요?
- [X]가 일어나고 있다는 첫 번째 작은 신호는 무엇일까요?
- [X]가 일어나고 있다는 것을 누가 알아볼 수 있을까요? 그들은 무엇을 알아볼 수 있을까요?
- 당신이 [X]를 하고 있는 것을 본다면 [M]은 어떻게 할까요?
- 이에 대한 반응으로 당신은 무엇을 할 수 있을까요?
- 또 무엇이 있을까요?
- 그다음에는 어떻게 될까요?

간단해 보이지만 이러한 질문들은 기적이 일어난 다음 날, 즉 가정의 세계에 대한 묘사를 유지하고, 내담자 자신의 세계와 삶의 경험을 확장하기 위해 다양한 방식으로 함께 연결될 수 있도록 한다. 또한 내담자의 희망이 실현되지 않은 현재의 세계와 같은 어딘가에서 방황하는 경우 내담자를 가정의 세계로 다시 안내하는 데 활용할 수도 있다.

묘사는 미래관에 전시된 다양한 그림처럼 여러 '장면'으로 나타나는 경우가 많다. 다양한 관점으로 각각의 장면을 탐색할 수 있다. 전시된 그림을 관람하는 데 '올바른 순서'는 없다. 어느 정도 연대기적 순서로 살펴보고 싶은 유혹이 있지만, 반드시 그럴 필요는 없다.

또한 실천가는 다음 번에 내담자에게 잠재적으로 문제가 될 만한 상황과 '관련된' 첫 장면처럼 보이는 그림에서 시작하고 싶은 유혹을 받기도 한다. 그러나 내담자가 자신의 세계를 확장하도록 도우려면 내담자가 인식하는 지점에서부터 시작해야 한다. 이것은 일반적으로 기적이 일어난 후에 그들이 깨어나는 시간이다. 내담자가 이 새로운 세계에 적응하기 시작할 때 어떤 차이에 초점을 맞출지 우리는 알 수 없다. 그렇기 때문에 내담자가 이 새로운 평행 현실을 이해할 수 있는 시간을 제공하는 것은 항상 흥미로운 일이다.

사례: 메리, 자유롭게 날고 싶어요(계속)

이 사례는 런던의 BRIEF에서 상담받은 40대 중반의 메리의 이야기이다. 그녀는 우울증 이후 자살시도의 위험을 경험하고 있으며, 이로 인해 주치의가 의뢰한 내담자이다. 우리는 제8장에서 이미 메리를 만난 적이 있다. 미래에 대한 평화와 희망을 갖고 싶고, 계속해서 과거로 끌려가지 않기를 바라는 메리의 희망(프로젝트)을 알아낸 후, 실천가는 다음과 같이 기적질문을 한다(이는 첫 번째 회기가 시작된 후 채 5분도 되지 않은 시간이었다).

대화	코멘트
상: 만일 오늘 밤 주무시는 사이에 기적이 일어났다고 가정해 보죠. 비록 당신의 과거를 모두 없애지는 못했지만, 당신의 과거가 미래를 망치는 것을 막을 수는 있었어요. 그렇지만 주무시는 동안이었기 때문에 당신은 그것이 일어난 줄 모르죠. 내일 아침에 일어났을 때 그런 평화와 수용의 마음이 들기 시작했다는 것을 알 수 있는 첫 번째 신호는 무엇일까요?	실천가는 '전제하기'보다는 '만일'로 시작함……. 내 생각엔 전제로 시작하는 것보다 조금 약한 선택이지만 나름의 역할을 함. 기적의 영향이 내담자와 동의한 프로젝트와 밀접하게 연결되는 단어로 분명하게 설명됨.
내: 제 생각엔, 전 아마도 알 수 있을 것 같아요……. 가장 큰 것은 지금의 저로서 충분히 좋다는 것을 제가 알 수 있을 거예요. 제 자신을 증명하거나 저를 실망시키고 저를 여기까지 끌고 내려온 사람들로부터 계속해서 인정받지 않아도 되는 거죠. 저 스스로 충분하다는 거예요.	내담자는 조심스럽게 평행 세계를 탐색하기 시작하며, 고차원적인 생각으로 이를 표현했는데, 이는 좋은 시작임. 실천가는 이제 상세한 구축을 시작할 것임.
상: 그러면 내일 몇 시쯤 일어나실까요? 내: 아마도 7시경이요. 상: 7시경이요? 좋아요, 알람이 울리면 바로 일어나시나요?	갑작스러운 질문처럼 보이지만 기적이 일어난 평행 세계에서 깨어나는 미래를 탐색하기 위한 주요 포인트로 내담자가 갈 수 있도록 설정된 것임.
내: 글쎄, 깨겠죠…… 요즘 잠을 잘 자지 못해요……. 그렇지만 저의 잠과 상관없이	내담자는 매우 빨리 '내일 아침'으로 들어감.

같은 시간에 일어나려고 노력해요.

상: 좋아요. 그러면 7시경에 일어납니다. 아침에 일어났을 때 있는 그대로의 당신임을 알 수 있는 첫 번째 신호는 무엇일까요?

실천가는 기적이 일어났다는 느낌으로 깨어나는 순간으로 돌아감.

내: 모르겠어요. 지금 그 질문에 대해 답할 수가 없네요. 모르겠어요. 어떨 것이라는 상상은 할 수 있을 것 같은데요……, 마음이 무겁고 걱정스럽게 느껴지지는 않을 것 같아요.

흥미로운 순간임. 내담자는 모르겠다며 항의하고, 실천가는 내담자를 기다려 줌. 내담자는 계속해서 탐색함. 이것은 상담의 이른 시기에 보통 있는 일이며, 내담자가 평행 세계에 처음으로 왔다는 것을 기억할 필요가 있음.

상: 좋아요. 그렇게 생각하는 대신 어떻게 느껴질까요?

내: 아마도 새로운 날이니까 흥분될 것 같아요.

실천가는 무엇이 아닐지가 아니라 무엇일지를 경청하고자 하며, 따라서 내담자에게 대신 어떤 경험을 할지 물어봄. 실천가는 내담자가 사용한 '느끼다'라는 동사에 맞춰 천천히 진행함.

상: 좋아요.

내: 새로운 날에 어떤 일이 생길지 희망이 있겠죠.

상: 좋아요. 그러면 흥분감으로 일어나고, 어떤 날이 될지에 대해 궁금해하시는 거죠. 그것이 당신에게 어떤 차이를 만들까요? 그런 경험을 하는 것 자체가요?

처음으로 '그것이 당신에게 어떤 차이를 만들까요?'라는 묘사 구축 질문을 함.

내: 글쎄요, 그건 제가 전에 전혀 느껴 본 적이 없는 감정이어서요, 그렇지만 어떤 날이 될지 두렵거나 후퇴하는 감정에 차 있기보다는 훨씬 긍정적인 감정일 것으로 상상이 되는데요.

내담자는 뭔가 새로운 것을 탐색하고 있다는 생각을 하게 됨.

상: 좋아요. 주변에 누가 있나요? 혼자 계신가요?

실천가는 다른 사람의 인식을 탐색하고자 하며, 주변에 누가 있는지에 대해 물음. 이를 통해 다른 사람들의 관점을 얻을 수 있음.

내: 함께 사는 사람이 있어요.

상: 좋아요. 그분이 잠에서 깰 때 옆에 있을까요?

이는 실천가에게 아마도 새로운 정보인 것으로 보이며, 아침에 일어났을 때의 묘사에 남편이 포함될 수 있도록 함.

내: 아니요.

상: 좋아요. 그러면 그분은 어디에 계실까요?

내: 직장이요.

상: 직장이요? 몇 시에 출근을 하시는데요?

내: 아마도 아침 5시 30분이요.

상: 좋아요. 그분이 나가는 소리를 들을 수 있나요?

내: 때로는요. 제 저녁 시간이 어땠는지에 따라 다르죠.

상: 만일 좋은 저녁이었다면 그분이 나가는 소리를 들으실 수 있나요?	실천가는 다시 한번 메리에게 기적이 일어난 후의 아침에 대해 이야기하고 있음을 상기시킴.
내: 때로는요.	
상: 어떻게 알 수 있을까요……, 일어나기 전이지만 그분은 당신에 대해 무엇을 볼 수 있을까요?	남편이 무엇을 볼 수 있을지는 새로운 묘사 확장 질문임.
내: 제가 잠을 잘 자지 못하기 때문에 그 사람은 아마도 제가 더 잘 잔 것을 알 것 같아요.	
상: 당신이 잠을 더 잘 잤다는 것을 그분은 어떻게 알 수 있을까요?	'잠을 더 잘 잔' 것에 대한 더 많은 상세함을 이끌어 내고자 함.
내: 그 사람이 아마도 제가 뒤척이는 소리를 듣지 못했을 것 같아요.	
상: 좋아요. 만일 당신이 깨어 있다면 그분이 나갈 때 말을 건넬까요?	
내: 네.	
상: 좋아요. 그러면 당신이 말을 건넬 때 그분이 무엇을 알아볼까요?	
내: 모르겠어요, 그 질문에 답을 할 수 없네요. 모르겠어요.	이러한 질문들은 보통 미래에 관한 묘사를 찾고자 하는 상세한 질문보다 더욱 상세함.

상: 만일 이 기적이 일어났다면, 어떻게 생각하세요…….

이 지점에서 내담자가 질문에 대한 답을 찾고자 애쓰는 것은 당연하며, 실천가는 계속해서 포기하지 않고 진행함.

내: 정말 모르겠어요. 모르겠어요.

상: 당신에게 어떤 일이 일어났거나 일어날 것이라고 상상하시나요?

내: 제 생각에 대해 이미 말씀드렸어요……. 어떨 것이라고 상상하는지. 모르겠어요.

상: 당신이 하루에 대한 희망을 가지고 일어난다면 그분은 당신에 대해 뭐를 알아볼까요?

내: 제가 다르다는 것을 알 것 같아요.

아하! 남편은 내담자가 다름을 알 것임. 그렇지만 우리는 아직 어떤 종류의 차이인지에 대해 알지 못함.

상: 그분을 어떻게 부르시나요?

내: 네?

상: 그분의 이름이 뭔가요?

내담자가 주요한 인물들을 부르는 방식으로 표현할 수 있도록 함.

내: 제프요.

상: 제프씨요. 그분은 뭘 알아볼까요? 당신이 일어났을 때 알 수 있는 첫 번째 신호는 뭘까요?

내: 모르겠어요. 그런 기분이 어떨지 전혀 경험해 보지 못한 사람이 그런 질문에 대답할 수 있을 것이라고 어떻게 기대하시죠?

내담자가 질문에 답하고자 애쓰며 매우 당황스러워함을 관찰할 수 있음.

상: 왜냐하면 그 질문이 정말 어려운 질문이기 때문이에요. 그렇지만 그 질문은 우리가 어디로 가고 싶어 하는지에 대해서 알 수 있게 해 주죠.

내: 모르겠어요.

상: 만일 당신이 희망을 가지고 깨어 난다면, 당신이 누군인지에 대해 행복감을 느끼고, 평화로움을 느끼며, 잠을 잘 잔 거죠. 그러면 그분은 뭘 알아볼까요? 그분께 잘 다녀오라고 인사를 하시나요 아니면……?

내: 저는 제가 어떨 것인지에 대해 어떻게 생각하는지 이미 말씀드렸고, 그 사람도 그것을 볼 수 있겠죠. 아시겠어요? 바로 그게 다름이죠.

메리는 다시 한번 두 사람이 알 수 있는 차이가 있을 것임을 강조함.

상: 그 짧은 순간, 하루의 그 시점에서 그것은 그분께 어떻게 나타날까요?

실천가는 제프에게 이 다름이 어떻게 나타날지 끈질기게 질문함.

내: 모르겠어요. 아마도 너무 피곤하거나 그 하루에 대해 부정적인 기분이지 않았겠죠.

여기에서 다시 내담자는 '~아닐 것 같다.'라는 부정적인 문장으로 답함.

상: 좋아요. 서로에게 인사를 할 때 그분은 당신의 얼굴에서 무엇을 보게 될까요?

내: 모르겠어요. 걱정스러운 얼굴보다는 웃는 얼굴일 것이라 생각해요.

마침내, 여기서 주목할 만한 다름이 나타남-웃는 얼굴의 메리

상: 좋아요. 그분이 그걸 보시고 놀랄까요, 아니면 그런 일이 종종 있나요?

내: 네, 저도 미소를 지으려고 노력은 해요.

상: 좋아요.

이것은 굉장히 흥미로운 순간임. 내담자는 때로 미소를 지으려고 노력함. 그러나 이 미소의 의미에 대해서는 아직 알지 못함.

내: 필요할 때나 그래야 할 때 항상 그럴 수 있는 것은 아니지만 때론 저도 웃을 수 있어요.

상: 좋아요. 그분은 당신의 웃음에 어떻게 반응하실까요?

상호작용적인 다름이 여기에서 나타남.

내: 그 사람을 정말 행복하게 만들 거예요.

상: 그래요? 좋아요. 그분께 그것이 중요했다는 것이 어떻게 보일까요?

내: 그가 그것을 어떻게 알아볼지는 모르겠어요. 모르겠어요.

상: 좋아요. 그러면 한 한시간 정도 더 주무

실천가는 제프가 일어나 일터로 나가는 때

시고 7시쯤에 일어나시는 거예요. 하루를 기대하는 그 느낌이 아직 당신과 함께하고 있어요. 평화로운 느낌도 있죠. 아침에 일어나서 하시는 루틴은 어떻게 되나요? 내일 아침 뭘 하실까요?	메리가 살짝 깨어 있는 짧은 순간에 머물기보다 앞으로 나아가기로 결정함. 실천가는 전시장의 다음 '장면'으로 향하는데, 이 시간은 메리가 이미 말했던 시간으로 그녀가 하루를 제대로 시작하기 위해 일어나는 때인 7시경임. 실천가는 이날 내담자가 기적으로 인해 평화로운 느낌을 갖고 있다는 것을 강조하고 있음.
내: 일어나서 체육관으로 운동하러 가요.	
상: 좋아요. 체육관에는 몇 시에 가시나요?	
내: 아마 아침 8시 15분쯤 떠날 거예요.	
상: 좋아요. 아침이나 커피는 드시나요?	실천가는 체육관 장면으로 이동하고자 서두르지 않고, 기적이 일어난 후의 세계에서 아침 시간에 다른 신호가 있는지 찾고자 함.
내: 네, 아침을 먹죠.	
상: 아침을 드시면서…… 말씀드렸던 하루에 대한 기대가 있을 때 당신에겐 무엇이 다를까요?	
내: 잘 모르겠어요, 제가 하는 일은 제 안에 깊게 각인되어 있기 때문에…… 제 루틴이요. 부정적이고 해로운 감정도 이제는 정상의 감정이 되었죠. 그래서 선생님이 묻는 질문에 답하는 것이 너무 어려워요.	
상: 좋아요. 그러셔야 해요, 어려워야만 합니다.	실천가는 무거운 감정이 있을 수 있음을 인정하며 그것이 이 과정의 일부임을 알리고자 함.

내: 네?

상: 왜냐하면 지금 우리는 당신이 지금까지 가 보지 않았던 곳으로 가고 있거든요.

실천가는 내담자에게 두 사람이 새로운 세계를 탐색하고 있다는 것을 상기시킴.

내: 그래요? 모르겠네요.

상: 어떤 …… 무엇을 볼 것이라 생각하세요? 차나 커피를 마시며 평화로운 마음이 든다는 것을 어떻게 알 수 있을까요? 보통 뭘 드세요?

내: 모르겠어요. 제 생각엔 제가 그것에 대해 볼 수 있는 가장 큰 것은, 아마도 모든 것에 대해 걱정하지 않는 것일 거에요.

메리가 의미 있는 답을 하기 전 자주 '모르겠어요.'라고 말하는 것을 주목할 필요가 있음. '모르겠어요.'라는 답변을 반사적인 행동으로 볼 수 있으며, 너무 심각하게 받아들일 필요는 없음.

상: 대신 당신의 마음에 뭐가 있을까요?

다시 한번, 걱정하지 않는 대신 무엇이 일어날지에 대해 물음.

내: 아마도 그 사람들을 볼 때 싫어하거나 피하려고 하기보다는 사람들을 만나는 것이 기대될 것 같아요.

상: 좋아요. 내일 누구를 만나고 싶으세요?

내: 그냥 운동하러 오는 사람들이요.

상: 좋아요. 운동하러 오는 사람들은 누구인

실천가는 여기에서 사람들의 이름을 알아내

가요? 어떤 분들을 만나기를 기대하세요?	어 그들의 이름을 부르고자 함. 체육관 장면으로 그들을 끌어들임.
내: 몇 명 있어요. 정말 좋은 친구들이죠.	
상: 그래요? 좋아요, 누구죠?	
내: 제 친구 델마와 베스요.	이제 실천가는 기적이 일어난 날 체육관에서 델마와 베스와 함께 하는 다음 장면을 구축할 수 있게 됨.

지금까지 실천가는 메리가 미래관에서 세 가지 장면(제프가 일어나 출근하는 시간, 오전 7시에 일어나는 시간, 체육관에 가기 전 커피를 마시는 장면)을 묘사하는 데 도움을 주었다. 대화 시간은 약 8분 정도 소요되었으며, 우리는 아직 메리의 오전 8시 15분쯤에 있다. 요점은 이것이 기적 다음 날의 평행 세계를 아주 천천히 탐색하는 점진적인 과정이라는 것이다. 이 경우 메리는 실천가가 요청하는 세부 수준의 질문에 답하는 것에 대해 약간의 어려움을 겪었다. 그러나 그녀는 계속해서 앞으로 나아갔고, 미래를 탐색할 수 있는 자신의 능력에 대해 더 자신감을 갖기 시작했다.

이러한 확신이 어떻게 계속해서 커지고 있는지 확인하기 위해 동일한 회기의 후반부를 살펴보고자 한다. 메리는 이제 체육관에 갔다가 집으로 돌아와 점심을 먹고 책을 읽었다. 그녀는 이제 제프가 직장에서 집으로 돌아오는 장면에 집중하고 있다.

대화	코멘트
상: 제프는 언제 집에 오나요?	시간을 물어보며 실천가는 상세한 정보를 수집하기 시작함.
내: 보통 다섯 시나 여섯 시쯤이요.	
상: 좋아요. 그러면 그가 집에 돌아오기 전 30분 정도 전엔 어떻게 느끼실까요? 이 기적이 아직 당신에게 일어나고 있음을 어떻게 알 수 있을까요?	실천가는 두 사람이 아직 기적이 일어난 후의 세계를 탐색하고 있음을 상기시킴.
내: 저는 아마도 …… 두 사람 모두 집에 갇혀 있는 대신, 아마도 어딘가로 외출을 나가 둘만의 시간을 가질 수도 있을 것 같아요, 잠깐의 산책이나 그냥 뭔가 함께 하는 거죠. 저는 집 안에서 너무 많은 시간을 보냈어요.	
상: 산책을 가신다면 어디로 가실까요?	남편이 귀가하기 전일지라도 두 사람 사이의 관계와 그들이 함께 하는 것은 변할 수 있고, 따라서 그러한 변화된 상호작용 방식에 대비할 수 있도록 함.
내: 해변에 가깝게 살기 때문에 아마도 그리로 갈 것 같아요.	
상: 제프가 집에 돌아와 당신이 어떤 얘기도 하기 전에 뭘 처음으로 알아볼까요? 그 첫 번째가 뭘 까요?	'뭘 처음으로 알아볼까요?'와 같은 확장질문이 잘 활용됨.
내: 제가 …… 걱정하고, 스트레스 받고, 불안한 얼굴을 하고 있는 대신 웃고 있을 것 같아요.	이제 내담자는 실천가의 격려 없이도 '어떨 것 같은지에 관한 얘기'를 스스로 하기 시작했으며, 이는 회기의 흐름에 익숙해지고 있

음을 보이는 신호임.

상: 좋아요. 그러면 그가 말을 하기 전 당신은 그의 반응에서 무엇을 처음으로 볼까요?

내: 제 몸짓으로 알 수 있을 것 같아요……. 보통은 그가 집에 돌아와 제가 어디에 있는지를 찾거든요. 대신 제가 그에게로 가서 그를 포옹해 줄 것 같아요.

상: 혹시 제프가 너무 놀라 기절을 하실까요, 아니면……?

실천가는 유머를 활용함. 내담자도 그것을 받아들이고 더 과장함. 이는 내담자가 새로운 세계에 대한 탐색을 즐기고 있음을 보여 줌.

내: 아마, 네, 정말 그럴지도 몰라요. 응급구조대원이 옆에서 대기하고 있어야 될지도 몰라요. 놀랄 일이지만, 나쁜 것이기보다는 즐거운 놀람일 것 같아요.

상: 그러면 그곳은 어디일까요? 제프를 어디서 포옹해 주실 건가요?

내: 생각을 좀 해 봐야 할 것 같아요……. 보통은 그가 위층으로 올라오거든요. 제가 현관에서 그를 맞이한 적은 없어요. 대개 그 사람이 들어와 저를 찾거든요. 이번엔 아마도 제가 그가 어디에 있는지 찾을 것 같아요.

상: 좋아요, 그게 평소와 다른 것이군요…….

실천가는 내담자가 바로 직전에 한 말의 가치를 강화하고 있으며, 이는 긍정적인 신호임.

내: 네.

상: 그러면 당신이 그분을 포옹해 드리는 방식에서 당신에게 평화와 기쁨이 있다는 것을 어떻게 알 수 있을까요?

확장질문의 사용–그분을 포옹해 드리는 방식에서 …… 어떻게 알 수 있을까요?

내: 때로 그가 저에게 안아 달라고 말하기도 해요……. 그러면 제가 그를 안아 주긴 해요, 그가 말하죠. '내가 당신에게 안아 달라고 할 때 당신은 너무 경직되어 있어, 마치…… 안아 주면서 나를 밀어내는 것 같아.' 그래서 이번에는 제가 편안하고 충분히 안전하게 느낄 때 아마도 더 자연스럽고 열린 포옹을 해 줄 것 같아요. 경직되고 딱딱하지 않게요.

이 부분에서 회기의 처음보다 메리의 답변에 더 많은 상세한 정보가 포함되어 있음을 볼 수 있음.

상: 그러면 당신의 그러한 편안한 포옹에 대한 그의 반응에서 당신은 뭘 볼 수 있을까요?

실천가는 이제 '뭘 볼 수 있을까요?'와 같은 질문을 통해 본격적으로 내담자의 묘사를 확장하고 있음. 전체적으로 탐색과 묘사가 더 자연스럽고 자세하게 진행되고 있음.

내: 제 생각엔 그가 부탁을 해야만 하거나 또는 밀어내는 느낌이 아닌 포옹 그 자체로 기뻐할 것 같아요.

상: 그의 팔을 어떻게 느끼실까요?

내: 보통 때보다 더 오래 저를 꼭 감싸고 있을 것 같아요.

상: 좋아요. 그러면 그것에 당신은 어떻게 반응하실까요?

내: 평소의 방식에 익숙해 있어서 아마도 아주 힘들 것 같아요. 그게 좋건 나쁘건 간에 그게 저니까요. 그래서 그렇게 해 보는 것은 저에게 상당히 새로운 경험이 될 것 같아요.

상: 만일 당신이 그를 포옹하고 싶은 느낌이 든다면요?

포옹 후의 순간에 대해 좀 더 탐색한 후 다음 장면으로 넘어감.

내: 그의 품에서 벗어나고 싶어 하기보다는 계속 머물고 싶을 것 같아요.

상: 좋아요.

내: 왜냐하면 그런 순간에 저는 '좋아, 빨리 해 주고, 벗어나자.' 뭐 이랬거든요. 만일 치고 빠지는 것이 아니라 정말 그런 포옹을 즐기고 느낀다면요.

포옹에 대한 묘사는 약 3분 정도 소요되었고, 이는 실제 포옹보다 훨씬 더 긴 시간이었을 것이다. 그동안 내담자의 얼굴과 목소리에 눈에 띄는 변화가 일어났다. 이는 자세한 묘사가 일종의 실제 경험(felt experience)이었음을 말한다. 이것은 '우연한' 묘사가 아니다. 이러한 세부 사항은 장면에 관한 신중한 설정 없이는 나오지 않으며, 이는 내담자의 일상 생활에서 그들의 미래를 구성하는 것에 도움이 된다.

주요 요점

- 해결중심치료에서 더 나은 삶에 대한 창의적인 상상은 선택이 아닌 핵심 과정이 되었다.
- 더 나은 미래에 대한 경험을 자세히 탐색하는 것은 내담자의 '세계를 넓히는 것'이며, 이에는 치료적 의미가 있다.
- 기적질문에서 가장 중요한 단어는 기적이 아니라 '가정'이다. 그 이후의 모든 일은 '가정의 세계'에서 일어난다.
- 기적이 일어난 다음 날의 세계는 내담자에게 있어 많은 것이 상당히 유사하고 일부만 다른 평행 우주와 같다고 가정한다.
- 기적질문이나 기타 미래 관련 질문은 내담자와 실천가가 함께 탐색할 수 있도록 평행 우주에 틈새를 만드는 작업이다.
- 일단 평행 우주에 들어가면 실천가의 역할은 내담자의 일상에 대한 자세한 묘사를 자신의 관점과 관련된 다른 사람들의 관점에서 확장하는 것이다.
- 이러한 과정은 기적 이후의 세계에 어떻게 도달할지의 '방법'에 관한 것이 아니다. 그보다는 일단 기적을 통해 그곳에 도착한 후 그곳이 어떤 곳일지를 면밀히 탐색하는 것에 더 가깝다. 물론 내담자는 대화가 진행됨에 따라 잠재적인 다음 행동이 무엇이 될지에 대해 생각을 시작할 수 있다.

참고문헌

de Shazer, S. (1988). *Clues: Investigating Solutions in Brief Therapy*. New York, NY: W. W. Norton.

Pullman, P. (1997). *The Subtle Knife* (His Dark Materials, Vol. 2). New York, NY: Scholastic.

SFBTA. (2013). *Solution Focused Therapy Treatment Manual for Working with Individuals* (2nd version). Retrieved from http://sfbta.org/PDFs/researchDownloads/fileDownloader.asp?fname=SFBT_Revised_Treatment_Manual_2013.pdf.

제10장

예시관:
더 나은 미래와의 연결

흔히 해결중심치료의 실천은 매우 미래 지향적이라고 이야기된다. 매표소(내담자가 미래에 원하는 최선의 희망)와 미래관(작은 상호작용적 상세함을 활용해 더 나은 미래를 탐색하기)에 대한 이전의 장들을 통해 보았듯이 이는 실제로 그렇다. 그렇지만 과거와 현재도 미래 못지않게 중요한 역할을 한다.

이미 발생했으며 '선호하는 미래'에 관한 묘사를 지원하고 연결하는 요소인 '해결중심적 과거'의 강력한 기여는 지금까지 자주 과소평가되어 왔다. 그러나 이는 우리 작업의 매우 유연한 구성 요소이다. 내가 조직의 맥락에서 작업할 때 사람들은 미래를 바라보는 것에 꽤 익숙하지만 과거에 무엇이 효과가 있었는지를 탐색하는 것에는 훨씬 어려움을 겪는다.

이 장에서 우리는 과거와 현재의 성공적 사건으로서 예시(instances)에 대한 묘사가 해결중심치료에서 어떻게 핵심적인 역할을 수행할 수 있는지 살펴볼 것이다. 이와 관련된 중요한 방법 중 하나는 척도를 활용하는 것이지만, 잠재적으로 간과될 수 있는 사건에 초점을 맞추는 다른 방법도 있을 수 있는데, 이는 내담자의 세계를 확장하여 새로운 행동 가능성을 전면에 배치할 수 있는 중요한 역할을 한다. 척도의 활용이 새로운 것은 아니지만, 세계 확장에 관한 상세한 묘사를 만들기 위해 이를 사용할 수 있기까지는 많은 연습이 필요하다.

척도, 강력한 출발점

'1~10의 척도'는 기적질문만큼이나 해결중심치료에서 빠질 수 없는 동의어가 되었다. 기적질문처럼 해결중심치료의 현장에는 비교적 늦게 등장한 기법이다. 드 세이저는 내게(Norman, McKergow, & Clarke, 1997) 김인수의 치료 장면을 보며 척도의 사용법을 배웠고, 김인수도 BFTC에서 상담을 받은 내담자가 하는 말에서 그것을 배웠다고 말했다. 어쨌든 10점으로 이루어진 척도에 사물을 배치한다는 이 아이디어는 1970년대 후반이나 아마도 그 이전부터 존재했던 것으로 보인다. 무어와 데렉(Dudley Moore & Bo Derek)이 출연한 블레이크 에드워드(Blake Edwards)의 영화인 〈10〉에도 이러한 가정이 등장한다. 영화에서 주인공인 무어는 거리에서 만나는 여성들을 10점 만점으로 평가하는(현대의 기준으로 볼 때 매우 무례하고 적절하지 않지만) 습관이 있었다. 그는 데렉이 반한 캐릭터를 보고 그녀에게 즉시 11점을 주며, 이후 이는 두 사람의 로맨틱 코미디로 이어졌다.

김인수와 드 세이저는 척도를 1990년대 초반에 보다 정교한 개념으로 확장하였고 해결중심치료와 관련된 고전 연구 중 하나인「Making Numbers Talk」(Berg & de Shazer, 1993)으로 정점에 이르렀다. 이 논문은 2012년『InterAction』에 재인쇄되었으며, 이는 현대의 해결중심치료자들이 한 번쯤 살펴볼 가치가 있다. 다양한 철학적 전통에서 언어가 어떻게 작동하는지에 대한 문헌을 검토하면서 그들은 결국 비트겐슈타인이 승인했을 법한 후기 구조주의적 관점, 즉 단어 또는 숫자의 의미가 각 대화에서 사용되면서 새롭게 협상된다는 결론에 이르렀다. 척도의 목적은 숫자와 관련된 것이 아니라, 작은 차이를 알아내는 것이다.

이것은 치료 과정의 중요한 돌파구이다. 예를 들면, 척도질문을 했을 때 한 내담자가 '3'이라는 숫자로 응답할 수 있다. 우리는 이것이 10보다는 낮고 1보다는 높다는 것 외에는 무엇을 의미하는지 전혀 알지 못한다. 그래서 우리는 더 많은 질문을 함으로써 그 의미를 알아내야 한다. 물론 우리는 내담자가 그 의미를 알아내고 그 과정에서 자신이 말한 내용을 스스로 들을 수 있도록 도움을 주고 있다. 그러나 이것은 수학이나 일반적인 논리와는 전혀 관련이 없다. 따라서 5는 '중간'이 아니며, 이는 내담자에 따라 달라진다. 어떤 사람의 '6'은 다른 사람의 '2'보다 덜 좋은 것일 수도 있다. 3, 3, 4, 6이라는 한 팀의 답변의 평균은 비록 산술적으로는 그렇다 하더라도 4가 아니다. 그것은 4명의 서로 다른 사람들을 위한 4개의 서로 다른 척도이다.

척도의 실제 비결은 숫자가 아니다. 이는 대화의 출발점으로 더 큰 의미를 가진다. 흥미로운 점은 대부분의 내담자가 얼마나 쉽고 명확하게 자신의 척도를 측정할 수 있는지, 그리고 그렇게 한 후 결과를 받아들이는 데 얼마나 만족하는가이다. 그들은 (아직) 10이 아니며 척도의 가장 밑에 있지도 않다. 척도의 최저점은 0이나 1일 수 있는데 이는 해결중심치료자들 사이의 흥미로운 소재 중 하나이다. 일부는 0을 선호하고 일부는 1을 선호한다. 실제로는 별로 중요하지 않은 것 같지만 정신과 의사인 맥도널드(Alasdair Macdonald) 박사는 심각한 정신장애가 있는 환자에게 처음에는 1~10의 척도를 제공하는 것이 너무 낙관적으로 보일 가능성이 있어 자신은 0~10을 사용한다고 말했다. 일부 국가에서는 다른 척도나 숫자를 사용하기도 한다. 베트남의 표준은 1이 최고이고 10이 가장 낮은 조건이다. 음수로 시작하여 위쪽으로 이동하는 방식도 있다.

이 모든 것은 해결중심 척도를 세상에 존재하는 모든 심리 평가 척도와는 다른 범주로 분류하게 하는 특징이다. 예를 들어, 섭식장애에 관한 설문지인 ED-15(Tatham et al., 2015)를 참조해 보자. 이러한 도구에는 일반적으로 '심리 전문가만 사용할 수 있음.'이라는 표시가 붙어 있으며, 각 숫자가 의미하는 바에 대한 설명과 함께 훨씬 더 자세한 질문이 있다. 척도는 다양한 내담자의 답변을 모집단과 비교 가능하도록 설계되어 있다. 해결중심 척도는 전혀 그렇지 않다. 숫자는 내담자가 말하는 그대로를 의미하며, 대화에서 내담자와 실천가가 만든 설명 외의 다른 설명은 따로 없다. 이러한 의미는 회기가 끝나면 사라질 가능성이 매우 높다. 이후 회기에서 이 척도가 다시 사용될 수도 있지만, 그때는 이미 동일한 척도가 아니다.

해결중심 척도의 설정

한 가지 중요한 것은 척도의 범위를 설정하는 것이다. 끝부분이 반드시 정의되어야 한다. 이를 수행하지 못하면 질문은 대체로 의미가 없다. 그래서 내담자는 '1부터 10까지의 척도에서 당신은 어디에 있습니까?'라는 물음에 답할 수 있지만, 내담자는 자체의 범위를 갖고 있고, 실천가는 이를 알 수 없다! 실천가는 끝점을 정의하여 척도를 설정하는 방법을 배워야 한다.

> 10이 [X]이고 1이 [Y]인 1~10의 척도를 상상해 보겠습니다. (수락이나 확인의 의미로 고개를 끄덕이는 내담자를 봄). 당신은 지금 이 척도에서 어디에 있다고 말할 수 있을까요?

10점은 항상 더 나은 위치로 정의된다. [Y]는 '아무 일도 일어나지 않음' 또는 이와 유사한 것으로 정의될 수 있다. 이 질문이 실제로 이해되려면 두 지점이 다 필요하다. 해결중심치료에 관한 초급 교육에서 나는 항상 '내담자가 1(또는 0)이라고 말하면 어떻게 되나요?'라는 질문을 받는다. 실제로 이런 일은 극히 드물지만, 대답은 다음과 같다. '그들에게 어떻게 그렇게 힘든 일에 대처하고 계속 나아가고 있는지 물어보세요.' 내담자에게 최악의 상황에서도 무엇이 도움이 되는지에 대해 묻는 것이다.

어떤 사람들은 예를 들어, '상황이 너무 나빠서 오늘 아침에 침대에서 일어날 수도 없었다.'와 같이 최저점이 내담자에게 적용되지 못하도록 척도를 설정하기도 한다. 이 척도에서 우리는 그들이 침대에서 이미 일어났다는 것을 알고 있으므로 답은 1이 될 수가 없다. 어쨌든 아주 가끔은 내담자가 그렇게 말하는 것을 막을 수는 없다. 이는 일반적으로 내담자가 그것에 대해 실제로 생각하지 않았거나, 범위를 충분히 설정하지 않았음을 의미한다.

또 한 가지 주목할 점은 질문의 끝 부분에 있는 '지금 당장'이다. 비록 대화가 바로 과거를 향한다 하더라도, 이것이 우리가 처음 이야기하고 있는 내용임을 분명히 하는 것이 도움이 된다. 이는 내담자가 내면을 좀 더 살펴보고 현재 자신이 어디에 있는지를 직관적으로 대답할 수 있도록 장려한다. 그들이 말하는 것은 무엇이든 대화의 다음 부분을 시작하는 데 도움이 될 것이다.

물론 척도를 사용한다고 해서 모든 대화가 해결중심적으로 진행되는 것은 아니다. 다음 질문은 그러한 예이다. (해결중심치료자가 아닌) 동료는 '왜 10이 아니지요?'라고 묻는 경향이 있다. '무엇이 당신을 멈추게 하나요?' 그는 내담자가 자신을 돌아보고 장벽을 극복하기 위해 더 열심히 노력하도록 격려함으로써 동기를 부여하려는 좋은 의도로 이를 수행한다. 때로는 그러한 접근이 어떤 긍정적인 영향을 미칠 수도 있지만 그것은 우리의 방식이 아니다. 해결중심 척도 이후 다음 질문은 '어떻게 더 낮지 않고 지금처럼 높은가요?'이다.

진전 척도/기적 척도

이것은 아마도 해결중심치료에서 가장 자주 사용되는 척도일 것이다. '기적이 일어난 다음 날이나 미래관에서 묘사된 날을 10이라고 합시다. 1은 그 반대예요, 아무 일도 일어나지 않는 것입니다. 지금 당신은 어디에 있나요?'

물론 내담자가 그것에 대해 잠시 생각할 수도 있다. 이때는 기적질문과 마찬가지로 기다려야 한다. 다시 묻지 말고 그들이 알아내도록 해야 한다. 그것이 내담자들에게 새로운 질문이라면 그리고 특히 방금 이야기했던 최선의 희망, 프로젝트 및 미래에 관한 묘사 등과 관련된 것이라면 더욱 그렇다. 내담자는 그것에 대해 생각하고 정리할 시간을 원할 수도 있다.

그런 다음 '어떻게 그렇게 높지요, 더 낮지 않고요?'나 다른 변형된 후속 질문을 할 수도 있다. 바로 여기서부터가 흥미로운 부분이다. 우리는 온갖 종류의 대답을 들을 수 있다. 그중 일부는 '지금'에 관한 것일 수도 있고, 일부는 (보통 비교적 최근이나) 과거에 일어난 일에 관한 것일 수도 있다. 나를 포함한 많은 실천가들은 먼저 답변을 들은 후 목록을 작성한 다음 내담자의 세계 확장을 위해 첫 번째 예시(최선의 희망이나 프로젝트의 모습이 일어났거나 일부라도 보였던 과거의 예)로 돌아가는 것을 좋아한다. 다른 사람들은 첫 번째로 등장한 예시에 대해 충분히 알아본 후 두 번째로 차례대로 넘어가는 방식을 선호한다. 여기서 우리는 다시 한번 상세한 묘사의 구축을 위한 다양한 조합의 질문을 사용할 수 있다. 이제 우리는 과거를 더 적절한 방식으로 표현할 수 있게 되었다.

- 어떻게 그렇게 하실 수 있었나요?
- 그것이 어떤 변화를 가져왔나요?
- 그것이 [M]에게 어떤 변화를 가져왔나요?
- [X]가 일어나고 있다는 첫 번째 작은 신호는 무엇이었나요?
- [X]가 일어나고 있다는 것을 또 누가 알아차렸나요? 그들은 무엇을 주목했나요?
- 당신이 [X]를 하고 있는 것을 본 [M]은 어떻게 했나요?
- 이에 대해 당신은 무엇을 했나요?
- 또 무엇이 있었나요?
- 그다음에 무슨 일이 일어났나요?

미래관과 마찬가지로 이러한 묘사구축 질문은 내담자를 중심으로 예시에 대한 자세한 그림을 구축하고 이것에 다른 관점과 관련자들을 적절하게 포함하는 데 도움이 된다. 이것이 실제로 어떻게 일어날 수 있는지에 관한 설명은 이 장의 끝 부분에 있는 사례를 참조할 수 있다.

진전 척도의 논의

첫 번째 예에서는 내담자가 현재 어디에 있다고 말하는 것부터 시작한다. 이것이 탐색되면 척도의 다양한 지점을 살펴보기 시작할 수 있다.

이 척도에서 당신이 경험한 가장 높은 지점은 어디였나요?

이것은 넓은 범위의 질문이다. 이는 내담자에게 과거로 돌아가서 '더 나은' 사건이나 경험을 찾도록 요청한다. 하지만 내담자에게는 다소 위협적일 수 있으며, 작고 접근 가능한 세부 사항에 대한 우리의 선호를 염두에 두고 일부 실천가는 다음의 선택을 선호한다.

최근 이 척도에서 가장 높은 지점은 어디였나요?

다시 말하지만, 이는 내담자에게 최근 경험을 정리하고 관련된 방식으로 눈에 띄는 경험을 탐색하도록 하는 것이다. 보통 시간이 좀 걸릴 수 있으므로 그들이 생각할 수 있을 때까지 기다려야 한다. 그런 다음 해당 순간에 관련된 모든 사람이 어떻게 참여했는지, 무엇을 발견했는지 등에 관한 상세하고 상호작용적인 묘사를 함께 구축할 수 있다. 항상 그렇듯, 상세한 구축에 집중하고 내담자가 스스로 관련된 연결을 정리할 수 있도록 돕는 것이 좋다.

'충분히 좋은' 지점은 어디일까요?

흥미롭게도 대부분의 내담자는 실제로 만족하고 계속 진행하기 위해 척도의 10에 도달해야 한다고 생각하지 않는다. 척도의 또 다른 지점은 '충분히 좋음'으로 표시될 수 있다. 적어도 이 문제가 더 이상 문제가 되지 않고, 일상적인 삶의 기복을 고려할 때 더욱 그렇다. 나는 이 질문에 대한 대답으로 '8'을 자주 듣는다. 그러나 나는 그것이 무엇을 의미하는지는 알 수 없다. 우리가 항상 내담자와 함께 그것을 탐색하는 것은 아니지만, 내담자에게는 자신이 스스로 하는 말을 듣는 것이 도움이 될 수 있다. 이는 내담자의 압박감을 덜어 주며, 현재와 바로 근접한 미래에 더 많은 초점을 맞출 수 있도록 한다.

척도에서 처음으로 (N+1)에 도달한 신호는 무엇일까요?

이것은 실제로 매우 유용한 질문이다. 이것에 대해서는 '기념품 가게'에서 다시 설명할 수 있을 것이다. 물론 이것은 과거의 이야기가 아니라 가까운 미래의 이야기이다. 지금은 '척도에서 (N+1)에 도달하기 위해 무엇을 할 수 있는가'에 초점이 있지 않다는 점에 주목할 필요가 있다. 우리는 여기서 행동 가능성에 대한 신호가 무엇이 될지에 관한 작업을 하고 있다. 내담자는 스스로 자신의 행동을 결정할 것이기 때문이다.

다른 형태의 척도

해결중심 척도는 놀랍도록 유연하다. 내담자의 삶과 경험의 여러 측면을 숫자를 활용한 집중적인 방식으로 대화에 활용할 수 있다. 다음은 몇 가지 일반적인 가능성과 이를 사용하는 방법에 대한 아이디어이다. 이들이 모두 예시관과 관련이 있는 것은 아니며, 이는 사례를 통해 더 자세히 살펴볼 것이다.

기적/미래의 다른 측면

미래 또는 기적이 일어난 다음 날의 다른 측면이 나타나면 각각에 대해 별도의 척도를 만드는 것이 가능하며, 이렇게 하는 것이 때로는 바람직하기도 하다. 예를 들어, 내담자가 자신이 더 많이 외출하고 덜 먹는 것을 생각할 경우 서로 다른 숫자와 질문 순서를 사용하여 각각에 대한 묘사를 구축하는 척도가 있을 수 있다. 나는 기적그림 전체를 하나의 모습으로 취급하는 것이 내담자에게 일종의 긴장이나 갈등을 야기할 수 있어 일반적으로 이런(따로 척도화하는) 방법을 사용하지는 않는다. 때로는 별도로 다루어야 할 것들이 합쳐져 있는 경우도 있고, 때로는 함께 다루어야 할 것들이 분리되어 있기도 하다.

나의 작업 환경에서 이러한 기법이 자주 활용되는 하나의 상황이 있는데 직장 내 팀이나 조직과 작업하는 경우이다. 한 공간에 10명에서 20명의 사람이 있고 그들에게 함께 하고픈 사람들과 연결될 수 있도록 그룹을 만들도록 한다. 각 그룹은 자신들의 아이디어를 주변에 잘 알릴 수 있도록 하는 것에 도움이 될 수 있는 미래에 관한 묘사를 구축한다. 나는 모든 집단에 같은 척도질문을 사용해서 그 과정을 동시에 수월하게 이끌 수 있음을 관찰해 왔다. 질문은 같지만, 논의되는 내용은 물론 집단별로 서로 다르다.

다양한 인식

내담자 자신이 척도 위 어디에 있다고 생각하는지에 대해 물어볼 수도 있다. 물론 척도가 적절한 것이어야 하는데, '학교에 복귀할 수 있는 준비(내담자가 학교로 돌아가고 싶어하는 단계)'에 대한 척도의 경우 실천가는 교사나 부모가 내담자를 척도의 어디에 있다고 볼 것인지 물을 수 있다. 그런 다음 어떻게 그렇게 높고 더 낮지 않은지, 또 무엇이 있을지 등의 작은 질문이 이어진다. 요점은 내담자의 환경에 함께 존재하는 다른 사람들의 관점을 대화에 끌어들이고,

내담자가 이들의 관점에서 자신과 사물을 볼 수 있도록 격려하는 것이다.

이는 내담자에게 다른 사람을 척도 위에서 어떻게 보는지를 답하도록 요청하는 것과는 다르다. "미워하는 상관을 척도 위 어디에 올려놓겠습니까?"라고 묻는 것은 그들의 척도가 아니기 때문에 의미가 없다. 이는 또한 비난의 기회를 제공하며, 이는 우리가 좀 더 해결중심적인 대화를 나누기 위해 피해야 하는 방식이다.

자신감 척도

나는 자신감 척도를 많이 활용한다. 이는 현재에 관한 전시관이나 기념품 가게 대화와 더 관련이 있지만 예시에 관한 묘사나 예시를 발견할 수 있는 좋은 시작점이 될 수도 있다. 척도는 진전보다는 내담자의 자신감, 즉 진전을 이루고, 원하는 일을 수행하며, 과제나 프로젝트를 성공적으로 처리하는 것에 관한 것이다. 척도를 설정할 때 실천가는 명확한 정의를 위해 이러한 선택 중 하나를 활용한다.

신뢰 척도의 가장 큰 장점은 다양하게 연결된 측면을 단일한 척도에 통합할 수 있다는 것인데, 이는 항상 '지금 바로 여기'의 측면에서 논의될 수 있다. 이는 진행 중이어서 결실을 맺는 데 어느 정도 시간이 걸릴 가능성이 있는 프로젝트를 다룰 때 특히 좋다. 내담자의 신뢰도가 9라면 우리는 무엇이 높은 신뢰를 유지하는 데 도움이 되는지, 더 낮아지지 않도록 하는지 질문할 수 있으며, 이는 도움이 되는 과거와 현재에 대한 묘사의 구축을 도울 수 있다. 이는 치료를 종료할 수 있는 일종의 신호로 볼 수 있다. 내담자가 무엇을 계획하고 있는지 알고 그것이 도움이 될 것이라고 확신한다면 아마도 자신의 삶에 대한 통제를 되찾고 전문가의 도움 없이도 자신의 힘으로 살아갈 수 있다고 느낄 것이다. 기념품 가게에 대한 다음 장에서 신뢰 척도에 대해 더 자세히 살펴볼 것이다.

진행의 순조로움에 관한 척도

'순조로움(On-track)' 척도는 앞서 설명한 신뢰도 척도의 변형이다. 내담자의 미래에는 무언가 희망이 있다. 1~10 사이의 척도에서 10이 '순조롭게 잘 진행되는 것'이고 1은 아무것도 진행되지 않는 것이라면 이것이 일어날 정도는 어느 정도일까요?' 신뢰 척도와 마찬가지로 장점은 미래의 다양한 불확실성을 지금 여기로 가져올 수 있다는 것이다. 대학에 들어갈지, 행복하고 안정적인 결혼 생활을 할 수 있을지, 소설을 출판할 수 있을지 알 수 없지만 바로 지금 내가 얼마나 순조롭게 나아가고 있는지에 대해서는 알 수 있다. 뒤따르는 방식은 동일하다. 어떻게 점수가 그렇게 높고 더 낮지 않은지, 그 밖에 또 무엇이 있는지 등의 응답을 기반으로 묘사를 구축해 나간다.

숫자 없는 척도

해결중심 척도의 천재성은 각 숫자가 내담자에게 무엇을 의미하는지 전혀 모르지만 5가 4보다 좋다는 것을 알 수 있다는 것이다. 척도의 목적은 내담자가 작은 차이나 변화에 대해 창조적으로 생각할 수 있도록 돕는 것이다. 이는 오랫동안 단기치료의 핵심 측면이었으며, 척도는 이를 깔끔하고 실용적으로 달성한다. 척도에서 숫자를 사용하는 것에 대한 대안도 있을 수 있으며, 이는 동일한 목적을 달성해야 한다. 즉, 의미가 개방적이어야 하지만 무엇이 더 나은지에 대한 명확한 정도(gradations-등급)를 알 수 있어야 한다.

숫자가 없는 척도는 아동이나 숫자를 쉽게 이해하는 데 어려움을 겪는 사람들에게 사용될 수 있다. 아마도 가장 간단한 방법은 한쪽 끝에는 '더 좋음', 다른 쪽 끝에는 '더 나쁨' 또는 웃는 얼굴과 찡그린 얼굴을 종이의 선 위에 표시하는 것일 것이다. 내담자는 단순히 현재 위치를 선에 표시하고 그것에 기반해 대화를 이어 갈 수 있다. 내담자에게 스스로 선을 그리도록 요청할 수도 있는데, 이는 가능하다면 내담자의 자율성을 존중하고자 하는 우리의 바람에 부합하는 것이다. 다른 것은 N + 1과 같은 방식 대신 약간 나아짐, 충분함, 지난 화요일에 상황이 평소보다 나아졌을 때 어디에 있었는지 등과 같이 표현될 수 있다.

사다리 모양의 그림을 사용할 수도 있는데, 사다리의 가로대는 척도의 각 지점을 표시한다. 방 안의 공간을 활용할 수도 있다. 한쪽 벽은 선호하는 미래이고 마주 보는 벽은 '최대한 나쁜' 상태일 때 사람들을 자신이 사물을 보는 곳에 서서 차이점을 탐색하기 위해 앞뒤로 움직이도록 초대할 수 있다. 나는 이것을 주로 팀과 함께 사용한다. 여러 사람이 움직이는 것은 흥미로운 활동이고, 사람들 사이의 구별은 즉시 명확해지며 이는 추가적인 탐색의 기초가 될 수 있다. 상사는 8이라고 생각하는데 대부분의 팀원은 3이라고 생각한다면 이는 흥미롭고 유익한 토론이 펼쳐질 수 있는 근거를 제공한다.

다음과 같은 경우 거의 모든 것을 척도의 기초로 사용할 수 있다.

- 양 끝점은 반드시 정의되어야 한다.
- 어느 쪽이 더 나은지가 분명해야 한다.
- 내담자는 자신을 어디에 두어야 할지 스스로 선택한다.
- 척도의 수치는 그 자체로 끝이 아니라 오히려 미래로 나아가기 전 과거 및 현재의 유용한 예시를 묘사할 수 있는 작업의 시작임을 기억해야 한다.

사례: 잭, 제 이야기에 귀 기울여 주세요

잭은 17세의 고등학생이다. 집에는 긴장감이 흐르고 있다. 엄마는 2년 전에 돌아가셨고, 아빠는 내담자의 정체성과 그가 여성스러운 옷을 통해 자신을 표현하는 방식을 불편해한다. 그렇지만 흥미롭게도 이러한 요소가 상담 회기의 기록에는 많이 나타나지 않는다. 해결중심치료에서는 문제가 아닌 다른 것에 초점을 맞추기 때문이며, 이 사례는 이를 보여 주는 좋은 예이다. 내담자가 바라는 최선의 희망은 '제대로 경청 받는 느낌'이다. 실천가는 내담자가 아버지와 여동생과의 더 나은 상호작용을 포함하여 최선의 희망이 실현된 기적이 일어난 다음 날을 기반으로 미래에 대한 묘사를 구축할 수 있도록 도왔다. 50분의 회기 중 약 35분 정도가 지날 때 실천가는 미래에 대한 묘사에서 척도를 통해 과거와 현재의 예시를 탐색하는 단계로 넘어갔다.

대화	코멘트
상: 이제 다른 질문을 하나 할 텐데, 우리가 지금까지 얘기 나눴던 기적의 날이 0에서 10 사이의 척도에서 10을 말하고, 0은 그 반대야. 지금 척도의 어디에 있다고 할 수 있을까?	
내: 아마도 …… 아, 좀 어려운데…… 아마도 6 정도라고 말할 수 있을 것 같아요.	실천가는 내담자가 질문을 생각하는 동안 바로 도와주려 하기보다 기다리며 공간을 줌.
상: 좋아, 그럼 뭐가 6이라고 말할 수 있게 하지, 5나 그보다 더 낮지 않게?	
내: 어, 10점을 향하고 있다고 생각해요. 왜냐하면 여동생의 기분이 좀 나은 날이 있거든요. 그래서 저와 아빠 모두 더 좋게 느끼는 것 같아요. 그 아이의 기분이 우리의 큰 걱정이거든요.	이것은 아직 분명하지 않은 첫 대답으로 실천가는 이를 현명하게 받아들이고 내담자가 계속 말할 수 있도록 함.
상: 음.	내담자의 말에 대한 그라운딩의 한 부분으로

대화	해설
	이 실천가는 이러한 짧은 반응을 자주 보임.
내: 그런 날도 있어요.	
상: 으-흠. 그러면 그런 날은 뭐가 다르니잭?	실천가는 더 나은 날이 있다는 것에 주목했고, 그런 날 다른 것에 대해 탐색하길 원함.
내: 글쎄요, 제 생각엔…… 글쎄요, 근본적으로, 제 생각엔 여동생이 자신에 대해 좀 더 낫게 느끼는 것 같아요.	'여동생이 자신에 대해 좀 더 낫게 느낌'
상: 음.	
내: 그러면 저와 아빠는 좀 여유를 느끼고, 걱정을 하지 않아도 되지요…….	'저와 아빠'
상: 음.	
내: 여동생을 위해…….	
상: 그래.	이 시점에서 서로의 말이 상당히 겹침. 실천가가 내담자의 말에 대한 그라운딩을 함과 동시에 내담자가 계속 말할 수 있도록 격려함.
내: 여동생이 좀 더 행복하게 느끼는 것을 아는 것…….	
상: 그래.	
내: 자신을 위해서요. 그리고…….	
상: 음.	

내: 그러면 좀 편해요.

상: 음. 그런 날에는 여동생이 뭐가 다른 것 같아?

내: 모르겠어요(한숨)……. 아뇨. 그게 제가 알고 싶어 하는 부분이에요…….

실천가는 내담자가 생각할 수 있도록 하며, '아뇨'라는 대답을 너무 빠르게 받아들이지 않음.

상: 음.

내: 그럴 때 여동생에게 얘기를 하고 알고자 하지만, 잘 모르겠어요.

상: 음.

내: 그리고 한 가지 더, 그동안 좀 더 나쁜 날도 있었고, 또 좋은 날도 있었어요.

내담자는 더 나은 날이 있었음을 인정하며, 이것은 주목할 가치를 가지는데 아직 더 상세한 정보가 필요함.

상: 음, 그래.

내: 그렇지만 뭐가 어떻게 된 건지는 잘 모르겠어요.

상: 음.

내: 음, 저는 도와주려고 최선을 다했어요.

아하! 생각할 수 있는 공간을 제공할 때 내담자는 자신이 뭔가 하고 있었다고 말함.

상: 음.

내: 여동생이요……. 사람들은 준비가 되었을 때 말할 수 있겠죠.

상: 그러면 우리 아직 기적이 일어난 날에 대해 얘기하는 건데, 여동생이 좀 더 기분이 좋고, 그러면 네가 말했듯 너와 아버지가 함께 농담도 좀 할 수 있다고 했잖아. 그것에 대해 좀 더 말해 줄래?

처음으로 초점 질문이 등장함. 실천가는 내담자의 여동생이 더 기분이 좋을 때 내담자와 아버지가 긴장을 풀 수 있음을 주목함. 잭과 그의 아버지가 '농담을 주고받을 수 있음'이 미래관에서 언급된 적이 있음. 실천가는 그것에 대해 좀 더 상세하게 질문함.

내: 제 생각엔, 그건, 좀 편안한 느낌인 것 같아요.

상: 음.

내: 그리고 아주 좋아요. 어제처럼요, 맥스가 왔을 때, 걔 차가 비틀이거든요. 어느 날 나가더니 그걸 사 왔어요. 걔는 정말…….

(맥스는 잭의 친구로 차가 있고, 잭의 아버지와 그것에 대해 대화를 나눔.)

상: 멋진데.

내: 맥스가 차에 대해 계속 주절거렸고, 저는 좀 흥미가 있었는데 왜냐하면 그분이 맥스에게 제가 전에 들어 보지 못한 말들을 하더라고요.

이 모든 것은 내담자가 말한 '편안한 느낌'의 일부임. 여기서 그분은 아버지이며, 전에 들어보지 못한 말을 했다고 표현함.

상: 그래(웃음).

내: 저는 차에 대한 얘기들을 재미있게 들었어요. 어떤 할머니가 그 차의 소유자였는

지, 뭐 그런거요. 그 모든 것들이 아주 흥미로웠어요.

상: 그래.

내: 음, 맥스가 그것에 대해 매우 자랑스러워하는 것을 볼 수 있었죠. 그런 마음을 나눌 수 있었던 것이 행복했어요.

'그것에 대해 매우 자랑스러워하는'

상: 그래, 그랬구나.

내: 걔가 정말 자랑스러워하는 것을 보는 것이 좋더라고요.

상: 그래, 그래. 걔가 자랑스러워하는 것을 보는 것, 네가 전에 들어 보지 못한 것을 듣는 것…….

실천가는 내담자가 한 말을 되돌려주며 계속하기를 격려함.

내: 네.

상: 그래. 그게 너에게 어떤 차이를 만들었니?

아버지, 맥스, 그리고 차에 관한 상호작용이 내담자에게 어떤 차이를 만들었는지를 질문함. 묘사의 구축을 위해 차이질문을 활용함.

내: 제가 좀 더 친근해지도록 느끼게 했어요.

상: 음.

내: 좀 더 가까워지는 것이요.

실천가는 내담자의 말이 어디로 향하는지 아직 알지 못하지만 내담자가 계속해서 말할 수 있도록 격려함.

상: 음.	
내: 그냥 좋아하는 느낌을 나눌 수 있었던 것이요.	
상: 음.	
내: 말하자면, 긍정적인 감정이요.	
상: 음.	
내: 제 생각엔 이 모든 것이 집안 분위기를 좀 더 낫게 만든 것 같아요. 그런 생각이 드네요.	'집안 분위기를 좀 더 낫게 만든 것 같아요.'
상: 그래, 집안 분위기가 좀 더 나아진 것. 그래. 그래. 그러면, 또 뭐가 척도에서 네가 6일 수 있게 만들었어, 더 낮아지지 않게?	실천가는 내담자가 방금 한 말을 요약하며 '또 뭐가 있지?'를 묻고 다른 예시를 탐색함.
내: 제 생각엔…… 우리가…… 제 생각엔 우리 모두 어떻게 할지에 대한 자신만의 방식이 있잖아요.	
상: 그렇지.	
내: 아마도 여동생보다는 아버지랑 저는요. 우리는 말할 수 있는 사람이 있고, 또 방법도 알고 있어요. 어떻게 할지에 대해서요.	'말할 수 있는 사람…… 방법'

상: 음.

내: 서로 그것에 대해 말을 하진 않지만 우리가 그렇게 할 수 있다는 사실이요.

상: 음.

내: 우리가 잘 지낼 수 있도록이요.

상: 음.

내: 어떻게 말해야 할지 모르지만, 그것에 영향을 받지 않고, 너무 걱정하지 않으면서요.

상: 음.

내: 다른 사람에 대해서도요.

상: 그러면, 네게는 다른 방법이 있는데, 말할 수 있는 사람이 있다는 거지.	실천가는 '말할 수 있는 사람이 있다는 것'에 대해 다시 언급함.
내: 대처할 수 있는 방법이요.	'대처할 수 있는 방법'
상: 대처할 수 있는 방법, 좋아.	그라운딩하기(토대 구축)
내: 네.	그라운딩됨(Grounded–토대가 구축되었음을 확인함).

이 짧은 상담 과정에서 나에게 인상 깊은 점은 실천가가 내담자와 함께 탐색하며 내담자가 자신의 생각을 '들을 수 있는 공간'을 제공하는 동시에 계속된 언어적 수용과 그라운딩을 해 나가는 방식이었다. 내담자는 다소 주저했는데, 이는 과거의 사건을 새로운 방식으로 그리고 '제대로 경청된 느낌'이라는 새로운 맥락에 연결되도록 해야 했기 때문에 매우 정상적인 반응이다. 실천가는 인내심을 갖고 내담자의 핵심어를 경청하고, 내담자가 이를 반영하여 더하며 확장할 수 있는 공간을 열고 있다. 여기서 내담자는 큰 어려움 없이 꽤 많은 상세한 정보를 제공하고 있다. 만일 그렇지 않았다면 실천가는 '그것이 어떤 차이를 가져왔지?' '또 뭐가 있을까?' 등과 같은 묘사의 구축을 위한 질문을 더 집중적으로 많이 했을 수도 있다.

물론 현 시점에서는 이것이 내담자에게 어떤 영향을 미칠지 알 수 없다. 세계 확장의 관점에서 볼 때, 우리는 내담자의 변화에 관해 다음에 다시 만날 때까지 알 수 없다. 내담자는 상황이 나아져서 더 이상 올 필요가 없다고 상담 예약을 취소하는 전화를 할 수도 있다. 회기가 끝나기까지 몇 분 더 남았으며, 이후 장에서 이 회기가 어떻게 종결되는지를 살펴볼 것이다.

주요 요점

- 예시관에는 내담자의 희망, 프로젝트 및 선호하는 미래를 연결하고 지원하는 과거와 현재의 사건에 대한 설명이 포함되어 있다.
- 1~10(또는 0~10)의 척도는 이 작업을 수행할 수 있는 좋은 방법이다. 내담자는 거의 대부분 상황이 최악이라고 말하지 않으며, 도움이 될 것으로 보이는 사건의 예시를 찾을 수 있다.
- 척도의 가치는 숫자 자체(내담자에게 매우 개인적이고 상황에 맞는)에 있는 것이 아니라 이어지는 대화에 있다.

- 이러한 대화는 작고 순간적이며 일시적일 수 있지만, 묘사 구축의 질문을 사용하여 더욱 매력적이고 관련성 높은 경험으로 확장할 수도 있다.
- 척도의 다양한 지점을 탐색하는 것은 흥미로운 일이다. 예를 들면, 지금은 어디에 있는지, 과거에 상황이 더 좋았던 때는 언제였는지, 역대 최고였던 시점, 더 이상 문제가 되지 않을 만큼 '충분히 좋았던 때'에 관해서도 탐색할 수 있다.
- 미래의 다양한 측면, 다양한 사람들의 인식, 자신감 및 진행의 순조로움 정도(온 트랙)에 대한 별도의 척도를 포함해 다양한 종류의 척도를 사용할 수 있다.
- 양 끝 지점을 식별할 수 있는 한 척도에 숫자가 꼭 사용될 필요는 없다. 대화에 참여하는 모두가 '더 나은' 지점에 대해 알고 있으며, 내담자는 자신이 어디에 있는지 스스로 선택할 것이다.

참고문헌

Berg, I. K., & de Shazer, S. (1993). Making numbers talk: Language in therapy. In S. Friedman (Ed.), *The New Language of Change: Constructive Collaboration in Psychotherapy* (pp. 5-24). New York, NY: Guilford Press. Retrieved from http://sfwork.com/resources/interaction/06Berg_de-shazer.pdf.

Norman, H., McKergow, M., & Clarke, J. A. (1997). Paradox is a muddle: An interview with Steve de Shazer. *Rapport*, *34*, 41-49. Retrieved from http://sfwork.com/paradox-is-a-muddle.

Tatham, M., Turner, H., Mountford, V. A., et al. (3 more authors). (2015). Development, psychometric properties and preliminary clinical validation of a brief, session-by-session measure of eating disorder cognitions and behaviors: The ED-15. *International Journal of Eating Disorders*. ISSN 0276-3478. https://doi.org/10.1002/eat.22430.

제11장

기념품 가게:
기념으로 무엇을 가져갈 것인가

해결중심치료의 갤러리 모델에서 마지막 요소는 내담자와 실천가가 회기를 마치는 것에 관한 것이다. 여기에서 내담자는 경험을 되돌아보며 무엇이 있었는지 살펴보고 대화를 기억할 수 있도록 기념으로 가져가고 싶은 것을 결정할 기회를 갖는다. 인생과 마찬가지로 해결중심 갤러리에서도 내담자는 반드시 참여의 경험을 한다. 우리는 '변화는 항상 일어나고 있다.'고 말하며, 따라서 내담자가 어떤 식으로든 변화된 모습으로 떠날 것으로 믿는다. 그럼에도 지금까지의 경험이 유용하고 관련성이 있었다면 내담자가 그 경험을 긍정적으로 기억하고 이를 기반으로 사용할 수 있는 무언가를 가져갈 때 변화가 향상될 가능성이 더욱 높아질 것이다. 말하자면 '지금 이 순간을 선물하기'라고 할 수 있을 것이다.

이는 대화의 초점을 현재와 가까운 미래로 가져오는 것을 의미한다. 내담자는 매표소에서 프로젝트를 구성하는 것부터 더 나은 미래에 대한 묘사(아마도 기적), 그리고 새로운 수준의 상세함과 관련성을 갖게 될 과거와 현재의 장면 등으로 시간 여행을 다녀왔다. 회기의 종결이 다가옴에 따라 내담자는 확장된 세계로 나가 그것을 새롭게 경험할 준비를 시작하게 된다. 이런 일은 일어날 것이며, 실천가는 다양한 방법으로 내담자가 다음 단계를 준비하는 데 도움을 줄 수 있다.

변화: 과제에서 감사 요약으로

해결중심치료의 변화는 회기가 마무리되는 방식에서 가장 분명하게 드러난다. 초창기의 실천가들은 MRI의 단기치료 전통(Weakland, Fisch, Watzlawick, & Bodin, 1974)에서 힌트를 얻고 가족치료적 방법을 많이 활용했다(Satir, 1964). 이러한 전통에서 실천가는 일방경 뒤에서 진행 과정을 지켜보는 팀의 일원이었다(팀은 내담자와 실천가를 볼 수 있었지만 실천가와 내담자는 그들을 볼 수 없었다). 이 아이디어는 외부 관찰자가 치료실에 있는 실천가와 다른 관점으로 볼 수 있고, 무엇을 말하고, 질문하고, 개입할 것인지에 대한 팀의 아이디어를 추가적으로 제공할 수 있다는 생각에 기초한 것이다. 회기가 끝나면 실천가는 거울 뒤에 있는 팀과 논의하고 함께 내담자를 위한 과제가 포함된 회기 종료 메시지를 작성했다.

MRI 접근 방식에서 이는 상당히 어려운 작업이었다. 과제는 주로 내담자가 하려고 했던 일을 중단시키는 것이었는데, 이는 내담자의 직관에 반하는 것처럼 보였고 따라서 실천가는 내담자가 이를 받아들일 수 있도록 '설득(세일즈)' 해야 했다. 그것은 일반적으로 드 세이저의 초기 작업에서 보았던 차고 안에서 가족이 물총싸움을 하도록 하는 것처럼 문제를 일으키는 행동 패턴을 중단시키거나 최소한 방해할 수 있도록 설계되었다(de Shazer, 1975).

단기가족치료센터(BFTC)의 초기에 드 세이저와 김인수는 내담자와 협력하는 협력 모델을 수용했다(de Shazer, 1982). 그들은 실천가의 첫 번째 임무가 내담자에 관해 추측하는 것이 아니라 그들과 협력을 구축하는 것이라고 생각했다. 이를 수행하는 한 가지 방법은 회기에서 내담자가 칭찬받을 만한 무엇을 하고 있는지를 유심히 관찰하는 것이었다(여전히 거울 뒤에서). 그런 다음 과제를 주기 전에 이러한 칭찬을 했다. 이는 그 자체로 강력한 효과를 가진 개입이었다. 내담자들은 칭찬에 고개를 끄덕이고 '예!'라고 하며, 이를 받아들이는 경향이 있었고, 이는 뒤따르는 과제를 더 잘 받아들일 수 있는 기분이 들도록 만들었다. 해결중심치료의 초기 단계에서는 이것이 내담자에게 자신의 삶에서 계속 유지하고 싶은 것이 무엇인지 관찰하도록 하는 '첫 회기 과제 공식(Formula First Session Task)'이었을 것이다. 이는 그 자체로 관점을 전환하도록 하는 강력한 개입이었다.

칭찬의 역할

칭찬은 해결중심치료에서 가장 오랜 역사를 지닌 독특한 요소 중 하나로, 다소 다른 형태이지만 여전히 우리와 함께하고 있다. 이는 놀라운 일이 아니다. 모든 삶에서 진심으로 감사를 표하는 것은 강력한 힘을 가진다. 그럴 수 있기 위해서는 먼저 다른 사람에 대해 긍정적으로 언급할 가치가 있는 뭔가를 알 수 있을 만큼 충분히 오랫동안 그 사람에게 주의를 기울여야 하며, 그것이 수용될 수 있도록 내담자가 지금까지 힘들어했던 것을 새로운 방향에서 볼 수 있도록 해야 한다. 다소 다른 이야기지만, 그럼에도 내가 함께 일하는 관리자와 리더들의 표준 행동은 업무에서 감독자가 감동을 받기보다는 오류를 발견하고 그것을 수정하도록 하는 것이며, 이는 그 자체로 상당한 차이를 만들 수도 있다.

토머스(Thomas, 2016)는 해결중심치료에서 칭찬의 다양한 활용에 대해 연구한 바 있다. 수년 동안 실천가들은 강점, 유용한 자질, 개인적 자원, 다른 사람과의 협력 등에 관한 언어를 소개하기 위해 직접적인 칭찬을 사용했다. 이러한 내용은 미시분석의 용어로 표현하지만 실천가의 재진술(formulations)을 통해 제공된다. 실천가는 대화를 통해 내담자가 이를 받아들이고 확인해 줄 수 있는 형태로 이를 제공한다. 일반적인 칭찬은 다음과 같다.

실천가: 지금까지 당신이 한 말에 대해 생각해 봤어요. 제게 당신은 아주 강한 분으로 보입니다. 당신은 몇 달이나 이 문제를 해결하기 위해 노력해 왔고, 포기하지 않으셨어요. 오히려 무엇인가를 더 잘 하려고 결심까지 하셨죠.

내담자: 으-흠…… 네…… 감사해요.

내담자는 '강인함'이나 '결단력'에 대해 아무 말도 하지 않았지만 이제 이 말은 대화의 일부가 되었다. 이 단순한 행위는 많은 효과를 가진다. 내담자는 아마도 자신을 다르게 보기 시작할 것이다. 생리적인 반응을 보일 수도 있다. 바바라 프레드릭슨(Fredrickson, 2001)은 '긍정정서의 확장 및 구축 이론'에서 긍정정서, 이완, 그리고 문제를 새로운 방식으로 생각하는 개방성 사이의 상관관계를 규명했다. 해결중심치료에서 우리는 '긍정정서'에 대해 명시적으로 말하기보다는 오히려 해결중심적인 관점에서 바라보는 내담자에 대한 우리의 인식에 대해 이야기하고 있다는 점에 유의할 필요가 있다. 그러나 많은 내담자는 자신의 삶에 대해 해결중심적인 방식으로 이야기하는 것이, 그것이 의미하는 바가 무엇이든, 그들의 기분이 좋아지는 데 도움이 된다고 말한다. 또한 칭찬의 힘은 프레드릭슨의 연구보다 20년이나 앞서 BFTC팀에 의해 매우 다른 실용적 탐구의 일환으로 연구되었다는 점을 기억할 필요가 있다.

일부 해결중심치료자(Korman, Korman, & Miller, 2020)들은 칭찬을 캐롤 드웩(Dweck, 2006)의 연구에 연결하고자 했다. 간단히 말하면, 드웩은 지능과 능력이 구축될 수 있는 '성장 사고방식 또는 성장 마인드셋'을 채택한 사람들이 '고정 사고방식 또는 고정 마인드셋'을 가진 사람들보다 스스로를 돕기 위해 더 많은 노력을 기울이는 경향이 있음을 발견했다. 고정 마인드셋을 가진 사람들은 성공을 타고난 능력의 산물이라고 생각하는 반면, 성장 마인드셋의 관점에서는 노력과 지속적인 적용이 더 중요하다. 이러한 사고에 따르면, 내담자의 성공보다는 노력, 즉 근면, 시도, 끈기, 인내에 대해 칭찬하는 것은 단순히 내담자의 성취와 성공을 칭찬하는 것보다 더 큰 영향을 미칠 수 있다.

그럼에도 이러한 직접적인 칭찬을 피하고자 하는 실천가들도 있다. 대화에 감사의 힘을 불어넣는 또 다른 방법은 내담자에게 스스로 칭찬할 수 있도록 요청하고, 치료적 대화를 통해 자신에 대해 무엇을 말했는지 묻거나 나아가 신뢰하고 존경하는 다른 사람(예를 들면, 조부모/멘토/오래된 친구 등)의 관점에서 자신들에 대해 말할 수 있도록 하는 것이다. 이때 대화의 속도가 매우 느려질 수도 있다. 이는 대화가 쉽지 않거나 관례적이지 않기 때문이 아니라 아마도 내담자가 자신에 대해 성찰을 하고 있기 때문으로 예측할 수 있다. 언제나 그렇듯이, 생각의 공간을 제공한 후 실천가가 인내심을 가지는 것이 도움이 된다. 이러한 과정은 이전에 이야기했던 것과는 다른 결론에 이르게 한다.

칭찬의 또 다른 형태는 간접 칭찬이다. 내담자의 말을 진지하게 받아들이고, 비록 아주 사소하게 보일지라도 나아짐에 관해 깊은 인상을 표현하고, 내담자에게 어떻게 그렇게 했는지, 다른 사람들은 무엇이 달라졌음을 알아차렸는지에 대해 '알지 못함'의 자세로 질문을 하는 바로 그 행위 자체가 내담자의 삶을 향상시킬 수 있는 힘과 능력을 확인하는 것이다. 차세대 해결중심치료에서 더 자주 등장하는 '감사 요약'이 바로 이런 방식인 경우가 많다.

감사 요약

칭찬과 감사는 해결중심치료의 발전 과정에서 여전히 실천 장면의 많은 부분을 차지한다. 그러나 그 활용 방식은 변화하고 있다. 우선, 이제 우리는 해결중심치료의 전체 대화를 '개입'으로 보기 때문에 내담자에게 과제를 제공해야 할 명시적인 당위성이 사라졌다. 내담자들이 받지도 않을 과제를 수용하도록 해야 할 필요가 없으며, 따라서 회기가 끝날 때 제공되는 칭찬도 더 이상 필요치 않다. 그러나 협력적 접근 방식은 여전히 중요한 부분이므로 실천가는 내담자 개인에 관해 감사할 점과 언급할 가치가 있는 것에 귀를 기울여야 한다.

따라서 최근의 해결중심치료의 실천장면에서는 일련의 칭찬이나 재진술보다는 실천가가 회기의 여러 지점에서 '감사 요약'을 전달하는 것을 볼 수 있다. 이는 내담자가 사용한 핵심어를 기반으로 하며, 아마도 그 단어가 중요하다는 점을 더욱 강조하는 역할을 할 것이다. 하나의 묘사에서 다른 묘사로 또는 한 전시관에서 다른 전시관으로 이동할 때 내담자와 그 내용을 함께 공유할 수 있도록 유용하게 활용될 수 있다. 이는 감사한 입장에서 제공되기 때문에 실천가가 단순히 내담자의 언어를 '수용'할 뿐만 아니라 내담자를 자신이 원하는 방향으로 삶을 구축할 수 있고, 해결할 수 있는 자원이 있는 사람으로 본다는 점을 보다 쉽게 전달할 수 있다. 이러한 자세는 해결중심치료의 핵심적인 부분이다. 이는 흔히 대화의 배경 또는 전제 조건이 된다. 내담자가 진전을 만들 희망이 없다고 생각한다면 더 나은 미래와 유용한 사례에 관해 물을 필요도 없을 것이다. 따라서 실천가는 내담자, 그리고 그들의 희망과 노력에 깊은 인상을 받을 때 그것이 공개적으로 전면에 나타나도록 할 필요가 있다. 우리는 내담자를 위해 '점을 연결[1]'해 주고자 하는 것이 아니라 핵심 요소를 기억하고 이것이 새로운 가능성의 기초가 될 수 있도록 지금까지의 내용을 요약하고자 하는 것임을 이해할 필요가 있다.

진전을 알 수 있는 작은 신호

내담자가 회기에서 가져갈 수 있는 것 중 하나는 진전의 작은 신호에 관한 달라진 이해이다. 우리는 미래관, 예시관 그리고 매표소('다음 주에 우리의 대화가 당신에게 도움이 되었다는 것을 알 수 있는 작은 신호는 무엇일까요?')에서의 대

1) 역자 주: 그간 이해되지 않았거나 인식되지 못했던 지점을 서로 연결되도록 하는 표현

화가 특히 더 작고 상세한 이야기로 가득 차길 희망한다. 만약 그렇게 될 수 있다면, 내담자의 세계는 이미 행동과 참여를 위한 새로운 가능성이 생길 만큼 충분히 확장될 수 있기 때문이다. 회기가 끝날 때 이를 기반으로 구축할 또 다른 중요한 주제가 있다. 며칠 내에 생길 작은 신호를 어떻게 알아볼 것인가이다. 이러한 신호는 때때로 내담자를 위한 새로운 관점이나 우선순위의 일부가 될 수 있을 뿐만 아니라 이전에 있었던 것을 토대로 더욱 확장될 수도 있다.

1점 더 높음

이를 수행하는 유용한 방법 중 하나는 N+1(현재 점수보다 1점 더 높음)에 대해 짧은 대화를 나누는 것이다. 과거의 예시를 찾고자 할 때 예시관의 일부로 1~10(또는 0~10)의 척도를 설정했던 것을 기억할 것이다. 가장 일반적으로 우리는 진전이나 기적에 관한 척도를 사용하는데, 여기서 10은 기적이 일어난 다음 날 또는 더 나은 미래에 대한 묘사를 나타내고, 1은 그 반대로 아무 일도 일어나지 않음을 의미한다. 내담자는 우리가 N번(3, 6, 1, 8 등 어떤 수도 가능)이라 할 수 있는 척도에 있다. 이전 장에서 논의한 바와 같이 어떻게 해서 숫자가 더 낮지 않고 이 정도로 높은지, 과거에 상황이 더 좋았던 때 등에 대한 논의가 이어진다. 이 대화는 다음의 질문을 통해 가까운 미래로 확장될 수 있다.

> 척도에서 당신이 (N+1)이 되었음을 알려 주는 첫 번째 작은 신호는 무엇일까요?

이것은 단순한 질문처럼 보이지만 매우 정밀하게 표현된 것이다. 첫째, 좋아질 것을 전제한다(presuppositional). 어떤 신호가 있을지의 여부가 아니라 단지 더 좋은 것이 무엇일지에 관한 것이다. 둘째, 내담자가 취할 어떠한 조치가 아니라 그들이 알아볼 수 있는 표시, 즉 신호를 묻는 것이다. 이러한 신호는 어떤 조치를 취하는 것일 수도 있고, 알아차리는 것일 수도 있다. 이는 내담자에게 달렸다. 셋째, 멀고 큰 것보다는 작고 접근하기 쉬운 것에 내담자의 관심을 집중시키는 것이다. 마지막으로 넷째, 단순히 '더 좋음'이 아닌 (N+1), 즉 조금 더 좋은 것에 관한 것이다.

단계, 신호 혹은 둘 다 아닐 때

나는 내담자를 위한 다음 단계와 상황이 개선되고 있음을 알 수 있는 작은 신호가 어떻게 다른지 구분하는 것이 쉽지 않았다. 해결중심치료를 처음으로 적용하기 시작하던 무렵부터 나는 내담자들에게 무엇인가 과제를 주기보다는 내담자 스스로의 선택을 선호했지만, 그럼에도 내담자가 뭔가 할 수 있는 것을 가져가길 바라는 마음이 컸다. 세계 확장의 입장에서 이제 나는 이 과정이 어떻게 작동하는지 좀 더 명확하게 볼 수 있게 되었다. 우리는 내담자가 다르게 반응하도록 준비하고, 그들이 여전히 자신의 행동을 책임지게 하는 방식으로 작업한다. 자율성의 가치는 해결중심치료에 깊게 자리 잡고 있으며, 이에 대해서는 마지막 장에서 더 자세히 논의할 것이다. 회기가 끝난 후에 내담자가 할 일은 그들에겐 매우 자연스럽게 보일 수 있는데, 이는 문제의 세계(the world of the problem)에서는 특이하고 어려운 행동이 확장된 세계에서는 '정상적'일 수 있기 때문이다.

우리는 이제 하나의 스펙트럼 위에서 다음에 일어날 일을 살펴보기 위해 '지시에서 제안'에 이르기까지 다양한 선택이 있을 수 있음을 살펴볼 수 있다.

- 실천가는 내담자에게 무엇을 해야 할지 지시한다(예: 문제가 발생하는 것처럼 보일 때 물총싸움을 하세요).
- 실천가는 내담자에게 그들이 할 수 있는 일을 일반적인 용어로 제안한다('효과가 있는 일을 계속하세요.' 또는 '상황이 조금 더 좋아 보일 때를 주목하세요').

- 실천가는 내담자에게 다음 단계가 무엇이라고 생각하는지 묻는다('코칭' 접근 방식).
- 실천가는 내담자에게 진전의 작은 신호에 대해 묻는다(가까운 미래에 초점을 맞추지만 행동이 아닐 수 있음).
- 실천가는 내담자에게 진전에 관한 확신을 묻는다(자세한 내용은 다음에서 설명).
- 실천가는 회기에서 이루어진 작업이 충분할 것으로 예상하며, 더 이상 어떤 것도 언급하지 않는다.

나는 이 모든 것이 사용되는 것을 보았고 첫 번째 선택을 제외한 나머지는 현재까지 해결중심치료에서 활용하는 레퍼토리의 일부이기도 하다. 최근의 변화에서 실천가들은 이 스펙트럼에서 더 최소한의 선택으로 이동하고 있는 것으로 보인다. 마지막 선택은 더 탐색이 필요하며, 앞으로 더 연구되어야 할 흥미로운 주제이다. 이를 보는 한 가지 견해는 대화의 수준이 이미 충분히 작았다면 내담자는 이미 많은 행동의 가능성을 확장했을 것이므로 이에 관해 묻는 것은 불필요하다는 것이다. 무엇인가를 제안하고 언급하는 것은 최악의 경우 내담자에 대한 불신으로 보일 수 있고, 심지어 무례하기까지 하다.

반대로 내가 주로 일하는 조직 분야에서 내담자는 다음에 무엇을 해야 할지에 대해 논의하는 것에 큰 불편감을 느끼지 않는 것으로 보인다. 이는 조직 문화의 일반적인 부분으로, 사람들은 서로의 행동에 동의하지 않을 때 아무것도 할 필요가 없다고 생각한다. 우리는 사람들이 새로운 방식으로 생각하고 행동할 수 있기를 바란다. 그러나 세계 확장의 관점에서 내담자는 회기가 진행되는 동안 이를 위한 기초 작업을 수행했으며, 그 결과는 회기 중 명백하게 나타나기 시작하거나 나중에 내담자가 자신의 생활 속에서 새로 확장된 세계를 경험할 때 나타나기 시작할 수 있다. 회기에서 논의된 행동이 다음 날 나타날 수 있는 그 어떤 조치보다 더 또는 덜 중요하다고 말할 수는 없다. 오히려 내담자가 무엇을 할 것인지를 묻는 '다음 단계'에 관한 대화는 내담자의 미래보다는 실천가의 기대와 더 관련이 있다.

그간 지속되어 온 해결중심치료의 전통 중 하나는 후속 회기에서 '그 행동을 하셨나요?'라는 질문과 관련된 논의를 하지 않는다는 것이다. 행동을 하는 것은 실천가에 대한 내담자의 책임이고, 행동에 옮길 수 있도록 상세한 묘사를 구축하는 것은 내담자에 대한 실천가의 책임이다. 그럼에도 우리는 내담자가 행동을 취하지 않은 경우 그들에게 책임을 묻지는 않는다. 우리는 그들이 더 나은 삶(확장된 세상에서)으로 연결된 경험에 더 많은 관심을 가지고 있다. 따라서 이러한 목적을 위해 내담자에게 다음 단계는 무엇이 될지에 대한 우리의 동의는 필요 없다. 다음 단계는 내담자가 결정할 것이다. 후속 대화에 대해서는 다음 장에서 더 자세히 살펴볼 것이다.

미래에 관한 자신감 척도

우리는 지금까지 다양한 상황에서 척도가 어떻게 사용될 수 있는지 살펴보았다. 우리는 과거의 예시에 대한 묘사를 발전시키고 진전의 작은 신호를 살펴보기 위해 기적이나 진전척도가 어떻게 사용될 수 있는지도 이미 살펴보았다. 또 다른 유형의 척도는 내담자의 자신감을 살펴보는 것에 관한 것이다. 물론 이것은 그들이 정확히 무엇을 할지와 전혀 관련이 없다. 이는 내담자의 잠재적 행동 가능성을 확장하고, 또 모든 당사자가 회기가 끝날 때까지 중요한 의제가 다뤄지지 않은 채 남아 있지 않도록 하는 방법이다.

BRIEF의 조지(George, 2017)는 이러한 맥락에서 자신감 척도를 사용하는 세 가지 방법을 제시했다.

- 최선의 희망을 향해 나갈 수 있는 자신감을 1~10점 척도에서 묻고, 그 다음 무엇이 그렇게 높은 점수를 주는데 도움이 되고 있는지에 대해 묻는다. 이는 첫 회기가 끝날 때 특히 도움이 된다.
- 자신이 만들어 낸 변화를 유지할 수 있다는 자신감을 1~10점 척도에서 묻고, 그렇게 높은 수준, 어쩌면 그보다 더 높은 수준을 유지하는 데 도움이 되는 것은 무엇인지 다시 논의한다. 이는 치료의 종결 시에 유용하다.
- 마지막은 변화를 유지하고 '충분히 좋은' 상태에 도달할 수 있는 자신감을 묻는 것인데, '충분히 좋은' 상태는 10점에 도달하는 것에 관한 것이 아니라 현재 내담자 자신의 경험 측면에서 진전을 측정할 수 있는 유용한 방법이 될 수 있다.

해결중심 척도의 경우와 마찬가지로 여기에서 숫자는 그다지 중요하지 않다. 물론 진전에 대한 자신감을 9가 아닌 3으로 평가하는 내담자와는 좀 더 느린 속도로 진행할 필요가 있다. 그렇지만 여기에서 숫자가 가지는 가치는 '어떻게 그렇게 높고, 더 낮지 않은가?'에 있다. 그리고 '또 뭐가 있나요?'라는 질문이 따를 것이다.

진전의 신호를 찾기 어려운 경우

자신감의 수치가 낮거나 더 나은 미래에 대한 상세함, 진전 또는 예시의 신호에 대한 내담자의 반응이 느리거나 최소한이라고 해서 포기할 필요는 없다. 때로 내담자의 세계가 확장되는 데에는 시간과 노력이 필요하며, 첫 회기가 끝날 때 아무것도 변하지 않았다고 생각하는 것은 공평하지 않다. 때로는 상황이 매우 빠르게 변할 수도 있다. 내담자가 여전히 '더 나음'에 대한 확신을 못한다면 이는 '천천히' 진행되어야 함을 뜻한다. BFTC 시절까지 거슬러 올라가는 해결중심치료의 원칙 중 하나는 '내담자의 변화에 내담자보다 더 열중하지 말라.'이다. 실천가가 그들을 앞으로 끌고 가려 한다는 생각을 내담자가 알게 된다면 아마도 그들은 당신에게 '저항'하게 될 것이다. 비록 결국에는 그 방향으로 가고 싶을지라도 말이다! 내담자에게 생각할 공간을 제공하고, 우리의 모든 무게를 인정의 원(내담자가 지금까지 얼마나 힘들고 어려웠는지)에 싣고, 또한 내담자가 원하는 것이 무엇인지를 알 수 있는 작은 신호를 찾는 것, 이 모든 것이 도움이 된다.

만일 회기가 끝나 감에도 그러한 의심과 불확실성이 남아 있다면 최소한 두 가지의 선택이 더 있을 수 있다.

내담자에게 상황이 나아졌을 때를 주목하도록 요청

실천가는 내담자가 앞으로 며칠 동안 어떤 방식으로든 더 나아질 것 같은 경험을 찾아보도록 권할 수 있다. 지금까지의 대화는 내담자가 생각하는 것보다 그들의 세계에 더 많은 영향을 미쳤을 것이다. 이제 진짜는 일상생활의 수많은 자극에 직면하면서 사물을 어떻게 보고 외부 사건에 반응하는지에 관한 것이다. 만일 내담자가 다음 회기를 위해 돌아오고 싶다고 가정할 때, 그들이 보고하는 모든 것은 세계 확장을 위한 묘사와 새로운 가능성을 위한 출발점이 될 수 있다.

내담자에게 자신의 삶에서 원하는 것이 무엇인지 더 생각해 볼 것을 요청

언제 상황이 좋아졌는지를 알아차리는 것조차 너무 먼 일처럼 느껴질 때 실천가는 내담자에게 자신의 삶에서 원하는 것이 무엇인지(그리고 그것을 유지하고 싶은지), '더 나은 것'이 자신과 주변 사람들에게 어떤 영향을 미칠 수 있는지에 대해 더 생각해 볼 것을 권할 수 있다. 이로 인해 다음 회기에서 '더 나은' 예시에 대한 보고가 만들어질 수 있으며, 이는 더욱 확장될 수 있다. 또한 이는 새로운 프로젝트와 입장권으로 이어질 수 있으며, 작업을 재정의함으로써 다음번에는 더 효과적으로 새롭게 시작할 수 있다. 이를 위한 대안 중 하나는 헨덴(Henden, 2008)이 제안한 것처럼 '최악의 경우'를 상상해 보는 방식인데, 이는 종종 새로운 관점을 제공하기도 한다.

향후 회기의 가능성에 대한 선택권 제공

과거 정신역동 치료에서는 수개월, 심지어 수년에 걸쳐 내담자를 정기적으로 참여시키는 것이 효과적인 치료를 위한 전제조건으로 여겨지기도 했다. 단기치료의 전통에서 우리는 이와 매우 다른 견해를 취한다. 우리는 각 회기가 마지막이 될 수 있다고 생각하므로 그 시간에 내담자를 위해 가능한 한 많은 것을 성취하고 싶어 한다. '시작하기'에서 보았듯이 단기치료의 윤리는 내담자의 시간을 낭비하지 않는 것이며, 내담자는 치료가 언제 종료되어야 할지 가장 잘 판단할 수 있는 사람이다.

따라서 회기를 끝내는 방식도 다른 실천적 전통과 다르다. 우리는 다음 회기가 필요할 것이라고 가정하지 않으며, 내담자에게 다시 만날 것을 원하는지 물어본다. 회기 수의 제한, 치료에 대한 다른 기관의 지시 등 기타 고려되어 할 사항이 있을 수 있고, 이러한 사항은 회기의 종료가 아니라 시작에서 다루어져야 한다.

우리가 내담자의 희망과 관련된 경험을 주의 깊게 경청하고 있다면 그들은 이 과정이 계속되기를 원할 수도 있다. 그렇지 않다면 치료의 종료는 축하의 이유가 될 수 있다. 내담자가 전문가의 도움 없이도 자신의 삶을 영위할 수 있을 만큼 충분한 균형을 되찾았다고 느끼는 것은 드문 일이 아니다. 이는 때로는 즉각적으로 나타나기보다는 다음 회기를 취소하는 형태로 나타나기도 한다.

일부 실천가는 회기 평가 척도(Session Rating Scale: SRS, Duncan et al., 2003)와 같은 짧은 설문지를 사용하여 회기에 관한 피드백을 수집한다. 이는 해결중심치료를 연구자의 실천 활동(researchers-in-action)으로 보는 관점과, 실천가는 자신의 효율성에 민감해야 한다는 생각과 잘 들어맞는다. 이런 생각이 항상 맞는 것은 아니지만(내담자가 만족하지 못한 채 회기를 마친 후 다시 돌아와 놀라운 진전을 보고하는 사례도 많기 때문), 자신의 실천이 내담자에게 미치는 영향을 염두에 둘 수 있는 방식 중 하나이다.

내담자에게 선택과 권한을 유지하도록 하며, 우리는 가능한 내담자가 언제 다시 돌아올지 선택할 수 있도록 하는 것을 선호한다. 물론 이는 상담이 가능한 날과 같은 실질적인 측면에 따라 달라질 수도 있다. 최근 전 세계적으로 관찰되는 흥미로운 발전 중 하나는 사람들이 약속을 잡지 않고 잠깐 들러 실천가를 만날 수 있는 '드롭인' 클리닉의 성장이다(Young & Jebreen, 2019). 이는 단기치료의 정신과 매우 잘 맞는다. 단기치료의 주요한 가정 중 하나는 여러 회기가 아닌 단 회기(single session)이다. 물론 필요할 때 언제든 다시 들를 수 있다.

사례: 잭, 제 이야기에 귀 기울여 주세요(계속)

우리는 이전 장에서 아버지와 가족 간의 갈등을 겪고 있는 청소년인 잭의 사례를 살펴보았다. 아래의 발췌에서 실천가는 내담자가 '자신의 이야기에 귀 기울여 주는 느낌'을 바라는 최선의 희망과 관련된 경험의 묘사를 구축해 왔다. 아래의 회기 기록은 10장의 끝 부분과 바로 연결된다.

대화	코멘트
상: 지금까지 기적이 일어난 날 그러니까 척도의 10에 있을 때 그것이 어떻게 보일지에 대해 알아봤어. 그래서 아침에 일어난 후, 뭐 이런 거…….	실천가는 이전의 묘사 구축에 대한 요약으로 예시관과 기념품 가게 대화를 연결하고 있음. 또한 작은 진전의 신호를 찾고자 진전 척도를 활용하고자 함.
내: 네.	
상: 네가 좀 더 자신감을 느끼고, 아빠와 함께 저녁을 먹으며 대화를 나눌 수 있고. 그리고 그것이 어떤 차이를 만들지, 어떤 일이 생길지에 대해 말했지. 이제 우리가 다음에 다시 이야기를 나눌 것을 생각해 볼 수 있을까? 그때 너는 척도에서 조금 더 위로 올라간 거야. 그러면 그간 뭐가 조금 달랐다고 말할 수 있을까?	실천가는 미래에 있을 작은 신호에 대한 아이디어를 소개하기 위해 흥미로운 방식을 활용함. '이제 우리가 다음에 다시 이야기를 나눌 것을 생각해 볼 수 있을까? 그때 너는 척도에서 조금 더 위로 올라간 거야. 그러면 그간 뭐가 좀 달랐다고 말할 수 있을까?' (여기에서 실천가는 다른 회기가 있을 것이라는 전제를 가지고 이야기했다는 지적을 받을 수도 있지만, 그것은 사실과 다름. 내담자가 '지금-여기'에 관한 대화에서 미래의 자신의 모습을 볼 수 있는 방식으로 참여할 수 있게했기 때문임.
내: 지금 생각으로는 모두 함께 저녁을 즐길 수 있을 것 같아요. 모두 같이 앉아서, 왜냐하면 우린 정말 그랬었거든요, 모두 같이 둘러앉아서. 그리고 아마도 제가 저녁을 차릴 것 같아요, 동생이 함께 도울 수 있도록 하고요.	
상: 으-흠. 네가 저녁을 차리고 동생도 함께 도울 수 있도록 하고. 좋아.	저녁을 차리고 여동생이 그것에 함께 할 수 있도록 하는 것에 대해 들었음을 확인해 줌.
내: 네.	확인됨(Grounded).

상: 으-흠.

내: 그냥, 네. 아버지가 항상 하시는 일의 부담을 좀 덜어 드리는 거죠.

상: 으흠, 그래.

내: 네, 아마도 그런 것들이요, 그런 일이 생길 것 같아요.

상: 으-흠.

내: 제 생각엔, 좀 이상한 방법으로 가족이 모두 모이게 하는 거죠.

상: 으-흠. 그러면, 저녁을 함께 하는 게, 좀 이상한 방식으로, 가족을 모두 모이게 하는 거네. 만일 그렇게 할 수 있게 되면 너의 희망에 대해서 말이야, 좀 더 자신감을 느끼고, 또 아빠에게 너의 정체성에 대해 말하는 것에 대해 좀 더 열린 너의 희망에 대해서는 어떤 차이를 만들 것 같아?

실천가는 내담자의 언어로 요약하고 그것이 어떤 차이를 만들 것인지에 대해 질문함. 적절히 경청받는 느낌에 대한 매표소 프로젝트에 연결하고자(이는 내담자의 정체성을 포함하는 것) 함.

내: 우리는 좀 더 가까워질 것 같아요. 그리고 가족으로서 우리 모두를 좀 더 가깝게 느껴지겠죠.

상: 으-흠.

내: 우리가 너무 나빠지지 않는다면 그것을 나눌 수 있는 것에 좀 더 가까이 다가갈 것 같아요.

상: 으-흠.

내: 우리의 좀 더 취약한 부분을 나눌 수 있게 되는 거죠.

내담자는 '좀 더 취약한 부분을 나눌 수 있게 되는 것'을 확실하게 하고자 함.

상: 으-흠.

내: 네, 아마도 그럴 것 같아요. 좀 더 취약한 부분을 나눌 수 있는 것. 그러면 저도 좀 더 편하게 느끼게 되겠죠.

여기서 내담자는 시간을 가지며, 천천히 말함. 실천가도 인내를 보이며 부드럽게 격려함.

상: 으-흠.

내: 제 자신의 취약한 부분을 나누는 것…….

상: 으-흠.

내: 지금까지 우리가 말하지 못했던 것에 대해서요.

상: 으-흠.

내: 깊이 있게.

상: 으-흠. 그러면 저녁을 함께 하며 모일 수

실천가는 다시 요약하며, 여기에 내담자가

있는 기회를 갖고, 이런 저런 얘기를 나누는 것이 네가 좀 더 취약한 그런 부분에 대해 말할 수 있는 기회로 이끌어 주는 거네. 좋아. 그래, 이제 우리의 대화를 끝낼 시간이 되어 가는데…….	새롭게 확인해 준 단어를 포함함.
내: 그렇군요. 그렇죠.	
상: 만일 네가 괜찮다면. 잭, 네게 부탁하고 싶은 것이 하나 있는데. 우리가 오늘 한 이야기 중에서 너에게 도움이 되었던 것이 무엇이 있었을까? 오늘 우리의 대화에 기초해 너 스스로를 칭찬한다면 뭐라고 하고 싶어?	실천가는 칭찬을 제공하는 대신 내담자에게 스스로 칭찬하도록 함.
내: 잘 모르겠어요. 그런데 좀 희한하게, 제가 볼 수 있었던 것은(큰숨)-그것에 대해 생각만 하는 것, 그 모든 것에 대해 생각하는 것만으로도…… 저는 지금까지 아빠한테 말하는 것에 큰 장벽이 있다고 생각해 왔거든요. 음, 그런데 그것에 대해 생각해 보니까…… 그냥 식사를 함께 하는 것만으로도 그것에 조금 더 다가갈 수 있다는 것이 재밌어요.	내담자가 처음에 한 '잘 모르겠어요.'는 사실 모르겠다는 의미가 아님. 이러한 대답은 내담자에게 생각할 수 있는 시간을 줌. 실천가는 '잘 모르겠어요.'를 현명한 방식으로 흘려보냄. 내담자 스스로 회기에 대해 포괄적으로 묘사함.
상: 으-흠.	
내: 음, 그것을 큰 벽으로 보는 것이 아니라 벽 사이로 길이 나 있다는 것을 볼 수 있	여기에 행동을 할 수 있는 새로운 가능성이 생성됨. 내담자의 세계가 확장된 것임.

는 것만으로도 좋았어요.

상: 으-흠.

내: 제 생각엔, 이제 제가 그곳에 다가갈 수 있는 좀 더 작은 생각을 할 수 있을 것 같아요. 이렇게 멈춰 설 수 있는 것, 그리고 그것을 바라볼 수 있는 것, 네. 멈춰 서서 바라보니 그것이 벽이 아니었음을 볼 수 있었던 것.

상: 으-흠.

내: 제 생각엔, 좀 더 긴 여행이 될 수 있을 것 같네요.

상: 으흠. 그러면 멈춰 설 수 있고, 그것이 벽이 아님을 보고, 또 그것을 좀 더 작은 단위로 나눌 수 있고…….

실천가는 '벽'을 표현하는 내담자의 언어를 그대로 사용해 요약하며, 그것을 작은 단위로 표현함.

내: 네, 그걸 나누는 거죠.

상: 그래, 좋아. 그렇게 알아차리는 것이 네게 어떤 차이를 만들까?

'그렇게 알아차리는 것이 네게 어떤 차이를 만들까?'는 묘사 구축 질문임.

내: 제 생각엔, 그런 것이 아마도 미래에 일어날 수 있는 일이라는 것을 좀 더 알게 해주는 것 같아요.

상: 으-흠.

내: 그것을 꼭 벽으로만 보는 것이 아니라 작은 길도 있다는 것이죠. 다만, 우선은 해야 할 일이 무엇인지에 대해서 생각해야 해요.

상: 으-흠.

내: 다시 뒤로 돌아와…… 뭐가 처음 해야 할 일일까?

상: 그래.

내담자는 자신에게 생긴 진전을 한 번에 한 걸음을 걷는 것으로 말하고 있으며, 이는 해결중심치료의 '작은 단계(small steps)'의 철학과 우연하게 일치함.

내: 두 번째 해야 할 일은 뭘까, 그런 것이요.

상: 으-흠. 그래서 우리가 다시 이야기를 할 때 난 네게 뭐가 좋아졌는지 물어볼 거야. 그때 내게 뭐라고 말할까?

실천가는 내담자 스스로 정리할 수 있도록 요청함.

내: 제 생각엔, 식사를 같이 했다고 말할 것 같아요.

내담자는 여기에서 좀 더 자신 있게 말함.

상: 식사를 같이 했구나, 그래[웃음].

내: 네, 제 생각엔 동생도 식사를 차리는 것을 도왔을 것 같아요. 우리 모두 뭔가 했을 것 같아요…… 우리 둘은 더 얘기를 나누고, 아빠도 함께 할 수 있도록 할 것 같아요.

식사를 어떻게 함께 할 수 있을지, 그리고 그것이 더 큰 그림에서 어떤 역할을 할지에 대한 상세한 사항이 이 부분에서 등장함.

상: 으-흠.

내: 우리 모두 같이 앉아 이야기를 나누는 거죠.

상: 으-흠.

내: 그러다 함께 영화를 볼 수도 있겠죠, 누가 알겠어요.

함께 영화를 볼 것이라는 아이디어는 회기의 앞부분인 미래관에서 등장한 내용임.

상: 으-흠.

내: 우리 셋이 모두 함께 앉아 이야기를 나누는 기회를 갖는 것만으로도…….

상: 으-흠.

내: 제 생각엔 그게 다른 것으로도 연결될 수 있을 것 같아요.

내담자는 식사를 함께 준비할 수 있는 가능성을 보고 있으며, 이야기를 나누는 것이 바로 원하는 '해결'이 아닌 한 걸음의 진전으로 보고 있음. 이는 '변화는 언제나 일어난다.'는 해결중심치료의 가정과 일치함.

상: 으-흠, 그래. 함께 앉아 얘기를 나누고 함께 식사를 할 수 있는 기회가 다른 것으로 연결될 수도 있겠구나.

실천가는 위의 내용을 요약함.

내: 음.

상: 그래, 좋아. 네가 괜찮다면 여기서 끝내야 할 것 같은데, 그래도 될까? 상담을 정리함.

내: 네, 그럼요.

상: 그래, 좋아.

주요 요점

- 해결중심치료의 회기를 종료하는 방식은 내담자에게 더 많은 권한, 선택, 그리고 책임을 부여하는 방식으로 계속해서 발전하고 있다.
- 다음 단계에 관한 논의보다는 진전의 신호를 묻는 것이 대화에서 작고 단기적인 세부 묘사를 확장하는 동시에 내담자에게 더 많은 가능성을 열어 줄 수 있는 방식이다.
- 칭찬 목록을 작성하고 이를 전달하기 위해 휴식을 취하는 대신, 실천가는 중간중간 감사 요약을 전달하고 내담자에게 스스로 칭찬할 수 있는 기회를 제공할 수 있다.
- 신뢰 척도는 내담자가 미래에 대한 선택과 통제가 있다는 것을 더욱 안전하게 느낄 수 있도록 하는 데 도움이 될 수 있다.
- 진전의 신호를 찾기 어려운 경우, 내담자에게 삶이 조금 더 좋아지는 순간을 볼 수 있도록 격려하는 것이 도움이 될 수 있다. 또 내담자에게 자신의 삶에서 원하는 것이 무엇인지 더 깊이 생각해 볼 수 있도록 하여 다음 번에는 새로운 프로젝트를 시작할 수도 있다.
- 확정하거나 기대하기보다는 후속 회기의 가능성을 알리는 것이 필요할 수 있다. 모든 회기가 마지막이 될 수 있으며, 이는 대체로 내담자에게 달려 있다.

참고문헌

Aoki, Y. (2006). *Solution Focused Practical Management*. Tokyo: Kawade-Shobo Shinsha.

de Shazer, S. (1975). Brief therapy: Two's company. *Family Process*, *14*, 79-93.

de Shazer, S. (1982). *Patterns of Brief Family Therapy*. New York, NY: Guilford Press.

Duncan, B. L., Miller, S. D., Sparks, J. A., Claud, D. A., Reynolds, L. R., Brown, J., & Johnson, L. D. (2003). The Session Rating Scale: Preliminary psychometric properties of a "working" alliance measure. *Journal of Brief Therapy*, *3*(1), 3-12.

Dweck, C. S. (2006). *Mindset: The New Psychology of Success*. New York, NY: Random House.

Fredrickson, B. L. (2001). The role of positive emotions in positive psychology: The broaden-and-build theory of positive emotions. *The American Psychologist*, *56*(3), 218-226. https://doi.org/10.1037//0003-066x.56.3.218.

George, E. (2017). *Scaling Up Our Practice*. Retrieved from www.facebook.com/BRIEF.SolutionFocus/posts/10155063623559976?pnref=story.

Henden, J. (2008). *Preventing Suicide: The Solution-Focused Approach*. Hoboken, NJ: J. Wiley.

Korman, H. J., Korman, J. M., & Miller, S. D. (2020). Effort-focused interviewing. *Journal of Systemic Therapies*, *39*(1), 35-48. https://doi.org/10.1521/jsyt.2020.39.1.35.

Satir, V. (1964). *Conjoint Family Therapy: A Guide to Theory and Technique*. Palo Alto, CA: Science and Behavior Books.

Thomas, F. N. (2016). Complimenting in solution-focused brief therapy. *Journal of Solution Focused Brief Therapy*, *2*(1), 1-22.

Weakland, J., Fisch, R., Watzlawick, P., & Bodin, A. (1974). Brief therapy: Focused problem resolution. *Family Process*, *13*(2), 141-168.

Young, K., & Jebreen, J. (2019). Recognizing single-session therapy as psychotherapy. *Journal of Systemic Therapies*, *38*(4), 31-44. https://doi.org/10.1521/jsyt.2019.38.4.31.

제12장

갤러리 재방문:
후속 회기

해결중심치료에 관한 많은 서적은 주로 첫 회기에 무엇을 하는지에 관한 설명에 초점을 둔다. 이것은 이해할 수 있는 관행이다. 결국 그곳에서 주요한 작업이 진행되는데, 기적 및 척도질문과 같은 대표적 접근이 주로 실행되는 경우가 많기 때문이다. 때로는 한 번의 만남으로도 충분할 수 있지만 후속 회기가 필요한 경우도 많다. 이 장에서 우리는 세계 확장의 관점에서 이러한 대화를 살펴볼 것이며, 이는 단순하지만 고전적인 해결중심치료의 후속 질문인 '무엇이 더 좋아졌나요?'를 물을 때 어떤 일이 일어나는지에 관한 더 넓은 관점을 제공할 것이다.

무엇이 더 좋아졌나요

후속 회기를 시작하는 이 질문은 너무 간단하고 명확해서 일부 초보 해결중심치료자들은 오히려 이를 상당히 불안해한다. 더 좋아진 것이 없다면 어떻게 할까? 상황이 더욱 악화되었다면 어쩌지? 그 모든 것이 다 내 잘못이면 어쩌나?

그러나 안심해도 괜찮다. 내담자는 당신과의 만남 이후 스스로 선택하며 자신의 삶을 살아왔다. 당신이 참여한 과정은 그들의 세계를 확장하는 것, 즉 그들의 어포던스와 관련된 행동의 기회를 구축하는 것이었다. 상담실에 앉아 대화가 진행되는 동안 우리는 실제 상황이 어떻게 진행될지는 알기 어렵다. 움직이길 꺼리던 내담자가 변화된 삶의 이야기를 가지고 돌아올 수도 있고, 행복하고 열정적으로 참여했던 내담자가 덜 호의적인 기분으로 돌아올 수도 있다. 우리는 그것에 대해 알 수 없으며, 따라서 물어보고 기다려야 한다.

이는 '당신이 그 행동을 하셨나요?'를 묻는 것이 아니라는 점에 유의해야 한다. 언뜻 그렇게 보일 수도 있지만, 그렇지 않다. 우선 차세대 해결중심치료의 실천에서는 다음 행동에 관해 질문을 하지 않는 경우가 많다. 설사 내담자가 첫 회기에서 무엇을 할 것인지에 관한 이야기를 하더라도 그것은 중요하지 않다. 이것은 책임을 묻거나 흠을 잡거나 그들의 무능함을 비난하는 게임이 아니다. 우리가 원하는 것은 '당신의 확장된 세계가 실제 삶에서 어떤 모습으로 나타났나요?'에 관한 이야기이다. 이전 회기 이후 일어난 여러 일들의 소용돌이 속에서 이전에 논의된 행동이 전혀 관련이 없어졌을 수도 있다.

'무엇이 더 좋아졌나요' 질문에 관한 최근의 변화

이것은 의도적으로 광범위한 질문이다. 이는 상당한 크기의 가정을 전제한다.

- 내담자는 '무엇'의 의미를 알고 있다. 특히, 지난번에 논의한 프로젝트와 관련된 자신의 삶을 알고 있다.
- 전제하는 것은 (적어도) 더 나은 것이 있고, 아마도 한 가지 이상의 것일 수도 있다.

이러한 전제에는 내담자의 삶에 관한 어떤 것도 포함될 수 있으며, 이를 광범하게 물어볼 수 있다. 그것은 내담자가 이전 회기에서 생각했던 내용일 수도 있다. 그것은 겉보기에(또는 실제로) 무작위로 일어난 예상치 못한 일일 수도 있다. 이런 변화는 클 수도 있고, 작을 수도 있다. 그것은 내담자의 엄청난 노력의 결과일 수도 있고, 노력 없이 우연히 일어난 일의 결과일 수도 있다. 우리는 그것에 상관하지 않는다. '무엇이 더 좋아졌나요' 예시관에 관한 장에서 살펴본 것처럼 이는 더 나은 경험을 탐색하고 확장하게 될 예시가 될 것이다.

세계 확장의 관점에서 이것은 내담자에게 이제 뉴노멀(새로운 정상)의 세계인 확장된 세계를 어떻게 경험했는지 이야기하도록 초대하는 것이다. 그들이 무엇을 알아차렸는지, 무엇이 흥미롭거나 유용했었는지, 어떤 어포던스가 나타났거나 더 매력적이거나 눈에 띄는 것처럼 보였는지에 대해 묻는 것이다. 확장된 세계관에서는 회기가 끝날 때까지 확장된 세계가 내담자(및 주변 사람들)에게 어떻게 보이고 느껴질지 정확히 알 수 없다. 넓게 열려 있는 '또 무엇이 있나요?'라는 질문으로 그것을 탐색하기 시작한다.

가장 흔한 경우는 내담자에게 뭔가 할 이야기가 있는 경우이다. 이는 좋은 시작이다. 예시관에서 설명한 대로 묘사 구축 질문과 매우 작은 최소의 격려를 활용해 무엇이든 확장하고 구축할 수 있다. 물론 그들이 말하는 것은 현재 진행되는 프로젝트를 돕는 과거 사건의 예이다. 가까운 미래가 이제 최근의 과거로 이동했다. 내담자의 경험은 이 모든 것을 하나로 묶는다.

바로 다루기 대 나중에 다루기

내담자가 '더 나은' 예시를 이야기할 때 실천가는 이에 어떻게 반응할 것인지 선택할 수 있다. 실천가는 첫 예시에 즉각적인 흥미를 보이며 그것의 세부 사항을 탐색할 수 있다. 또는 비유적으로든 아니면 정말 노트에 적든 그것을 '목록'에 나열하고 '또 뭐가 있나요?'와 같은 질문을 통해 다른 것이 더 있는지를 확인할 수도 있다. 이 아이디어는 대화의 초기 단계에서 내담자의 사고의 흐름을 방해하지 않기 위한 것이다. 첫 번째 등장한 예시는 나중에 탐색과 확장을 위해 다시 살펴볼 수 있다. 이는 그 상황에서 실천가의 선호에 따라 다를 수 있다. 나는 일단 목록을 작성한 후 다시 돌아가서 각각의 예시를 다루는 것을 선호한다. 이는 내담자가 더 나은 여러 예시를 생각할 수 있기 때문에 감사 요약(appreciative summarizing)의 기회를 제공하기도 한다. 이러한 과정은 〈Love It Or List It〉으로 표현할 수 있는데 이는 영국의 인기 TV 쇼의 제목이기도 하다.

일단 목록을 먼저 작성하는 방식(List it)은 이 과정의 흐름을 원활하게 할 수 있다. 우리가 내담자에게 더 나은 23가지를 나열해 달라고 요청하면 내담자는 그 목표를 달성하기 위해 노력할 것이다. 그것이 설득력 있고 낙관적인 근거와 함께 제시되는 한, 즉 내담자가 이미 스스로 목록을 작성하기 시작했다면 그들은 그 목표에 도달할 수 있으며, 이는 작은 성공의 경험이 될 수도 있다. 그들은 노력을 경주하며 16, 17, 18번까지 갈 수도 있고, 더 이상 없다고 항의할 수도 있을 텐데, 이런 일은 실제로 자주 있다. 이는 이들의 세계가 확장되어 가는 과정에서 나오는 행동이다. '확장(스트레칭)'은 내담자에게 힘든 일처럼 느껴질 수 있으며, 그렇기 때문에 더욱 가치가 있다. 실천가의 역할은 기대하고, 기다리며, 다른 측면이 등장할 때마다 기록하고 그것의 기초를 다지는 데 도움을 주고, 감사 요약을 전달하고, 내담자가 그토록 많은 것을 관찰한 사실에 깊은 감명을 받고, '또 무엇이 있나요?'라고 묻는 것이다. 실천가의 기대를 활용하는 것은 드 세이저와 김인수가 로젠탈(Robert Rosenthal, 1966)의 작업을 실천하던 1980년대 중반 BFTC 시절부터 해결중심치료자들에게 이미 익숙한 작업의 일부이다.

실천가의 귀(EARS)를 활용하기

'더 나은 것'을 확장하는 방법은 김인수(De Jong & Berg, 1998)의 또 다른 오랜 해결중심치료의 지혜인 EARS 프로토콜에 담겨 있다. 이 기억하기 쉽고 유용한 프레임은 현재에도 널리 사용되고 있다. 원래 형태는 다음을 의미한다.

- E(이끌기, Elicit): 더 나은 것을 이끌어 내기
- A(확장하기, Amplify): 이것이 어떻게 발생했는지, 내담자가 어떻게 했는지, 기억했는지, 이제 해야 할 때인지 등에 대해 자세한 질문을 통해 확장하기
- R(강화하기, Reinforce): 지금까지 보여 준 성공과 강점에 대해 칭찬을 하고 강화하기
- S(다시 시작하기, Start over): 더 나은 것을 또 찾기 위해 다시 시작하기

김인수의 경우 더 나아진 것 또는 예외를 먼저 열거하기보다 각각의 예외에 따로 머무는 방식을 선호했던 것으로 보인다. 차세대 세계 확장 관점을 통해 우리는 약간 변형된 EARS를 사용할 수 있다.

- E: 더 나은 것을 이끌어내기
- A: 내담자와 다른 사람들의 관점을 통해 자세한 묘사를 구축하여 확장하기. 여기에는 다음이 포함될 수 있다.
  - 어떻게 그렇게 하셨나요?
  - 그것이 어떤 변화를 가져왔나요?
  - 그것이 [Y]에게 어떤 변화를 가져왔나요?
  - [X]가 일어나고 있다는 첫 번째 작은 신호는 무엇이었나요?
  - [X]가 일어나고 있다는 것을 또 누가 알고 있나요? 그들은 무엇을 보았나요?
  - 당신이 [X]를 하고 있는 것을 알아본 [Y]는 어떻게 했나요?
  - 이에 대해 당신은 무엇을 했나요?
  - 다음에 무슨 일이 일어났나요?
- R: 대화에 기반한 내담자의 말을 사용하고, 감사 요약을 전달하여 강화하기

• S: 다른 예시로 다시 시작하기

물론 이 모든 상세한 묘사는 내담자의 세계를 계속해서 넓히며 지난 회기 이후 만들어진 변화를 확장하고 공고히 한다. 이 과정은 단순한 모니터링처럼 보이지만, 실제로는 그렇지 않다. 이는 첫 회기 과정의 완전한 연속이다.

만약…… 더 나은 것이 없는 것 같다면

이는 많은 초보 실천가의 고민이다. 그러나 이런 일이 그리 자주 발생하지는 않는다. 그럼에도 대응할 선택은 필요하다.

기다리기

사람들은 흔히 무엇이 더 나은지에 대한 질문에 다소 빠르게 '아무것도 없어요!'라고 대답한다. 이는 종종 "생각해 본 적 없어요" "아직 준비가 안 됐어요" 또는 "내가 왜 또 여기 있지?"라고 말하는 것과 같다. 가장 먼저 할 일은 기대감을 보이며 기다리는 것이다. 고개를 조금 끄덕이는 것도 좋다. 펜과 종이를 준비하기도 한다. 그것을 최종적인 대답으로 받아들이지 말고, 다른 응답을 기다리라.

응답이 여전히 '없음'이라면 그것으로 우리의 작업을 시작할 수 있다. 왜 없냐고 하기보다는 함께 작업하기 시작한 프로젝트명, 그동안의 주요한 변화 등을 내담자에게 상기시키는 것이 도움이 된다. 지난 만남 이후 어떤 변화가 생겼는지 다시 물어보는 것도 좋다. 이때 아주 작은 것이라도 관련성이 있고 유용할 수 있다는 점을 강조할 필요가 있다. 그리고 다시 기다리는 것이다.

여전히 '아무것도' 없다면, 상담 이후 내담자와 관련된 중요한 순간을 기억해 볼 것을 제안할 수도 있다. 직장에 가거나, 부모님을 만나러 가거나, 가게에 가거나, 배우자와 함께 저녁을 먹는 등 최선의 희망과 미래에 관한 묘사와 관련된 모든 순간이 이의 예가 될 수 있다. 이때 그들이 무엇을 발견했는지 좀 더 집중적으로, 부드럽게 물어볼 수 있다. 우리는 여기에서 8장에서 논의된 바와 같이 '인정의 원'에 더 힘을 주고 서서 작업을 하고 있다. 충분한 공간을 제공하고, 작은 진전의 신호가 나타나더라도 너무 빨리 다른 발로 체중을 옮기지 말아야 한다. 그것을 적어 놓고 계속 기다리라.

대처에 대해 알아보기

여전히 응답이 없다면, 한 가지 전략은 '무엇이 더 나은가'에서 내담자가 어떻게 대처하고 있는지로 초점을 전환하는 것이다. 다시 한번 말하지만, 우리는 지금 인정의 영역에 있고, 따라서 생각의 공간을 제공하며 무엇이 나타나든 그것을 인정해야 한다. (지금은) 예시를 찾고자 하는 충동을 자제해야 한다. 그저 노트에 적고, 기다리라. '또 무엇이 있나요?'라고 묻는 것도 유용할 수 있다.

때로는 대처 경험과 전략이 앞으로 나아가는 방법이 될 수도 있다. 때로는 예상치 못한 긍정적인 전개가 있을 수도 있다. 인생은 어찌 보면 여러 면에서 다가오는 일에 대처하고 어쨌든 계속해서 나갈 수 있다고 느껴야 하는 것이다. 그것은 많은 경우 우리 대부분에게 정상적인 것이다.

도움이 되는 것이 나타나면 이를 감사하는 마음으로 요약하고, 인내심을 갖고 내담자와 함께 하며 다음에 또 무엇이 나타날지 볼 수 있는 기회가 될 수 있다.

프로젝트의 정의로 돌아가기

더 좋은 것이 없고 내담자의 대처에도 도움이 되지 않는 경우, 또 다른 선택지는 매표소 대화로 돌아가는 것이다. 내담자는 첫 회기에서 상담과정에 대한 최선의 희망과 이것이 가져올 변화를 설명했다. 때때로 상황은 상담의 회기 사이에 바뀌기도 한다. 결국 우리는 변화가 항상 일어나고 있음을 가정해야 한다. 상황이 정체된 것처럼 보일 때 할 수 있는 한 가지 선택은 본래의 프로젝트로 돌아가 새로운 최선의 희망으로 다시 시작하는 것이다. 이러한 경우는 거의 없지만 모든 것이 엉켜 있고 혼란스러워 보일 경우 활용할 수 있는 좋은 선택이다. 특별한 경우 대화가 최선의 선택이 아닐 수도 있다. 의료나 사회복지 서비스의 도움을 받는 것도 필요한 대안이 될 수 있다.

낙관의 근거

또 다른 선택지는 내담자에게 이 프로젝트를 통해 어떻게 좋아질 수 있다고 생각하는지 묻는 것이다. 해결중심치료의 변형 중 하나인 브뤼주(Bruges) 모델(de Shazer & Isebaert, 2003)에서는 1970년대 MRI의 실천(Watzlawick, Weakland & Fisch, 1974)에서 처음 등장한 문제(작업할 수 있는)와 한계(그 자체로 해결 가능한 것은 아니지만 작업이 반드시 필요한) 사이의 차이를 재검토한다.

간단한 예로 하루는 24시간이다. 내담자는 하루에 더 많은 시간이 있기를 원할 수도 있지만 그럴 수는 없다. 그것은 한계이다. 물론 이것이 이야기의 끝은 아니다. 하루에 추가 시간을 가질 수 있다면 어떤 변화가 생길까? 내담자가 시간을 더 잘 사용하도록 돕는 것은 완벽하게 실행 가능한 프로젝트가 될 수 있지만 하루에 추가로 시간을 더하는 것은 그렇지 않다. 모든 프로젝트가 동일하게 실행 가능한 것은 아니다. 내담자에게 진전이 가능함을 낙관할 수 있는 근거가 있다면 이는 프로젝트를 재정의하는 데 도움이 될 수 있다.

다른 것을 시도하기

우리는 2장에서 해결중심치료의 세 가지 '기본 철학'을 다루었다.

1. 고장 나지 않았다면 고치지 말라.
2. 무엇이 효과가 있는지 알면 그것을 더 하라.
3. 효과가 없는 일을 멈추고 다른 것을 시도하라.

위의 세 번째 원칙은 MRI 단기치료의 핵심 요소이며, 이는 해결중심치료에서는 거의 사용되지 않는다. 그러나 이는 일종의 안전장치로 사용될 수 있으며, 규칙 1과 2의 실천이 아무 성과도 내지 못하는 드문 경우에 사용된다.

내 경험상 그런 경우는 거의 없는데, 자세한 묘사의 구축과 세계 확장에 더 중점을 두기 때문에 그렇다. 나는 언젠가 나의 해결중심실천이 내담자에게 아무런 효과가 없을 때 즉흥적으로 새로운 것을 만들 수 있을 것이라는 기대로 내담자와의 많은 회기를 녹음한 적이 있다. 그러나 그런 일은 일어나지 않았다. 결과적으로 나는 대안적인 전략을 찾는 것에 관심이 훨씬 적어졌다. 그럼에도 해결중심치료의 규범을 벗어나지 않는 선에서 다른 전략이 있을 수 있다. 정말 필요한 경우 사용할 수 있는 세 가지 방법은 다음과 같다.

비슷한 상황에 처한 다른 사람들에게는 무엇이 효과가 있었나 관찰하기

해결중심치료의 출발점은 모두 다르다(Jackson & McKergow, 2002). 그러나 특히 내담자가 신뢰할 수 있는 다른 사람의 경험에서 유용한 아이디어를 얻을 수도 있다. 이는 내담자가 다른 사람들의 이야기를 탐색하는 프로젝트가 될 수 있다. 비슷한 문제를 가진 사람들을 위한 지역의 지원 그룹이 있을 수도 있다. 사람들이 이러한 문제를 논의하는 서적이나 온라인 상의 자원/포럼 등이 있을 수도 있다. 내담자에게 무엇을 해야 하는지 직접적으로 알려 주는 것과 잠재적으로 도움이 될 수 있는 자원을 알려 주는 것에는 차이가 있다. 중요한 것은 참여할지의 여부와 이를 통해 무엇을 할 것인지를 선택하는 사람은 내담자라는 것이다. 우리는 내담자에게 어떤 것을 강요하지는 않지만, 동시에 내담자의 지평과 가능성을 넓히고 싶어 한다. 어떤 아이디어는 일부 내담자에게는 잘 맞지만 다른 내담자에게는 적합하지 않을 수 있다. 이러한 아이디어는 1950년대 에릭슨의 실천으로 거슬러 올라간다(제1장 참조).

다른 양식이나 방법으로 변경하기

일부 실천가는 최면, 교류분석, NLP, 게슈탈트 등과 같은 다른 접근과 함께 해결중심치료를 사용한다. 개인적으로 나는 해결중심치료를 정말 잘 실천하려면 내담자, 그리고 그들의 언어와 경험에 집중하는 동안 다른 접근에 관한 아이디어는 제쳐 두어야 한다고 생각한다. 그러나 해결중심치료만이 효과가 있는 유일한 접근은 아니다. 따라서 아마도 세 번의 만남 이후에도 내담자에게 아무 일도 일어나지 않는다면 다른 선택을 시도해 보는 것이 또 다른 방법일 수 있다. 나는 내담자에게 강요하기보다는 이를 제안하고 뭔가 다른 것을 함에 있어서 그들과 협력할 것이다. 베예바크(Beyebach, 2014)는 내담자가 세 번의 회기 이후에도 진행 척도에서 여전히 3점 미만인 경우 해당 사례는 정체된 것으로 간주되어 새로운 선택지를 고려할 필요가 있다고 했다. 그는 척도 작업을 해 볼 충분한 시간이 없더라도 각 회기에 대한 간단한 척도를 이용해 실천가가 피드백으로 활용할 것을 권장했다.

나라면 이러한 사례를 슈퍼바이저에게 문의할 것이다. 때로는 다른 방식으로 볼 수 있는 실천가들이 도움이 될 수 있는데, 이는 이 사례를 계속하거나 미래를 위한 학습으로도 유용하다. 해결중심적 접근 방식은 효과적인 슈퍼비전에도 사용될 수도 있지만(Thomas, 2013), 이는 이 책의 범위를 넘는 것이다. 나는 수년에 걸쳐 동료 슈퍼비전 그룹이 큰 도움이 될 수 있음을 발견했다. 이는 또한 다양한 전문 분야의 해결중심치료자들을 연결하고 상담사, 코치 등과 협력할 수 있는 기회를 제공한다.

실천가를 바꾸기

다른 접근으로의 변화와 함께 훨씬 더 극적인 변화를 고려해 볼 수도 있다. 실천가를 바꾸는 것이다. 당신은 특정한 내담자와의 작업에서 진전이 없다고 판단할 수 있으며, 그런 생각이 들 때가 아마도 다음 단계를 생각할 시간일 것이다. 우리에게는 내담자의 시간을 낭비할 권리가 없다. 내담자를 다른 실천가에게 의뢰하는 것은 윤리적이며 적절한 실천 방식이다. 우리는 내담자를 이러한 변화에 참여시키고, 그들의 동의를 구하고(그들은 우리가 계속하기를 원할 수 있으며, 이 경우 우리는 지금까지 도움이 된 것이 무엇인지 탐색할 수 있다), 무엇이 도움이 될 것이라고 생각하는지 물어볼 수 있다. 5~6번의 회기 이후에 아무 일도 일어나지 않는다면 모두를 위해 변화가 필요하다.

치료의 종결

단기실천가로서 우리는 치료와 내담자와의 관계가 성공적으로 종결되기를 희망한다. 드 세이저는 항상 해결중심치료는 '꼭 필요한 만큼만 진행되어야 한다.'고 말했으며, 이 말은 오늘날에도 여전히 유효하다. 이것이 반드시 관계의 종결을 의미하는 것은 아니다. 예를 들면, 나는 조직 분야의 코치로서 매니저와 6회기의 계약을 맺는 경우도 있지만, 이는 다른 프로젝트로 연결될 가능성이 매우 높다.

치료는 내담자가 우리의 지원 없이도 스스로의 힘으로 계속할 수 있다고 느낄 때 종료된다. 우리는 내담자에게 가능한 한 많은 선택권을 제공하여 내담자가 자신의 삶을 살며 유용한 차이점을 발견할 수 있도록 했다. 우리와 지속적인 대화를 통해 이 작업을 수행해 왔던 것에서 이제는 스스로의 힘으로 수행하는 것으로의 전환이 필요하다. 실제로 마지막 회기가 끝날 때 내담자는 추가적인 지원 없이 계속해 나갈 수 있을지 아직 알지 못할 수도 있다.

많은 실천가는 내담자가 원할 경우 미래의 어느 시점에서 언제든 다시 돌아올 수 있는 '은행 잔고' 식의 회기를 제공하고 싶어 한다. 이는 내담자에게 안전망을 제공하여 몇 달 또는 몇 년 후까지도 유지될 수 있다. 물론 대부분의 내담자는 그것을 전혀 이용하지 않는다. 다른 회기의 가능성만으로도 내담자는 계속 앞으로 나아갈 힘을 얻는다. 어떤 경우 내담자는 전화나 이메일을 통해 계획된 회기가 필요하지 않을 정도로 잘 하고 있다고 말하며 약속을 취소할 수도 있다. 어떤 사람들은 그저 그 시간에 나타나지 않을 수도 있다.

이것은 자녀가 집을 떠나는 부모의 괴로움도, 이혼하는 부부의 이별, 심지어 사랑하는 사람의 죽음도 아니다. 오한론의 말과 같이 우리는 내면의 건강한 성인을 찾고 가능한 한 그들과 동등하게 협력하고자 한다. 내담자와 실천가의 관계는 장기적인 약속이기보다는 택시 기사나 바리스타에 더 가깝고, 치료의 종료는 내담자에게 안도감을 줄 수 있다. 즉, 문제가 해결된 것이다.

사례: 잭, 제 이야기에 귀 기울여 주세요(후속 회기)

이것은 지난 두 장에서 우리가 함께 했던 잭의 사례에 대한 후속 회기의 일부이다. 그의 프로젝트는 아버지와 긴장이 있었던 집에서 '제대로 경청받는 느낌'에 관한 것이었다. 그는 더 많은 관계를 구축하기 위해 아버지(그의 어머니는 얼마 전에 돌아가셨다)를 위해 아마도 여동생과 함께 저녁 식사를 준비하는 가능성에 대해 이야기했다. 아래에서는 두 번째 회기가 시작될 때를 다룬다.

대화	코멘트
상: 이번이 몇 주 전에 만난 후 우리의 두 번째 만남이네. 그래, 잭, 우리가 지난번 만난 이후로 뭐가 좋아졌어?	실천가는 '뭐가 좋아졌어?'를 바로 물어봄. 이 질문은 특별한 무엇인가를 묻는 것이 아니라 광범위한 열린 질문임.
내: 저는, 어, 아주 바로 변화를 알아볼 수 있었어요. 제가 그것에 대해 이야기하는 것에 대해 좀 더 열린 마음이 된 것을 느꼈고, 같이 살고 있는 가족에 대해 제가 어떻게 느끼고 있는지도요. 전체적으로 조금 더 제 감정을 말하는 것에 대해서 좀 더 열려 있는 것 같아요.	내담자는 천천히 시작하며 여기에 약간의 불확실함이 있으나 이는 매우 정상적인 것임. 이러한 방식으로 자신의 경험에 대해 얘기한 최초일 가능성이 높음.
상: 으-흠.	실천가는 경청한다는 것을 알리며, 부드럽게 계속하기를 격려함.
내: 전에 제가 말씀드렸던, 말하는 것에 대해 벽같이 느꼈던 그런 느낌은 못 느꼈어요. 그런 것이 없었어요.	
상: 오[웃음].	실천가는 부드럽게 '놀라며' 내담자에게서 뭔가 새로운 것을 주목함.
내: 적어도, 솔직히 그게 아주 큰 변화처럼 느껴져요.	
상: 으-흠, 와우. 그러면, 감정에 대해 말하	'감정에 대해 말하는 것'과 '더 열려 있고'를

대화	해설
는 것에 조금 더 열려 있고.	반복해서 말함.
내: 네.	
상: 아주 큰 변화가 있었네, 그렇지?	
내: 음, 정체성에 대해서 말하는 거요, 그건 저에게 생각도 할 수 없었던 것이거든요.	정체성에 대해서 말하는 것은 내담자가 첫 회기에서 말한 핵심적인 내용이었음.
상: 그래.	
내: 그것이 그냥 나타났고, 제 생각에 훨씬 편하게 느껴져요.	'그것이 그냥 나타났고……' 이것은 해결중심 치료의 후속 회기에서 내담자가 진전에 관한 말하는 흔한 방식 중 하나임. 특별한 것이 아님. 내담자는 마치 그것이 중요해서 그것에 대해 말하고자 애쓴 것처럼 보이지 않았고, 이는 아마도 내담자의 세계가 넓어져서 새로운 가능성이 나타난 것으로 볼 수 있음.
상: 으-흠.	
내: 집에서요…….	
상: 으-흠.	
내: 네, 훨씬 편했어요.	
상: 그래, 훨씬 편했구나.	'훨씬 편했구나.'를 반복함.
내: 네.	내담자는 그랬음을 확인해 줌(grounded).
상: 그런 일이 어떻게 생길 수 있었는지 너무 듣고 싶은데.	이제 실천가는 '그런 일'에 관한 상세한 탐색을 시작함. 실천가는 그런 일이 어떻게 일어났는지에 대한 '목록'을 만들기보다는 첫 순

내: 네.

간부터 들어 보는 '그거 좋은데(love it)' 전략을 취함.

상: 그런 변화는 언제 처음으로 알게 되었어? 무슨 일이 있었어? 어떻게 변한 거야?

'네가 뭘 했니?'가 아니라 내담자가 '처음으로 알 수 있었던' 때에 관한 물음. 이는 묘사를 구축하는 것임.

내: 네. 글쎄요, 제 생각엔 처음엔 동생이 어떻게 지내는지 말하려고 제게 왔던 것이 시작이었던 것 같아요. 그러곤 내 능력 안에서 아빠한테도 한번 얘기해 봐야겠다 뭐 그런 생각이 들게 되었어요. 우리 모두에게 있는 차이를 이어 주는 노력이요. 그래서 아빠에게 동생이 어떻게 느끼는지에 대해 말하기 시작했죠.

상: 으-흠.

내: 그러곤 동생에 대해 제가 어떻게 느끼는지에 대해서도요.

상: 으-흠.

내: 음, 그리고 제가 어떻게 지내는지에 대해서도요. 동생이 그것을 받아들일 수 있도록 어떻게 노력하는지에 대해서요. 동생과 함께 얘기하면서 동생과 아빠 모두에게 그것을 말하고 싶었어요. 저에겐, 그게 전에는 일어나지 않았던 다른 방식이었어요.

(놀랍지 않지만) 내담자, 여동생, 그리고 아버지 사이에 복잡한 관계가 있는 것으로 보임. 실천가는 내담자가 자신의 언어로 말할 수 있도록 함.

(이 부분부터 으흠, 네 등의 작은 대답과 반응은 가독성과 공간을 위해 생략하기로 함. 그러한 방식의 대답과 반응은 지금까지와 같이 대화에서 계속됨.)

상: 그래서 뭘 했어? 어떻게 했는지 얘기해 줘. 그래서 동생과 대화를 나눴다고, 동생이 네게 와서 그것에 대해 어떻게 느끼는지에 대해 말했다고? 그래서 어떻게…… 너는 어디에 있었어? 어떻게 그 대화를 동생과 아빠와 다 같이 하게 된 거야?

실천가는 구체적이고, 관찰 가능하며, 특정한 영역에서 좀 더 상세하게 질문함. 실천가는 또한 내담자가 임의적이고 모호한 것에서 좀 더 분명하게 대답할 수 있도록 격려할 필요를 느낌.

내: 글쎄요, 네, 제 생각엔, 긴 시간이었던 것 같아요. 동생이 좀 허풍을 떨고, 좀 바보 같이. 뭐 항상 그렇지만 그날도 그랬어요. 저는 그냥 듣기만 했어요. 그걸 다 듣고, 생각하고, 그리고 질문을 하기 시작했어요. 동생의 문제가 뭔지가 아니라 왜 동생이 그렇게 느끼게 되었는지에 대해서요.

상: 으-흠.

실천가는 '으-흠'과 같은 짧은 반응을 통해 내담자에게 계속하기를 격려함.

내: 음, 한참 얘기를 나누고, 제 마음이 점점 분명해졌어요. 동생이 그것에 대해 어떻게 느끼는지에 대해서요. 그리고 제가 말했죠. 지금 아빠에게 가서 얘기를 하고 싶다고. 그리고 그렇게 했어요[웃음]. 그 순간 뭐가 제게 왔는지 모르지만, 제가 그렇게 했어요.

상: 오!

실천가는 뭔가 새로운 것이 나타났음에 대해 약간의 놀라움을 표현함.

내: [웃음] 음, 제가 앉아서 동생에게 우리 같이 얘기를 좀 나눠도 괜찮겠냐고 했죠. 좋다고 했어요. 그리고, 우리 사이에 있는 차이를 좀 좁힐 수 있었죠. 우린 전에도 이렇게 느낀 적이 있었어요. 서로 얘기하는 것에 대해 좀 긴장이 있었거든요. 그렇게 느껴졌었죠. 제 생각에 우리는 그냥 서로를 이해하고 싶어 했던 것 같아요.

'차이를 좁힐 수 있었음.'

상: 그래. 그래서 그 차이를 어떻게 좁혔어? 그 순간에 무엇이 일어나서 그런 변화가 만들어진 거야?

실천가는 차이가 좁혀진 것을 반복하며 더 상세한 묘사를 구축하고 있음.

내: 글쎄요, 저는……[잠시 멈춤] 모르겠어요, 그것을 인정하고 났더니 우리 사이에 차이가 있다는 것이 느껴졌어요. 가족 간에도요. 우리가 서로 도우려고 하지만, 동생도 말할 수 있도록요, 그렇지만 여전히 우리가 아직 얘기하지 못한 그런 감정이 차이로 남아 있었던 것 같아요.

상: 으-흠.

내: 음, 제게는, 인정할 수 있었던 것 그리고 그것을 아빠에게 말할 수 있었던 것, 그냥 아빠에게 그것을 다 내놓은 것이요.

상: 네가 아빠에게 그렇게 얘기했다고?

내: 네.

실천가는 지난 회기에서 내담자에게 중요한 무엇인가를 내담자가 말한 것에 대해 알아주며 그것이 그냥 지나치지 않도록 함.

상: 으-흠.

내: 제 생각엔, 저는 그 어느 것도 우리의 문제가 아니라고 강조했던 것 같아요. 그게 문제가 아니라, 그냥 그런 것이라고, 그리고 우린 그것에 대해 좀 더 신경을 쓰고, 그런 대화를 나누는 것에 대해 두려워하지 말고 좀 더 열려 있어야 한다고, 왜냐하면 우리 모두는 서로를 돕고 싶으니까. 그리고, 저는 이걸 좀 다른 방식으로 하려고 했어요. 지금까지 제가 배웠던 방식이요. 전과는 다른 접근이죠.

내담자는 여전히 자신에 대해 이러한 단어들로 탐색하고 있으며, 당연히 때로 힘들어함. 실천가는 인내하며 경청하고 있고, 내담자를 격려함.

상: 으-흠.

내: 그리고 우린 어딘가에서 서로를 이해할 수 있는 지점에 도달했고, 제가 아빠에게 얘기했죠. 저도 아빠처럼 뭔가 하려고 노력하고 있다고.

상: 그래서 아빠는 어떻게 반응하셨어?

실천가는 상호작용적인 상세함을 찾고 있음. 아빠는 어떻게 반응하셨어?

내담자는 스스로 한 경험을 탐색하고 있으며, 생각을 말로 표현하고 있음.

내: 아빠는…… 모르겠어요. [한숨] 아빠는

아마도 그 문제에 집중하신 것 같아요, 다 그렇듯이요. 그 문제에 집중해서, 마치 여동생이 그것에 대해 부정적으로 생각하는 것처럼요.

상: 으–흠.

내: 어디쯤에선가 제가 얘기를 하고 있었어요. 저는 문제보다는 해결에 집중하고 싶다고, 제가 좀 더 긍정적인 방식으로 얘기를 했어요.

상: 으–흠.

내: 아빠는 뭐가 도움이 되든 간에 우리가 결국 하고자 하는 것은 모두 좋게 느끼는 것이라고 말했죠. 아빠는 그게 저에게 효과가 있다면 계속해 보라고 하셨어요. 아직 의심이 좀 남아 있는 것처럼 보였지만 그래도 효과가 있구나 느꼈죠. 저는 계속 그렇게 해 보려구요.

상: 음. 그러면 너에게 뭐가 달라진 것을 알 수 있었어?

실천가는 내담자가 스스로 자신을 관찰할 수 있도록 묘사적인 초점으로 다시 주위를 돌리고 있음.

내: 글쎄요, 우선, 우리는 더 많은 얘기를 나눠요. 저녁을 몇 번 같이 먹었어요. 지난 밤에도 함께 저녁을 먹었는데 정말 좋았죠. 저의 최고의 식사 중 하나였어요. 그

런 저녁을 함께 한 것은 정말 오랜만이에요. 함께 앉아 얘기를 나누는 것이요. 동생이 얼마나 말이 많던지요.

상: 으-흠.

내: 제 생각엔 아빠도 마찬가지였던 것 같아요. 음, 얘기를 다 나눈 후, 제 생각엔 한 발 앞으로 나간 것 같은데, 왜냐하면 여동생이 아빠에게 뭐가 문제였는지에 대해 열어 놓았기 때문이에요.

상: 그래.

실천가는 끄덕임과 짧은 반응으로 내담자가 계속 이야기할 수 있도록 부드럽게 격려함.

내: 동생은 그것을 알고 있었지만, 숨어 있었죠. 동생이 더 큰 부분에 대해 언급한 것은 아니지만, 그래도 얼마라도 열어 놓은 거지요. 그래서 우리가 서로 어떤 생각을 하는지에 대해 알게 된 거죠.

상: 음, 그래.

내: 그런 후 바로 동생은 방으로 올라가 침대에 누웠어요. 보통 그런 일이 있을 때 제가 동생을 침대 밖으로 나오게 할 순 없거든요. 그런데 그날은 제가 방으로 따라 올라가 동생이랑 좀 더 얘기를 나눌 수 있었어요. 침대에서 나오게 할 수 있었던 거죠. 그건 정말 새로운 일이었어요.

상: 뭐가 달라서 그랬던 것 같아? 뭐가 동생을 침대 밖으로 나올 수 있도록 한 것 같아?	실천가는 내담자가 주목하고 행동을 달리 할 수 있었던 것으로 대화를 전환함.
내: 그건 [한숨]…… 제가 말한…… 제 생각엔 그건 제가 아닌 것 같아요. 사실 솔직히 말씀드리면 제가 문제에 초점을 두지 않았던 것 때문인 것 같아요.	
상: 으-흠.	
내: 그리고 그건 [한숨] 모르겠어요, 그건 좀 더 긍정적인 방식으로 말하는 것으로 느껴졌어요.	
상: 으흠.	
내: 그리고 제가 동생에게 걔는 그렇게 느끼지 않을 수도 있지만 그렇게 말해 준 것이 정말 자랑스럽다고 말했어요.	
상: 음, 그래. 네가 동생에게 그렇게 말해 줄 수 있었던 것에 정말 자랑스럽다고 말했다고.	'여동생이 그렇게 말해 줄 수 있었던 것에 자랑스럽다고' 말한 것을 확인함.
내: 네.	내담자는 이를 확인해 줌.

이 대화는 10분 정도 걸렸다. 대화는 약 20분 더 계속되며 내담자, 여동생, 그리고 아버지 간의 상호작용이 저녁 식사 중에 어떻게 나타났는지에 대한 자세한 내용을 다루었다. 아버지가 그들 모두를 위해 저녁 식사를 준비하셨고, 함께 앉는 일이 더 잦아지면서 가족 내에서 더 다양한 대화를 나눌 수 있는 기회가 생겼다는 사실이 밝혀졌다. 회기는 양측 모두 명시적인 조치나 계획이 언급되지 않은 채 종료되었다. 내담자는 더 나은 가족관계를 통해 자신의 삶을 영위할 수 있게 되었고, 가족과 친구들 모두에게 자신의 정체성을 더 잘 표현할 수 있게 되었다. 그는 적어도 충분히 자신의 의견이 제대로 전달되었다고 느끼며, 이는 더 이상 그를 압도하는 걱정거리가 아니었다.

주요 요점

- 해결중심치료의 후속 회기는 내담자가 바라는 최선의 희망을 행동으로 옮기는 것을 지원하는 삶의 장면에 관한 내담자의 묘사를 더욱 확장하여 그들의 세계를 더욱 넓히고자 하는 과정으로 구성된다.
- 회기는 '무엇이 좋아졌습니까?'로 시작하여 이러한 장면에 대한 이야기를 할 수 있도록 하고, 이는 예시관에서 예시로 취급되고 확장된다.
- 실천가는 '바로 다루기'(각 장면을 차례로 확장) 또는 '목록에 올리기'(여러 장면의 제목을 가져온 다음 다시 돌아가서 차례로 확장)를 선택할 수 있다.
- 묘사의 확장은 EARS 프로토콜을 사용하여 수행할 수 있다.
- 처음에 아무것도 나아지지 않은 것처럼 보일 때 실천가는 기다리고, 다시 질문하고, 공간을 제공하고, 일어났을 수 있는 삶의 주요 순간에 대해 질문할 수 있다.
- 여전히 나아지는 것이 없으면 실천가는 내담자가 어떻게 대처하고 있는지 살펴보고, 프로젝트 정의로 돌아가서 내담자는 어떻게 진전이 가능하

다고 생각하는지 살펴볼 수 있다.

- 여러 회기 후에도 여전히 진전이 없는 경우, 물론 이런 경우는 매우 드물지만, '다른 작업을 수행'할 수 있는 추가적 선택을 할 수 있다.
- 자원, 지원 그룹, 온라인 정보 등을 알려 주고 유사한 상황에서 다른 사람들에게 도움이 된 것이 무엇인지 내담자가 탐색해 보도록 할 수 있다.
- 접근 방식을 변경하고 완전히 다른 방법을 시도해 볼 수도 있다.
- 실천가를 바꾸고 다른 실천가에게 의뢰할 수 있다.

참고문헌

Beyebach, M. (2014). Change factors in solution-focused brief therapy: A review of the Salamanca studies. *Journal of Systemic Therapies*, *33*(1), 62-77.

De Jong, P., & Berg, I. K. (1998). *Interviewing for Solutions*. Pacific Grove, CA: Brooks/Cole.

de Shazer, S., & Isebaert, L. (2003). The Bruges model. *Journal of Family Psychotherapy*, *14*(4), 43-52. doi:10.1300/J085v14n04_04.

Jackson, P. Z., & McKergow, M. (2002). *The Solutions Focus: The SIMPLE Way to Positive Change* (2nd ed., 2007). London: Nicholas Brealey Publishing.

Rosenthal, R. (1966). *Experimenter Effects in Behavioral Research*. New York: Appleton-Century-Crofts.

Thomas, F. N. (2013). *Solution-Focused Supervision: A Resource-Oriented Approach to Developing Clinical Expertise*. New York, NY: Springer-Verlag.

Watzlawick, P., Weakland. J., & Fisch, R. (1974). *Change: Principles of Problem Formation and Problem Resolution*. New York, NY: W. W. Norton.

제4부 | 해결중심의 미학

제13장 … 해결중심치료의 아름다움: 무엇이 아름다우며,
그 이유는 무엇인가

The Next Generation of Solution Focused Practice

제 13 장

해결중심치료의 아름다움:
무엇이 아름다우며, 그 이유는 무엇인가

이 책은 해결중심치료의 기원, 발전, 그리고 지난 30~40년간 여러 분야로 확산된 과정을 살펴보았다. 이 책은 내담자의 '세계 확장'이라는 렌즈를 통해 해결중심치료를 새로운 시각으로 보고자 출발했다. 나는 우리가 하는 일에 대한 친절하고 논리적이며, (내 생각에는) 정확한 이야기를 통해 다른 사람들이 이를 이해하고 더 관심을 갖는 데 도움이 되기를 희망한다.

해결중심치료는 그저 또 다른 치료법이 아니라, 다른 종류의 치료법이다. 그렇기 때문에 다른 전통의 많은 실천가가 우리가 하거나 또는 하지 않는 일을 보며 혼란스러워하기도 한다. 우리의 작업(그리고 아마도 단기치료 전통의 다른 치료 형태)과 '일반적인' 상담과 치료를 구성하는 대중적인 견해 사이에는 큰 차이가 있다. 이는 서로 다른 가치와 우선순위의 차이 때문이다.

나는 1993년 처음 해결중심치료를 만났고 이후 즉각적이며 열정적으로 이 작업에 몰두했지만, 그 이유가 명확하지는 않았다. 나는 지난 30여 년간 이 작업에 헌신해 왔고 드디어 이 접근의 미학적 측면이 내게 특히 중요했음을 깨닫게 되었다. 이 장에서는 내가 개인적으로 해결중심치료를 사랑하는 이유를 다루고자 한다.

'미학'이란

사전(Lexico.com, 2019)에는 '미학(aesthetic)'을 다음과 같이 정의한다.

> 형용사: 아름다움이나 아름다움에 대한 감상과 관련됨.
> 사용 예: '그 그림은 큰 미적 즐거움을 줍니다.'
> 명사: 특정 예술가나 예술 운동의 작업에 기초가 되는 일련의 원칙
> 사용 예: '입체파 미학(the Cubist aesthetic)'

이 용어는 '감각과 연결된 지각'을 의미하는 그리스어 aisthētikos에서 유래했다. 감각적 인식이 중요한 것은 분명하지만, 미학이라는 개념은 이보다 더 많은 것을 의미한다. 18세기 에딘버러의 철학자이자 요리사였던 흄(David Hume)은 미각의 섬세함은 '모든 성분을 감지하는 능력'일 뿐만 아니라 다른 사람과 구별되는 '기쁨과 고통에 대한 우리의 민감성'이라고 말했다(Hume, 1987. p.5). 이는 감각적인 구별뿐만 아니라 정서적 · 감정적 반응에 관한 것이기도 하다.

독일의 철학자 칸트(1790/2000)는 흄의 작업을 토대로 미적 판단에는 주관성과 보편성이라는 두 가지 요소가 있다고 했다. 아름다움에 대한 주장에는 항상 주관적인 요소가 존재하며, 이는 모두가 동의하듯 보는 사람의 눈에 달려 있다. 그러나 칸트는 보편성에 대한 판단에도 문제가 있을 수 있음을 지적했다. 이는 논리적이고 관찰 가능한 기준에 기반하기 때문이다. 아름다움에 대한 주장은 단순히 주관적인 상대주의 그 이상을 전달해야 한다. 여기에서는 이러한 정신에 기초해 해결중심치료의 미학을 논의하고자 한다.

예술로서의 미학

이 주제에 접근하는 한 가지 방법은 예술의 세계를 살펴보는 것이다. 수세기 동안 예술가들은 (예를 들어) 풍경을 상세하고 명확하게 표현하려고 노력했다. 좋은 예로 카날레토(Canaletto)의 유명한 베니스 그림이나 영국 예술가인 토마스 게인즈보러(Thomas Gainsborough)를 살펴볼 수 있다. 이 경우 예술가는 광범위한 예비 스케치 후 스튜디오로 돌아와 매우 상세한 최종 작품을 작업하여 특정 순간의 표현을 넘어선 (미학적으로) 매우 만족스러운 작품을 창조해 냈고, 그 결과는 오늘날에도 놀랍다.

19세기 후반에 들어서자 화가들은 야외로 나가서 작업할 때 무슨 일이 일어나는지 더 적극적으로 탐구하기 시작했다. 콘스타블(John Constable)과 터너(JMW Turner)와 같은 화가들은 19세기 초에 이를 탐구하기 시작했고, 이는 1860년대 초 모네(Claude Monet), 르누아르(Pierre-August Renoir), 시슬리(Alfred Sisley) 등과 같은 화가들에 의해 새로운 극단적인 실험으로 이어졌다. 그들은 빛과 순간의 즉시성에 초점을 맞췄다. 그렇지만 이 작품들은 고전적 스타일의 화가들을 선호했던 당시의 선도적인 미술 전시회인 살롱 드 파리(Salon de Paris)에서 계속해서 거절되었다.

황제 나폴레옹 3세는 거절된 작품을 대중이 보고 스스로 판단하도록 허용해야 한다고 선언했고, 그 결과 거절된 작품들의 전시인 '살롱 드 레퓨제(Salon de Refusés)'가 조직되었다. 이는 많은 사람의 조소를 받았지만, 전시는 모네의 「인상」과 「해돋이」에서 이름을 딴 새로운 '인상주의' 미학에 관심이 있는 사람들의 핵심 집결지가 되었다. 역사에서 종종 그랬던 것처럼, 그 이름은 모네의 작품이 기껏해야 스케치에 불과하다는 비평가의 모욕으로부터 나온 것이다.

인상주의 미학은 순간의 '인상'을 포착하는 것에 훨씬 더 가깝다. 붓놀림은 더 크고 대담하며 그 효과는 더 자연스러웠다. 인상주의 그림을 고전적인 미학의 관점에서 보면, 비평가들이 본 것은 미완성의 거친 붓칠일 뿐임을 알 수 있다. 만일 인상주의 미학의 시각으로 카라바지오(Caravaggio)와 게인즈보러를 보면 예술가의 해석은 없고, 단지 양식화되고 과하게 표현된 '완벽함'으로 볼 수 있다.

대안적 패러다임

이 두 가지 미학은 모두 흥미롭고 가치가 있다. 내가 여기서 말하고자 하는 것은 대안적인 패러다임, 즉 사물을 보는 새로운 방식도 이러한 미적 렌즈를 통해 볼 수 있다는 것이다. 무엇이 사물을 아름답게 만드는가? 가치 있게 여기고, 높이 평가하고, 존경하고, 주목하고, 박수를 보내는 것은 무엇일까? 그것은 당신에게 '좋아!!'를 외치며 '환호'하고 싶게 만드는 것과 관련이 있다. 이 장에서 나는 해결중심치료가 나에게 '좋아!'를 외치게 만드는 것이 무엇인지 탐색하고, 이를 통해 해결중심적 미학이 무엇을 의미하는지 좀 더 조명해 볼 것이다.

다음은 내가 해결중심치료에서 좋아하고 소중하게 여기는 점이다. 물론 이러한 목록은 완전하지 않고, 또 개인적이다. 그렇지만 많은 해결중심치료자가 이들 항목 중 적어도 일부에서 공통된 인식과 울림이 있기를 기대한다.

간결함

해결중심치료가 원래 해결중심 단기치료라고 불렸던 이유는 간단하다! 팰로앨토의 MRI의 단기치료센터에서 등장한 상호작용 단기치료의 원 형태는 여전히 존재하며, 10회기의 프레임을 기반으로 한다(Segal, 1991). 그 당시(1960년대와 1970년대) 이것은 정신역동적 전통으로 훈련받은 의사들이 정상적인 것으로 간주했던 몇 년간 이어지는 치료 기간에 비해 놀라울 정도로 짧은 것이었다.

드 세이저와 김인수는 1970년대 후반과 1980년대 초반 MRI에서 밀워키에 자체 센터를 설립하고자 했다. 이들은 연구를 바탕으로 단기치료가 '가능한 한 짧아야 하며, 한 회기라도 필요 이상으로 제공되서는 안 된다.'는 생각을 발전시켰다(드 세이저가 돌란의 책에 쓴 서문에 등장하는 말, Dolan, 1991). 이는 기존의 10회기 프레임에서 상당히 발전한 것이다. 모든 회기가 마지막 회기가 될 수 있으며, 이러한 가능성을 염두에 두고 수행된다. 회기를 계속하는 선택은 적어도 부분적으로는 내담자에게 달려 있었다. 우리는 나중에 '권한의 공유'라는 측면에서 이에 대해 다시 살펴볼 것이다.

치료가 한두 번의 회기로 효과적일 수 있다는 생각은 여전히 어떤 사람들에게는 이상하다고 여겨지고 또 다른 사람들에게는 기껏해야 '이류'로 간주된다. 정신분석에서는 '건강으로의 도피'라는 개념을 발전시켰는데, 내담자가 갑자기 완전히 치료되었다고 주장하는 것은 치료에 대한 방어적인 반응으로 간주되며, 더 많은 치료가 필요하다는 신호로 본다. 이는 일종의 진퇴양난의 상황(Catch-22)으로 볼 수 있다. 내담자가 상태가 좋아졌다고 말하면 더 많은 치료가 필요하고, 좋아지지 않는다고 말한다면, 당연히 더 많은 치료가 필요해진다!

간결함이 그 자체로 중요한 목적인 이유는 무엇일까? 이는 내담자가 자신의 삶을 더 빨리 시작하도록 돕고 실천가가 새로운 내담자를 도울 수 있도록 해 준다. 영국 국민보건서비스(NHS)처럼 자원이 제한되어 있을 때 이점은 특히 그렇다. 2013년 보고서인 『We Still Need To Talk, MIND, 2013』에 따르면, 10명 중 1명은 실천가를 만나기 위해 1년 이상을 대기했으며, 약 50%는 3개월 이상을 기다렸다. 비록 그사이에 상황이 개선되었지만 효율적인 치료와 대기 기간의 단축 사이에는 분명 직접적인 연관성이 있어 보인다. 그럼에도 장기일수록 더 좋다는 대중적인 견해가 여전히 그렇게 큰 영향력을 행사하는 이유를 나로서는 도저히 이해하기 어렵다.

간결함의 또 다른 이점은 단기치료를 통해 내담자가 더 빨리 자신의 삶으로 복귀할 수 있음을 의미한다. 해결중심치료의 목표는 때때로 밀레이(Edna

St. Vincent Millay)의 오래된 격언을 빌어 말하자면 '빌어먹을 일이 연달아(one damn thing after another)' 벌어지는 일상으로 되돌아갈 수 있도록 하는 것이다. 이것이 우리가 알고 있는 삶이다. 이는 완벽하고 힘들이지 않는 활강(glide)이 아니라, 전문적인 도움 없이도 내담자 스스로 다룰 수 있는 삶의 평범한 기복(ups and downs)이다.

간결함은 적은 수의 회기와 제한된 시간의 단순한 문제가 아니다. 이는 가능한 한 작업을 짧게 하는 것이며, 이는 만족스러운 결과나 향후의 의뢰에 따라 달라진다. 이것은 모든 사람이 자신의 삶에 단 하나의 문제만을 안고 있다는 말이 아니다. 예를 들면, 비즈니스 리더들의 코치로서 나는 때때로 일련의 회기에 대한 계약을 맺는다. 이때 우리가 몇 시간의 미팅을 하더라도 하나의 문제에 전체 회기를 다 할애하는 것이 아니기 때문에 이것이 간결함의 미학적 범위를 벗어나는 것이라고 생각하지는 않는다. 각 대화는 보통 새로운 이슈나 내담자에게 뭔가 새로운 것, 또는 이전에 논의한 상황을 반영하는 것이다. 여기서 내담자는 자신이 하나의 주제에 대해 충분히 다뤘음을 결정할 수 있다. 이는 내담자의 자율성을 중요시하는 해결중심미학의 다음 측면으로 이어진다.

내담자의 자율성

정상적인 일상 세계에서 사람들은 자신의 삶에 대한 결정을 내리며 산다. 무엇을 해야 할지, 누구와 함께 있어야 할지, 어디로 가야 할지 등과 같은 것이다. 그렇다고 이러한 결정이 무슨 일이 일어날지 결정하는 유일한 요소는 아니다. 여기에는 항상 다른 맥락과 힘이 작용한다. 내가 좋아하는 문구 중 하나는 생물학자 로즈(Steven Rose, 1997)가 막스(Karl Marx)의 말을 바꾸어 '우리는 미래를 창조하는 대단한 존재이기도 하지만 환경의 지배를 받는 나약한 존재이기도 하다'(Rose, Lifelines, p. 309)라는 말이다.

치료 작업에서 내담자의 존재에도 불구하고 실천가가 내담자를 위한 결정을 내리는 것이 정상적인 것인지 잠시 고려해 볼 가치가 있다. 이것은 지난 수십 년간 의사의 말이 법이었던 기본적인 의사/환자 관계의 오래된 관행에서 비롯된다. 환자의 역할은 의사의 전문지식을 감사히 받아들이는 것이다. 물론 뇌수술을 받게 된다면 뇌전문가가 담당할 것이고, 우리는 이들의 조언을 진지하게 듣게 될 것이다. 그렇지만 여기에 존재하는 위험은 이러한 관계가 불균형하고 일방적이며 잠재적으로 학대적일 수 있다는 것이다. 만약 의사가 누구도 부인할 수 없는 절대적 권위자가 된다면, 지나치게 장기간의 치료와 환자의 권위 상실로 인한 위험이 더욱 커질 것이다. 결국 컨설턴트가 결정을 내리게 되는 (종종 계약을 연장하는) 조직 컨설팅에서도 이는 마찬가지이다.

해결중심치료의 입장은 대체로 많은 결정을 내리는 사람은 내담자라는 것이다. 치료를 통해 원하는 그들의 희망은 무엇인가? 그들은 그것에 대해 무엇을 할 것인가? 더 이상 방문할 필요가 없을 만큼 상황이 좋아지는 때는 언제인가? 일상생활에서 이러한 질문은 분명히 개인으로서 우리에게 있다. 그러나 이러한 질문은 치료의 세계에서는 패러다임을 파괴하는 혁명으로 볼 수 있다. 전통적인 의사/환자 관계는 부모/자식과도 같은 특징을 가지지만[예를 들면, 번(Berne)의 교류분석 전통, 1958 참조] 해결중심치료에서 실천가/내담자의 관계는 훨씬 더 동등하다. 양쪽 모두에 책임이 있고, 달리해야 할 부분이 있으며, 따라서 우선순위가 다르고, 이 둘은 가능한 한 균형을 유지해야 한다.

물론 내담자의 자율성이 모든 상황에서 자동으로 우선하는 것은 아니다. 내담자가 자신이나 다른 사람을 위험에 빠뜨리는 것처럼 보인다면 실천가는 분명히 몇 가지 선택을 해야 할 것이다. 다른 사람들에게 알려야 할까? 보호가 필요할까? 이는 실무자의 전문적인 판단의 문제이므로 과소평가해서는 안 된다. 외부적인 제약, 예를 들어 법원의 명령, 보호관찰, 계약, 또는 기타 법률 문제는 내담자의 행동의 자유를 침해하지만, 이는 내담자의 자율성을 제거하기보다는 제한하는 다양한 방식으로 고려될 수 있다. 이러한 모든 상황에서 내담자의 자율성에 대한 제한은 주요한 논의 대상이며, 이상적으로는 내담자의 동의가 필요하다.

여기에는 앞서 논의된 간결함과 연결된 부분이 있다. 내담자의 자율성에는 치료가 끝나는 시기를 결정하거나 다른 실천가를 만나고 싶은지를 결정하는 선택권이 포함된다. 해결중심치료는 지난 수십 년 동안 코칭 세계에서 왕성하게 성장했다. 그 이유 중 하나는 해결중심치료가 다른 많은 형태의 실천보다 코칭과 더 유사하기 때문일 수 있다. 코칭에서 내담자는 일반적으로 보호가 필요한 취약한 사람들로 간주되지 않는다. 오히려 그들은 지원을 요청하는 것에 대해 스스로 결정을 내릴 수 있는 정보를 갖춘 개인이다. 국제코치연맹(2019)은 코칭을 '내담자의 개인적 · 직업적 잠재력을 극대화하도록 영감을 주는 사고를 자극하고 창의적인 과정을 통해 내담자와 협력하는 방식'으로 정의한다.

내담자와의 파트너십에 중점을 두는 부분이 해결중심치료의 미학과 잘 맞는다. 예를 들면, 우리가 기적질문을 할 때 새로운 공간이 열린다. 이때 우리는 내담자에게 선택의 자유를 제공한다. 우리는 기다리며 (정중하고 조심스럽게) 그들이 그 자유를 취하도록 요청한다.

급진적 수용

내담자가 스스로 결정을 내리는 것으로 본다면 우리는 내담자와 논쟁을 벌이는 것에 대해서도 매우 신중해야 한다. 내담자와 논쟁하지 않는 이러한 접근을 '급진적 수용'으로 본다(de Shazer, 1997). 드 세이저는 같은 논문에서 '내담자의 답변을 완전히, 그리고 문자 그대로 받아들여야 한다.'(p. 378)고 주장했는데, 이는 과학이라기보다는 예술에 가깝다.

> 이를 행하는 것은 많은 사람에게 어렵다. 이를 위해서는 많은 자기 훈련과 세심한 경청이 필요하다. '척도'가 얼마나 높아야 하는지, 기적에 대한 초기 반응이 얼마나 비합리적이고 비현실적인지에 대한 판단을 포기하기란 결코 쉽지 않다.
>
> (p. 378)

여기서는 질문에 대한 내담자의 '초기' 응답이 중요할 수 있다. 해결중심치료를 배우는 사람들이 겪는 우려 중 하나는 내담자가 기적을 통해 불가능한 것을 추구할 수도 있다는 것이다. 절단 수술을 받은 사람은 잃은 팔다리를 되찾고 싶어 하고, 사별한 아이는 부모가 돌아오기를 바란다. 그리고 실제로도 그렇다. 이런 일이 발생하면 어떤 면에서는 불안할 수 있다. 그것은 또한 매우 분명하고 진심 어린 소망이므로 아주 쉽게 받아들일 수도 있다. 누가 그것을 원하지 않겠는가? 중요한 점은 이러한 수용이 맹목적으로 동의하고 계속 나아가는 것을 의미하지는 않는다는 것이다. 이는 부드럽게 고개를 끄덕이고 숨을 내쉬며 기다리는 것으로 나타난다. 기다리는 것은 내담자가 계속해서 생각하도록 허용하는 좋은 전략인 경우가 많다. 조용히 '물론이죠.'라고 말하고 잠시 멈춰서 다음에 무슨 일이 일어날지 지켜보는 것도 좋다. 그다음에, 때로는 상당한 침묵 후에 오는 말은 '친구들을 더 자주 만날 것입니다.' 또는 '학교에 가는 것이 더 좋아질 것입니다.'와 같은 것이 될 수 있다. 이것은 좀 더 다루기 쉽고, 대화를 통해 더욱 확장될 수 있다.

급진적인 수용은 일반적으로 그렇게 하는 것이 매우 정상적으로 보이는 경우에도 내담자와 논쟁하지 않는 것이다. 드 세이저는 그의 오랜 멘토이자 친구인 위클랜드와도 이러한 관점을 공유했다. 1994년 공동 인터뷰(Hoyt, 2001)에서 드 세이저는 내담자가 자신의 상황에 대해 말하는 모든 것을 진지하게 받아들이는 것에 대해 이야기했다.

> 내담자가 자신에게 문제가 있다고 말하면 문제가 있으므로 심각하게 받아들이는 것이 좋습니다. 또한 그들이 문제가 없다고 말하면 진지하게 그것을 받아들이는 것이 좋습니다. 누군가가 술을 너무 많이 마셨다는 이유로 그를 의뢰했습니다. 그는 술을 많이 마시지도 않고 문제가 되지도 않는다고 하더군요. 그렇지만 그대로 두십시오. 이를 진지하게 받아들이세요.
>
> (p. 21)

물론 의뢰인이 어떤 이유로 그를 의뢰했는지 묻는 등 내담자와 논쟁하지 않고 이런 종류의 대화를 진행할 수 있는 다른 방법이 있다. 그리고 대화가 진행됨에 따라 자신이 원하는 것에 대한 내담자의 견해도 발전하고 바뀔 수 있다. 그러나 우리가 내담자의 말을 진지하게 받아들이지 않는다면, 즉시 논쟁이 일어나며 실천가는 내담자를 '저항' 또는 '거부자'로 분류할 수 있고, 이는 진전에 도움이 되지 않으며 오히려 내담자가 변하지 않고자 하는 것에 더 많은 기여를 할 것이다.

'행간 읽기'는 주의를 산만하게 한다. 급진적으로 수용하고, 내담자와 논쟁하지 않고, 행간을 읽지 않는 것은 해결중심치료 미학의 또 다른 핵심 요소로 이어진다. 바로 표면에 머물기이다.

표면에 머물기

보다 전통적인 치료, 상담 및 관련 실천 방법에서는 내담자의 행동을 일종의 숨겨진 내적 원인의 외적 발현으로 본다. 이러한 숨겨진 메커니즘에는 정서적, 신경과학적, 그리고 오래된 경험에 이르기까지 다양한 형태가 있다. 실천가의 임무는 깊게 파고들어 원인을 찾아내고 내담자가 그것을 다룰 수 있도록 돕는 것이다. 실제로 그들은 자신이 내담자 문제의 원인을 가장 먼저 알아낸 사람으로 주장할 수도 있다.

해결중심치료에서 우리는 원인과 설명을 찾고자 하는 잠재적 질문을 피하고 대신 다른 사람을 포함하여 내담자와 환경의 상호작용 내에 존재하고자 한다(McKergow & Korman, 2009). 흔히 해결중심치료를 처음 배우는 실천가들은 내담자의 세계가 다른 사람들과 그들의 상호작용적 관점에서 구성된다는 사실을 처음에는 알아차리지 못한다. '상황이 조금 나아지고 있다는 것을 처음으로 알 수 있는 작은 신호는 무엇입니까?'가 전형적인 예이다. 이는 자신의 감정이나 다른 원인에 대해 성찰하거나 추측하도록 권유하는 것이 아니다. 우리는 내담자의 관심을 외부, 세계, 과거, 현재, 그리고 미래의 더 나은 방향으로 집중시키고자 한다(Jackson & McKergow, 2002).

단기치료 전통의 실천가들은 정신건강을 내담자의 머리에서 벗어나 다른 사람들과의 상호작용에 적용하려고 노력한다. 정신질환이 내담자의 신체나 뇌 등 내부에 도사리고 있다고 생각하기 쉬우며, 이 가정은 치료를 위해 내부적 성찰이나 약물 사용을 위한 진단을 필요로 한다. 나는 결코 약물 복용을 반대하지 않는다. 그렇지만 몇 번의 대화를 통해 도움을 받을 수 있는 사람들에게 약물을 투약하는 것을 선호하지는 않는다. 회기는 내담자가 약물을 보다 효과적으로 사용하는 데 도움이 될 수도 있다(Panayotov, Strahilov, & Anichkina, 2011). 5장에 제시된 활성화 관점(McKergow, 2019)은 이러한 문제에 대한 통합된 접근을 제시한다.

내담자의 자율성과 급진적 수용이 어떻게 표면에 머무는 것과 함께 취급될 수 있는지 살피는 것은 흥미로운 일이다. 내 생각에 이것은 인간에 대한 새로운 이해를 더한다.

작은 차이를 소중하게 여기기

해결중심치료 미학의 마지막 부분은 다른 부분과 약간의 차이가 있다. 즉, 우리가 작은 차이, 자세한 묘사, 큰 행동 대신 작은 신호에 가치를 두는 것에 관한 것이다. 내담자의 삶과 상황에 대한 큰 변화를 위해서는 큰 계획과 노력, 전적인 헌신, 그리고 완전한 변화가 필요할 것이라고 가정하는 것이 정상적이고 논리적이라고 받아들여지는 경향이 있다. 이것이 장기치료가 반드시 필요하다고 가정되는 이유 중 하나이다. 반대의 증거에도 불구하고 항상 장기가 단기보다 우월하게 여겨지는 이유이기도 하다. 작은 진전의 신호는 매우 가치 있고, 더 많은 변화를 이끌며, 내담자가 자신의 힘으로 문제를 해결할 수 있다고 느낄 수 있는 충분히 좋은 삶으로 가는 길 위에 있음을 표시한다.

나는 1994년 제인 레텀(Jane Lethem)과 함께 제공한 첫 번째 해결중심치료 워크숍 이래로 내담자 삶의 한 영역의 작은 변화는 파급 효과를 통해 삶의 다른 영역으로 확장될 수 있다고 믿고 있다. 가정에서의 더 나은 관계가 직장에서의 더 높아진 자신감, 자녀 및 부모와의 관계에 대한 더 개방적인 태도, 스트레스의 감소, 인생을 즐길 수 있는 더 많은 시간 등으로 이어지는 예를 쉽게 볼 수 있었다.

이러한 종류의 연결은 드 세이저가 관심을 가졌던 불교 철학(예: de Shazer, 1994, p. 9 참조)과 1990년대 초반에 등장한 '복잡성의 과학(the science of complexity)'(예: Waldrop, 1993 참조)이라는 개념에 모두 잘 들어맞는다. 나는 해결중심치료와 복잡성(복잡계)을 동시에 알게 되었고, 나만의 연결을 만들 수 있었다. 복잡성은 계획되지 않고 예상치 못한 방식의 작은 차이가 어떻게 새롭고 예측할 수 없는 결과로 나타날 수 있는지를 보여 준다.

때때로 다른 전통에 속한 사람들과 작업할 때 나는 그들이 큰 그림, 추상명사, 큰 비용의 단어로 논의하는 것을 좋아하는 반면, 내가 작은 세부 사항에 대해 질문하기 시작하면 매우 불안해한다는 것을 발견했다. 한 학술행사에서 진행자가 나의 질문이 사람들에게 행동을 강요하는 것처럼 들린다는 말을 한 적도 있다. 글쎄, 그것이 내담자들이 나에게 비용을 지불하는 이유인 이상 나는 그에 대해 사과하지 않을 것이다! 아주 작은 세부 사항에 대해 이야기하는 것이 어떻게 원활하고 신속하게 새로운 행동 가능성으로 이어지는 것처럼 보이는지는 매우 흥미롭지만 아직 논의가 부족한 상황이다. 해결중심치료가 내담자의 세계를 확장한다는 생각은 내담자에게 자연스럽고 설득력 있는 가능성의 문이 열리는 것에 관한 것이다.

과거와 미래의 연결

이 책의 마지막 부분은 우리가 어디에서 왔는지 되돌아보고 다음에 무엇이 올지 기대해 볼 수 있는 좋은 순간이다. 되돌아보는 것부터 시작하겠다.

치료적 실천

해결중심치료는 대부분의 접근 방식과 다르다. 해결중심 미학의 다섯 가지 측면을 살펴보면 고전적인 심리치료의 규범과 매우 뚜렷한 대조를 볼 수 있다(〈표 13-1〉 참조).

표 13-1 고전적 치료와 해결중심치료 미학의 비교

고전적 치료의 미학	해결중심치료의 미학
장기간의 치료가 필요함	간결함-가능한 한 단기가 바람직함
권한은 실천가에게 있음	내담자의 자율성은 가능한 한 존중되어야 함
행간 읽기가 중요	급진적 수용이 중요
깊게 들어가기가 필요	표면에 머물기가 필요
크고 극적인 변화가 가치 있음	작은 차이가 가치 있음

이들 중 어느 것도 기적질문, 계약, 척도, 그리고 칭찬 등에 관한 것이 아니다. 나에게 이러한 기술들은 기본을 따르며 미학적이고, 자연스러운 작업 방식의 결과에 더 가깝다.

해결중심치료가 보다 고전적/전통적인 작업 방식에 익숙한 사람들로부터 간과되어 온 단서가 바로 여기에 있다. 모네와 마티스가 파리의 미술 관람객들로부터 비웃음을 받았던 것과 마찬가지로, 기간과 깊이를 중시하는 데 익숙한 사람들에게는 해결중심치료가 조롱의 대상이 될 수 있다. 또한 현실적인 어려움도 있을 수 있는데, 장기간의 수익성이 높은 작업에 익숙한 실천가들에게 변화는 필요하지 않을 수 있다.

해결중심치료자

해결중심치료의 실천이 외부인들에게 이상하게 보일 수 있다면, 이 전통 안에서 같은 방식으로 일하는 사람들에게도 어려움을 줄 수 있다. 어떤 사람들은 자신의 실천을 매우 진지하게 받아들이고 업무 전반에 걸쳐 직장 생활은 물론 그 이상에서도 이 원칙을 사용하려고 노력한다. 이는 아직도 성숙해 가는 분야에서는 문제가 될 수 있다. 알지 못함의 자세가 극단적으로 활용되고, 이는 때로 도움이 되지 않는다. 어떤 실천가들은 자신이 하는 일에 대한 어떤 말도 거부하며 단순히 질문하고 반영하는 형태의 실천을 제공하며, 어떤 형태의 공개토론도 피한다. 이것은 겉으로 보기에는 모든 것을 포괄하는 포용으로 보이지만 사실은 그렇지 않다.

어떤 사람들은 감사와 합의를 중요하게 생각하며 우리가 하는 일과 그것이 왜 타당한지에 대한 열띤 토론보다 한 목소리의 실천 공동체를 선호한다. 그렇다. 우리는 내담자가 말하는 모든 것을 (출발점으로) 받아들인다. 그러나 이는 단순히 누군가가 그렇다고 말했고 그것에 동의하지 않는 것이 무례한 일이라고 해서 오래된 넌센스를 '해결중심'으로 받아들이는 것과는 다르다. 다섯 권의 책, 76개의 논문과 기사를 쓴 드 세이저는 바보들[1]을 기꺼이 참아 줄 사람이 아니었다. 나는 이 책에서 제시된 다소 당황스러울 수 있는 새로운 아이디어가 좀 더 합리적인 (그리고 감사하는) 실험과 토론을 통해 더욱 발전하길 희망한다.

미래의 연구와 탐색

이 책은 해결중심치료의 작업을 내담자의 세계를 확장하는 것으로 보는 새로운 시각을 제시했다. 실용적인 측면과 개념적 측면 모두에서 이를 제안하는 데는 타당한 이유가 있다. 이는 새로운 탐구를 위한 가능성의 문을 연다.

- 상세한 언어는 어포던스의 생성 및 확장과 어떻게 연결되는가?
- 해결중심치료 이후 내담자의 경험은 어떠한가? 확장된 세계에 있는 것은 어떤 경험인가?
- 실무자는 후속 조치가 이루어질 때까지 기다리지 않고 회기에서 진전이 일어나고 있음을 어떻게 알 수 있을까?
- 가장 중요한 것은 실천가, 내담자, 그리고 의료 전문가 및 대중이 세상을 확장한다는 아이디어를 어떻게 받아들일 것인가이다. 나는 해결중심치료의 폭넓은 활용을 돕기 위해 우리가 하는 일에 관한 타당하고 수용 가능한 설명을 제공하고자 했다. 나의 초기 작업은 사람들이 빠르고 쉽게 이 접근을 '이해'하고 더 관심을 갖게 된다는 것을 알게 해 주었다.

1) 역자 주: BRIEF와 그들의 실험

결론

우리는 '변화는 항상 일어나고 있다.'는 생각에서 시작했다. 실천가들이 내담자의 변화를 당연하게 생각하며, 막상 자신의 분야가 변화하기 시작할 때 이러한 변화를 받아들이지 못하는 것은 좀 이상해 보인다. 나는 여기에서 이 책의 시작 부분에서 언급한 해결중심치료의 다섯 가지 특성으로 다시 돌아가고자 한다.

- 효과성
- 효율성
- 존중적 윤리
- 에너지
- 우아함

만일 해결중심치료가 항상 이런 특징을 유지하며, 계속해서 더 좋아질 수만 있다면 나는 그 전통 안에 머물 것이다. 나는 1993년 해결중심치료를 처음 접하며 새로운 패러다임으로의 전환을 경험했고, 그 이후로도 수년간 그 상태를 유지해 왔다. 그럼에도 이 접근이 새로운 방식으로 더욱 '우아'해질 수 있음을 볼 수 있었고, 이는 우리에게 분명 소중하다. 새로운 방식이 더욱 효율적일 수 있도록 발전시키는 것 또한 정말 특별한 일임에 틀림없다. 해결중심치료가 직장, 학교, 병원, 그리고 치료실에서 단기적이고 정중하며 인도주의적인 치료와 진전을 제공할 수 있다면 이는 그것을 함께하는 모든 이 덕분이다.

주요 요점

- 해결중심치료의 실천은 치료, 상담 등에 대한 전통적인 견해와 다르다.
- 새로운 패러다임과 이를 보는 방식을 설명하기 위해 미술 용어인 미학을 활용할 수 있다.
- 나는 해결중심치료의 미학을 다음의 다섯 가지 핵심 가치로 새롭게 제안한다.
  - 간결함
  - 내담자의 자율성
  - 급진적 수용
  - 표면에 머물기
  - 작은 차이를 소중하게 여기기
- 이러한 가치는 치료가 어떤 모습이어야 하는지에 대한 오래된 견해와 극명한 대조를 이루며, 이는 해결중심치료에 대한 다른 실천가의 수용과 관심이 부족한 이유를 설명할 수 있다.
- 그러나 이러한 가치는 실천가 공동체 내에서 전통을 벗어난다는 오해를 사기도 했다.
- 효과적이고 신속한 치료가 주요 목표라면 해결중심치료는 훨씬 더 널리 사용되고 받아들여질 충분한 가치가 있다.

참고문헌

Berne, E. (1958). Transactional analysis: A new and effective method of group therapy. *The American Journal of Psychotherapy*, *12*(4), 735-743.

de Shazer, S. (1994). *Words Were Originally Magic*. New York, NY: W. W. Norton.

de Shazer, S. (1997). Commentary: Radical acceptance. *Families, Systems, & Health*, *15*(4), 375-378. http://dx.doi.org/10.1037/h0090136.

Dolan, Y. M. (1991). *Resolving Sexual Abuse: Solution-Focused Therapy and Ericksonian Hypnosis for Adult Survivors*. New York, NY: W. W. Norton.

Hoyt, M. F. (2001). On the importance of keeping it simple and taking the client seriously: A conversation with Steve de Shazer and John Weakland. In M. F. Hoyt (Ed.), *Conversations with Brief Therapy Experts*. London: Routledge. Retrieved from http://web.uvic.ca/psyc/bavelas/De%20Shazer_Weakland%20 interview.pdf.

Hume, D. (1987). *Essays Moral, Political, Literary*. Indianapolis: Literary Fund.

International Coach Federation. (2019). *Definition of Coaching*. Retrieved from https://coachfederation.org/about.

Jackson, P. Z., & McKergow, M. (2002). *The Solutions Focus* (2nd rev. ed., 2007). London: Nicholas Brealey Publishing.

Kant, I. (1790/2000). *Critique of the Power of Judgment (Kritik der Urteilskraft)*. (Trans. Paul Guyer & Eric Matthews). Cambridge: Cambridge University Press.

Lexico.com. (2019). *Aesthetic*. Retrieved from www.lexico.com/en/definition/aesthetic.

McKergow, M. (2019). Stretching the world: A friendly explanation of SF practice. In K. Dierolf, D. Hogan, S. van der Hoorn, & S. Wignaraja (Eds.), *Solution Focused Practice around the World* (pp. 50-56). London: Routledge.

McKergow, M. W., & Korman, H. (2009). Inbetween: Neither inside nor outside: The radical simplicity of solution-focused brief therapy. *Journal of Systemic Therapies*, *28*(2), 34-49.

MIND. (2013). *We still Need to Talk: A Report on Access to Talking Therapies*.

Retrieved from www.mind.org.uk/media-a/4248/we-still-need-to-talk_report.pdf.

Panayotov, P. A., Strahilov, B. E., & Anichkina, A. Y. (2011). Solution-focused brief therapy and medication adherence with schizophrenic patients. In C. Franklin, T. Trepper, E. McCollum, & W. Gingerich (Eds.), *Solution-Focused Brief Therapy. A Handbook of Evidence-Based Practice* (pp. 196-202). Oxford: Oxford University Press.

Rose, S. P. R. (1997). *Lifelines: Life beyond the Gene*. New York: Oxford University Press.

Segal, L. (1991). Brief therapy: The MRI approach. In A. S. Gurman & D. P. Kniskern (Eds.), *Handbook of Family Therapy* (Vol. 2, pp. 171-199). Philadelphia, PA: Brunner/Mazel.

Waldrop, M. (1993). *Complexity: The Emerging Science at the Edge of Order and Chaos*. New York: Pocket Books.

찾아보기

저자 소개

Dr. Mark McKergow

영국 스코틀랜드 에든버러에 위치한 the Centre for Solutions Focus at Work의 소장이다. 그는 여섯 권의 책을 발간한 저자이기도 하며, 대표적으로 『The Solutions Focus』(Paul Z. Jackson과 공저)와 『Hosting Generative Change』(BMI, 2020)가 있다. 그는 『The Journal of Solution Focused Practice』와 『The Journal of Systemic Therapies』의 편집위원이며, 조직 분야의 해결중심실천가들을 위해 조직된 SOLWorld를 이끌고 있다. 그는 또한 재즈, 클라리넷과 색소폰을 연주한다.

역자 소개

최중진(Choi Jung Jin, Ph.D., M.S.W.)

경기대학교 휴먼서비스학부 청소년학전공, 행정복지상담대학원 상담심리학과, 일반대학원 상담심리학과 교수로 재직 중이다. 위스콘신 대학교(밀워키 소재)에서 사회복지학 석사를, 미국 캔자스 대학교에서 사회복지학 박사를 취득했다. 미국 플로리다 애틀랜틱 대학교 사회복지학과에서 교수로 재직한 바 있다. 현재 해결중심치료학회의 회장을 맡고 있으며, 부회장, 자격관리위원장, 편집위원장 등을 역임했다. 한국가족치료학회에서도 편집위원장, 사례관리위원장 등을 역임했다. 해결중심치료의 이론과 실천에 관한 연구를 주로 수행하며, 역서로 『커플을 위한 해결중심대화』(학지사, 2021), 『강점기반 해결중심 학교만들기』(공역, 학지사, 2019), 저서로 『해결중심상담 슈퍼비전 사례집』(한국단기가족치료연구소 저, 학지사, 2017) 등이 있다.

차세대 해결중심치료의 실천: 갤러리 모델

The Next Generation of Solution Focused Practice:
Stretching the World for New Opportunities and Progress

2024년 9월 10일 1판 1쇄 인쇄
2024년 9월 20일 1판 1쇄 발행

지은이 • Mark McKergow
옮긴이 • 최중진
펴낸이 • 김진환
펴낸곳 • ㈜학지사
04031 서울특별시 마포구 양화로 15길 20 마인드월드빌딩
대표전화 • 02-330-5114　팩스 • 02-324-2345
등록번호 • 제313-2006-000265호

홈페이지 • http://www.hakjisa.co.kr
인스타그램 • https://www.instagram.com/hakjisabook

ISBN 978-89-997-3201-0 93180

정가 20,000원